Le corps médecin

Dr ANDREW WEIL

Huit semaines pour retrouver une bonne santé	*J'ai lu* 7193/**L**
Le corps médecin	*J'ai lu* 7210/**L**

Dr ANDREW WEIL

Le corps médecin

Traduit de l'américain
par Anne Michel

Bien-être

À Diana

Nous remercions le docteur Pierre Daviot, psychanalyste,
pour sa lecture de la traduction et pour ses suggestions.

Titre original :
SPONTANEOUS HEALING
Publié par Alfred A. Knopf Inc.

Dr ANDREW WEIL

Le corps médecin

Traduit de l'américain
par Anne Michel

J'AI LU
Bien-être

À Diana

Nous remercions le docteur Pierre Daviot, psychanalyste, pour sa lecture de la traduction et pour ses suggestions.

Titre original :
SPONTANEOUS HEALING
Publié par Alfred A. Knopf Inc.

INTRODUCTION

Cet homme aux poumons rongés par le cancer qu'on renvoie chez lui en affirmant que la médecine ne peut plus rien pour lui réapparaît chez son médecin, six mois plus tard : plus aucune trace de tumeur. Une jeune femme – diabétique, grosse fumeuse – gît inconsciente dans une unité de soins intensifs cardiologiques après une grave attaque cardiaque. Son médecin s'inquiète de voir décliner rapidement sa fonction cardiaque et perd tout espoir de la sauver. Mais le lendemain matin, elle est consciente et elle parle, manifestement en voie de guérison. Un neurochirurgien annonce à des parents désespérés que leur fils, victime d'un grave traumatisme crânien après un accident de moto, ne sortira jamais du coma. Aujourd'hui, ce fils est en parfaite santé.

La plupart des médecins que je connais ont tous une ou deux histoires de ce genre, des histoires de guérison spontanée. Vous en découvrirez bien d'autres si vous décidez d'enquêter sérieusement. Cependant rares sont les chercheurs qui font cette démarche. Pour la majorité des médecins, ces histoires sont de simples anecdotes qu'il est inutile de prendre au sérieux, encore moins d'étudier, d'analyser comme une source d'information sur les facultés du corps à se régénérer spontanément.

En attendant, la médecine moderne est devenue si coûteuse qu'elle pèse sur l'économie de la plupart des pays développés et qu'elle est un luxe inaccessible pour une grande partie de la population mondiale. Les politiciens de nombreux pays s'interrogent sur les modes de financement de la santé publique, en oubliant qu'au cours de l'Histoire il a toujours existé un débat philosophique sur la nature même des soins médicaux. Les médecins pensent que la santé nécessite une intervention extérieure, d'un genre ou d'un autre, alors que les défenseurs de l'hygiène naturelle soutiennent que vivre en harmonie avec la nature est le principe essentiel. Dans la Grèce antique, les médecins exerçaient leur profession sous l'égide d'Asclépios, le dieu de la médecine, mais les guérisseurs servaient sa fille, la rayonnante Hygie, déesse de la santé. René Dubos, philosophe et auteur de livres de médecine, en parle ainsi :

« Pour les adorateurs d'Hygie, la santé est l'ordre naturel des choses, un attribut positif que les hommes peuvent posséder s'ils gouvernent leur vie avec sagesse. Selon eux, la fonction primordiale de la santé est de découvrir et d'enseigner les lois naturelles qui assurent à l'homme un esprit sain dans un corps sain. Plus sceptiques ou plus clairvoyants sur les choses de ce monde, les disciples d'Asclépios croient que le rôle premier d'un praticien est de traiter la maladie, de rétablir la santé en corrigeant toute imperfection causée par un problème congénital ou acquis. »

Les débats politiques concernant les modes de prise en charge des soins médicaux ont surtout lieu entre les disciples d'Asclépios. La nature de la médecine ou les attentes des patients ne sont jamais discutées, on parle seulement des organismes qui doivent assumer ces services, devenus excessivement coûteux puisque les médecins se reposent entièrement sur la technologie. Je suis un fervent adepte d'Hygie et je veux imposer ce point de vue dans toute discussion concernant l'avenir de la médecine.

Permettez-moi d'illustrer comment ces philosophies divergentes mènent à des conduites radicalement opposées. En Occident, la médecine scientifique s'est préoccupée d'abord d'identifier les agents extérieurs de la maladie et de développer des armes pour les combattre.

Au milieu de ce siècle, son succès le plus remarquable fut la découverte des antibiotiques et, avec elle, la maîtrise spectaculaire des maladies infectieuses causées par les bactéries. Ce succès a constitué l'un des arguments majeurs pour faire pencher la balance en faveur d'Asclépios, convainquant la plupart des gens que l'intervention médicale de haute technologie est une nécessité, quel qu'en soit son prix. En Orient, et particulièrement en Chine, la médecine a connu une évolution très différente. Elle a étudié les moyens de renforcer la résistance interne à la maladie afin que, confronté à n'importe quel type d'agression, l'être humain puisse rester en bonne santé – une stratégie d'Hygie. Au cours de leurs recherches, les médecins chinois ont découvert de nombreuses substances naturelles qui produisent cet effet tonique sur le corps. Bien que l'approche occidentale nous ait servi pendant bon nombre d'années, son utilité à long terme n'est peut-être pas aussi grande, loin s'en faut, que celle de la médecine orientale.

Les armes sont dangereuses. Elles peuvent se retourner contre leur utilisateur en déclenchant des maladies, et elles peuvent aussi provoquer un surcroît d'agression de la part de l'ennemi. En fait, dans le monde entier, les spécialistes des maladies infectieuses s'effraient à présent de la potentialité d'épidémies incontrôlables causées par des micro-organismes résistants. Aujourd'hui, j'ai reçu *Le Bulletin de recherches médicales des praticiens d'Arizona,* une publication du centre médical universitaire où j'enseigne, dans laquelle figure un article intitulé « Résistance aux antibiotiques : la nouvelle épidémie ? » En voici un extrait :

« Bien que les antibiotiques aient été considérés comme "les médicaments miracles" du XXe siècle, les cliniciens et les chercheurs sont aujourd'hui convaincus que la résistance microbienne aux traitements est devenue un problème clinique majeur... Différentes solutions ont été avancées. L'industrie pharmaceutique cherche à mettre au point de nouveaux produits moins sensibles aux mécanismes de résistance actuels. Malheureusement, les bactéries semblent en retour développer rapidement de nouveaux mécanismes de résistance… Dans le cadre hospitalier, une stricte observation des procédures de contrôle infectieux est indispensable. Le personnel hospitalier doit être conscient que la résistance antimicrobienne est un problème croissant *dans tous les domaines d'intervention médicale* qui peut directement compromettre l'évolution du patient. »

La phrase « qui peut directement compromettre l'évolution du patient » est un euphémisme : elle signifie que les patients mourront d'infections que les médecins pouvaient jusqu'à présent traiter par les antibiotiques. En fait, ceux-ci sont en train de perdre rapidement leur efficacité et certains spécialistes des maladies infectieuses commencent à se demander ce que nous ferons lorsque nous ne pourrons plus y avoir recours. Nous serons peut-être obligés d'en revenir à des méthodes utilisées dans les hôpitaux pendant les années vingt et trente : quarantaine stricte et désinfection, drainage chirurgical et ainsi de suite. Quelle régression pour la médecine technologique !

Pendant ce temps, les toniques chinois n'entraînent le développement d'aucune résistance parce qu'ils n'agissent pas *contre* les germes (et donc n'influencent en rien leur évolution) mais qu'ils travaillent *avec* les défenses du corps. Ils augmentent l'activité et l'efficacité des cellules du système immunitaire, aidant les patients à résister contre toutes sortes d'infections, et pas seulement celles causées par les bactéries – les seuls agresseurs contre lesquels sont efficaces les antibiotiques qui ne sont d'aucune utilité dans le cas de maladies virales. L'impuissance de la médecine occidentale face aux infections virales est manifeste dans son inefficacité devant le sida. La phytothérapie chinoise semble beaucoup plus prometteuse pour les séropositifs. Elle n'est pas toxique, contrairement aux médications antivirales actuellement utilisées en Occident, et pourrait permettre à de nombreux patients atteints du sida de mener des vies relativement longues, sans développer la maladie, même s'ils restent porteurs du virus.

Cette idée orientale de renforcer les défenses internes se place sous l'égide de la grande Hygie parce qu'elle suppose que le corps dispose naturellement d'un potentiel suffisant pour lutter contre les agents de la maladie et leur résister. Si la médecine occidentale s'était penchée plus sérieusement sur cette hypothèse, nous ne traverserions pas aujourd'hui une crise économique dans le domaine de la santé : les méthodes qui exploitent les capacités naturelles qu'a le corps de se soigner lui-même sont bien moins coûteuses que les interventions intensives de la médecine technologique, moins risquées aussi et plus efficaces à long terme.

Alors que les disciples d'Asclépios s'intéressent d'abord aux traitements, ceux d'Hygie s'intéressent à la guérison. L'origine du traitement est externe ; la guérison, elle, vient de l'intérieur. Le terme *healing,* guérison en anglais, signifie « rendre un », c'est-à-dire rétablir l'intégrité et l'équilibre. Je m'intéresse depuis longtemps aux histoires de guérison spontanée et je suppose que vous êtes aussi intéressés. Peut-être connaissez-vous personnellement un cas de rémission spontanée de cancer, où une tumeur maligne généralisée a soudainement disparu au grand étonnement des médecins qui suivaient le patient. Une disparition temporaire ou définitive. Que s'est-il passé exactement ? Ou peut-être connaissez-vous quelqu'un qui a été guéri par la prière ou par la foi religieuse ?

J'ai intitulé ce livre *Le Corps médecin,* parce que je veux attirer l'attention sur la nature innée, intrinsèque du processus de guérison. *Même lorsque des traitements allopathiques sont employés avec succès, ces résultats sont dus à l'activation de mécanismes internes de guérison qui, dans d'autres circonstances, peuvent opérer sans l'aide de ce stimulus externe.* Le thème directeur de ce livre est très simple : le corps peut se guérir lui-même. Il en a la possibilité parce qu'il possède un système réparateur. Si vous êtes en bonne santé, vous avez besoin de connaître ce système parce que c'est lui qui vous permet de maintenir et même d'améliorer votre forme. Si l'un de vos proches ou vous-même êtes malades, vous avez besoin de le connaître parce qu'il est votre meilleur espoir de guérison !

La première partie de ce livre donne des arguments qui confirment l'existence de ce système réparateur, et apporte des preuves de son fonctionnement, y compris dans ses interactions avec le psychisme. À tous les niveaux de notre organisation biologique, dès l'ADN, des mécanismes d'autodiagnostic, d'autorétablissement et de régénération existent en nous, toujours prêts à devenir actifs lorsque le besoin s'en fait sentir. Une médecine qui sait tirer parti de ces mécanismes innés est plus efficace que celle qui se contentera de supprimer les symptômes. Cette première partie inclut des récits de patients que j'ai personnellement rencontrés, qui ont réussi à surmonter leur maladie, souvent en dépit des prédictions des médecins convaincus qu'ils n'avaient aucune chance de s'en sortir ou que la médecine d'Asclépios, pratiquée à hautes doses, était leur seul espoir. Lorsque j'ai fait savoir que je m'intéressais à ce type de cas, il s'en est présenté sans cesse de nouveaux et je suis certain que toute personne qui mènerait ses propres recherches en découvrirait bien d'autres. La guérison spontanée est un phénomène courant, pas une exception. Nous nous émerveillons de rémissions spontanées de cancer mais faisons peu de cas des activités plus banales de notre système réparateur, telles que la cicatrisation des blessures. En fait, ce sont ces mécanismes normaux, quotidiens de notre système qui sont les plus extraordinaires.

La deuxième partie de ce livre vous explique comment optimiser votre système réparateur. Vous y trouverez des indications précises sur les façons de modifier votre hygiène de vie pour augmenter votre potentiel de guérison, entre autres, des informations sur l'alimentation, les substances toxiques dues à l'environnement, le sport, la maîtrise du stress, les vitamines, les compléments vitaminés et les plantes tonifiantes qui peuvent vous aider à rester en forme. Je vous propose aussi un programme de huit semaines pour modifier progressivement votre hygiène de vie afin d'améliorer votre pouvoir naturel de guérison.

La troisième partie traite des maladies. Elle analyse les forces et les faiblesses des traitements classiques et alternatifs, et présente les stratégies utilisées par des patients qui ont surmonté leur maladie. J'y suggère des méthodes naturelles pour guérir des maladies courantes et consacre aussi un chapitre au « Cancer comme cas particulier » : en effet, celui-ci pose un défi unique au système réparateur et le choix du traitement nécessite une analyse minutieuse de chaque cas particulier. Une postface, « Prescriptions pour la société », examine les transformations qu'il serait souhaitable d'apporter aux institutions médicales existantes pour qu'elles s'adaptent à la philosophie d'Hygie.

Jusqu'à maintenant, peu de médecins et de scientifiques ont entrepris des recherches sur l'autoguérison, aussi n'est-il guère surprenant que le phénomène de guérison spontanée paraisse mystérieux et que le concept d'un système réparateur soit déconcertant. Je soutiens que plus ce concept fera partie de nos vies, plus nous connaîtrons des guérisons spontanées et moins nous aurons de raisons d'avoir recours à des interventions médicales, parfois dangereuses et toujours extrêmement coûteuses. Une médecine axée sur l'autoguérison nous servirait bien mieux que le système en vigueur puisqu'elle serait plus saine, plus sûre, ainsi que plus économique. C'est dans l'espoir de voir un jour exister cette nouvelle médecine qu'a été écrit ce livre.

I

LE SYSTÈME RÉPARATEUR

1

Prologue dans la forêt tropicale

Laissez-moi vous emmener dans un endroit lointain où je me trouvais il y a plus de vingt ans : le banc de sable d'une large rivière, un après-midi torride en 1972. Cette rivière est un affluent du río Caqueta au nord-ouest de l'Amazone, non loin de la frontière entre la Colombie et l'Équateur. Je m'étais perdu. Je cherchais un chaman, un Indien Kofan, nommé Pedro qui vivait dans une hutte isolée au cœur de l'immense forêt amazonienne, mais la piste qui devait m'y amener me laissait face à une rivière infranchissable, sans aucun panneau indicateur. On approchait de la fin de l'après-midi.

Deux jours plus tôt, après une traversée longue et fatigante, j'avais laissé ma Land Rover au bout d'une route poussiéreuse et pris un bateau à moteur pour atteindre un minuscule poste frontière où j'avais passé une nuit blanche. Le jour suivant, des Indiens m'avaient emmené en canoë jusqu'au début de la piste, qui devait, selon eux, me conduire à la clairière où vivait Pedro. « Une demi-journée de marche », m'avaient-ils dit, mais je savais que ce qui représentait une demi-journée de marche pour un Indien risquait de me demander beaucoup plus de temps. Mon sac à dos contenait les produits de première nécessité, mais peu de nourriture puisque je comptais rejoindre le chaman dans la journée. Après plusieurs heures de marche dans la forêt tropicale, j'arrivai à une fourche que personne n'avait mentionnée. J'écoutai mon intuition et bifurquai à droite. Une heure plus tard, j'atteignis une clairière où se trouvaient quelques huttes et cinq Indiens Kofan qui se peignaient mutuellement le visage.

J'avais terriblement chaud et soif et je leur demandai de l'eau en espagnol. Les hommes m'ignorèrent. Je réitérai ma demande. Ils me répondirent qu'ils n'en avaient pas. « Vous n'avez pas d'eau ? m'écriai-je. Comment est-ce possible ? » Ils haussèrent les épaules et continuèrent à se maquiller. Je demandai à voir le chaman. « Pas là », dit l'un d'eux. « Où puis-je le trouver ? » D'un geste de la main, on me désigna un sentier derrière une hutte. « Est-ce loin ? » Autre haussement d'épaules.

L'expérience était nouvelle pour moi. Dans l'arrière-pays colombien, je n'avais rencontré que des Indiens extrêmement hospitaliers, contrairement aux habitants des rudes villes frontalières, les chercheurs d'or métis qui se montraient froids et hostiles. Une fois passé en territoire indien, je m'étais toujours senti en sécurité, certain que les indigènes accueilleraient un étranger, l'aideraient à trouver sa route et, bien évidemment, donneraient de l'eau à un voyageur assoiffé.

Ces cinq Indiens Kofan étaient jeunes, beaux et, manifestement, imbus d'eux-mêmes. Ils portaient de simples tuniques de coton, avaient de longs cheveux noirs, luisants, et ils étaient totalement absorbés par leur art du maquillage. Quand l'un d'eux avait peint de nouvelles marques sur le front ou la joue de son compagnon, ce dernier passait de longues minutes à apprécier ces embellissements sur un fragment de miroir, poussant des grognements de satisfaction ou réclamant des décorations supplémentaires. Visiblement, ils allaient y consacrer l'après-midi. Je ne les intéressais pas le moins du monde et, après avoir été ignoré une demi-heure, je repris mon sac à dos et suivis la piste jusqu'au moment où, quelques heures plus tard, celle-ci disparut dans un épais fourré au bord d'une grande rivière, me laissant le bec dans l'eau.

Le lieu était d'une beauté époustouflante, même si, à cet instant, j'avais plutôt tendance à considérer rivière et forêt comme des obstacles à franchir que comme des sources de plaisir esthétique. Une nuée de gros cumulus flottait au-dessus de la voûte des arbres. La rivière était vive et claire. Il n'y avait aucune trace de présence humaine, aucun son, excepté celui des insectes et des oiseaux. Sans les phlébotomes, des petits insectes piqueurs qui sévissent en bandes de l'aube à la tombée du soleil, cela ne m'aurait pas dérangé de camper là. J'avais un hamac et une moustiquaire dans mon sac, je pouvais très bien passer la nuit si nécessaire, mais j'étais inquiet à l'idée de m'être perdu et découragé par mes recherches infructueuses.

Ce chaman, si difficile à trouver, était, m'avait-on affirmé, un puissant guérisseur. Durant l'année que j'avais passée à parcourir l'Amérique du Sud, la plupart des chamans que j'avais rencontrés s'étaient révélés décevants. Certains étaient des ivrognes. D'autres, manifestement, avaient perdu leur réputation et leur don. L'un, lorsqu'il apprit que j'étais diplômé d'Harvard, n'avait plus qu'une seule idée en tête : me persuader de lui obtenir un certificat de cette institution pour pouvoir surpasser ses rivaux. Il m'était arrivé de nombreuses aventures pendant ces voyages, mais, au bout du compte, aucune ne m'avait appris comment devenir un meilleur médecin. Inconnu du monde extérieur, Pedro représentait mon dernier espoir. Je serais le premier *gringo* à lui rendre visite et je caressais l'espoir qu'il m'enseignerait les secrets de guérisseur que j'avais si longtemps cherchés.

Mais, à présent, j'étais perdu. Le soleil éclatant de l'Amazone prenait les riches teintes dorées de fin d'après-midi. Dans cette région, la nuit tombe vite, ce qui signifiait l'arrivée surprenante du froid au bord de la rivière et l'impossibilité de trouver un refuge. J'allumai trois cigarettes d'un coup, des Pielrojas (« Peaux-Rouges »), la marque locale bon marché dont le paquet est décoré d'un chef indien à la coiffe de guerre. Je tirai sur mes cigarettes et soufflai la fumée tout autour de moi, espérant un répit temporaire de la part des phlébotomes.

« Dans le doute, mange. » Je plongeai dans mes maigres réserves et dénichai du cacao et quelques fruits séchés. J'installai mon petit réchaud à gaz, fis bouillir de l'eau de la rivière et, bientôt, dégustai le liquide chaud qui ne m'avait jamais semblé meilleur – un peu de réconfort et de familiarité dans cet environnement étrange à mes yeux.

Je me trouvais dans cette partie reculée de l'Amérique du Sud parce que je cherchais quelque chose que je croyais exotique et extraordinaire, quelque chose à des millions d'années-lumière de mon expérience ordinaire : je cherchais à percer la source du pouvoir de guérisseur, et les liens qui unissent magie, religion et médecine. Je voulais comprendre comment l'esprit influence le corps. Et surtout, apprendre des secrets pratiques pour aider les gens à guérir. J'avais passé huit ans dans une institution prestigieuse, quatre à étudier la botanique et quatre à étudier la médecine, mais je n'avais trouvé aucune réponse définitive à mes questions. Mes études de botanique m'avaient donné envie de voir la forêt tropicale, de rencontrer des médecins indigènes et de contribuer à sauver la connaissance des plantes médicinales, un savoir en voie de disparition. Mes études de médecine m'avaient donné envie de fuir le monde des traitements agressifs, technologiques, pour un idéal romantique de guérison naturelle.

Trois ans plus tôt, en 1969, à la fin de ma formation clinique de base, j'avais pris en toute conscience la décision de ne pas pratiquer le genre de médecine que je venais d'apprendre. Cela pour deux raisons, l'une émotionnelle et l'autre logique. La première était tout simplement un sentiment viscéral que, si je tombais malade, je ne souhaitais pas être traité de la manière dont on m'avait enseigné à traiter les autres, à moins de n'avoir aucune alternative. Je me sentais donc incapable d'utiliser ces méthodes avec mes patients. La seconde raison, la logique, était que la plupart des traitements étudiés, durant mes quatre années à l'école de médecine d'Harvard et mon année d'internat, ne s'attaquaient pas aux racines des processus pathogènes et, prétendant les guérir, arrêtaient seulement leur évolution ou s'opposaient uniquement à leur symptomatologie. Je n'avais presque rien appris sur la santé, les méthodes pour la conserver et se prémunir des maladies – une omission de taille puisque j'avais toujours pensé que la fonction première du médecin était d'enseigner aux hommes comment *ne pas* tomber malades. Le mot « docteur » vient du mot latin qui signifie « professeur ». Enseigner la prévention devrait être prioritaire, le traitement des maladies, secondaire.

La nature répressive de la médecine moderne me met mal à l'aise. Si vous considérez les noms de la plupart des médicaments en vente actuellement, vous découvrirez que la majorité d'entre eux commencent par le préfixe « anti ». Nous utilisons des antispasmodiques et des antihypertenseurs, des antidépresseurs, des antihistaminiques, des antiarythmiques, des antitussifs, des antipyrétiques et des anti-inflammatoires, ainsi que des bêtabloquants et des antagonistes H2. C'est véritablement de l'antimédecine – une médecine défensive et répressive dans sa conception même.

Où est le mal ? pourriez-vous dire. Quand une fièvre devient dangereuse ou une réaction allergique trop violente, ces symptômes devraient, bien sûr, être neutralisés. Je n'ai rien contre l'utilisation de traitements allopathiques pendant une courte période pour traiter des états très graves. Mais j'ai compris, très tôt dans ma formation hospitalière, que si de telles mesures deviennent la principale stratégie de soins, deux sortes de problèmes en résultent. D'abord, vous faites courir des risques à vos patients parce que les armes pharmaceutiques sont, par nature, violentes et toxiques. Les effets désirés apportent trop souvent leur contrepartie d'effets secondaires dus à la toxicité des médicaments. Les réactions négatives aux médications agressives sont un des grands points noirs du système médical actuel, et j'en ai vu suffisamment durant ma formation clinique pour me dire qu'il devait exister une meilleure solution. La phytothérapie m'attirait parce qu'elle offrait la possibilité de trouver des alternatives naturelles, inoffensives, aux médicaments qu'on m'avait appris à utiliser.

Un second problème, moins visible mais plus inquiétant, est l'éventualité qu'avec le temps les traitements répressifs puissent en fait renforcer les processus de maladie au lieu de les éliminer. Cette possibilité ne m'était pas venue à l'esprit jusqu'à ce que je lise les écrits d'un grand hérétique de la médecine, Samuel Hahnemann (1755-1843), génie allemand et médecin renégat qui inventa l'homéopathie, une des grandes écoles de médecine alternative. L'homéopathie se fonde sur l'utilisation de doses infimes de remèdes extrêmement dilués pour catalyser des réactions de guérison. Je ne suis pas homéopathe. Je ne suis pas d'accord avec certains des points clés de la théorie homéopathique (son opposition à l'immunisation, par exemple) et trouve le système dans son ensemble déconcertant autant qu'incompatible avec les modèles actuels de la physique et de la chimie. Néanmoins, j'ai expérimenté et observé des cures homéopathiques et admire ce système pour son utilisation de traitements inoffensifs. En outre, je trouve certaines des idées de Hahnemann utiles.

Un de ses principes essentiels concerne le danger de supprimer les symptômes visibles de la maladie. Hahnemann donne l'exemple de l'apparition d'une éruption cutanée prurigineuse. Mieux vaut que la maladie reste à la surface du corps, enseigne-t-il, parce que ainsi elle peut être éliminée vers l'extérieur. Les symptomatiques peuvent refouler le processus de la maladie vers l'intérieur, touchant les organes vitaux. L'éruption désagréable peut disparaître, mais des troubles plus dangereux se manifester par la suite, des troubles qui résisteront peut-être à des traitements répressifs plus sérieux.

Hahnemann eut cette intuition bien avant la découverte des corticostéroïdes, ces hormones anti-inflammatoires très puissantes que les médecins prescrivent aujourd'hui sans vraiment s'interroger sur le mal qu'elles peuvent causer. Les stéroïdes locaux suppriment de manière très efficace les éruptions cutanées et sont en vente libre aux États-Unis. Maintes et maintes fois, j'ai vu des patients en devenir dépendants. Tant qu'ils utilisent les crèmes et les onguents aux stéroïdes, leurs urticaires sont maîtrisés, mais dès qu'ils arrêtent le traitement, les symptômes réapparaissent, toujours plus violents. Le processus de maladie n'est pas résolu, étouffé simplement, ce qui lui laisse le temps de reprendre des forces pour se manifester plus violemment dès que l'agent extérieur, répressif, ne les arrête plus.

Lorsque les stéroïdes sont prescrits régulièrement, leur pouvoir répressif et leur toxicité augmentent. Les patients qui prennent des médicaments tels que la prednisone pendant des mois ou des années pour contrôler la polyarthrite rhumatoïde, l'asthme ou d'autres troubles allergiques et auto-immuns souffrent de graves effets toxiques (prise de poids, dépression, ulcère, cataracte, décalcification, acné), mais ne peuvent arrêter le traitement sous peine d'être victimes d'un retour en force des symptômes. Qu'arrive-t-il aux énergies de ces maladies réprimées ? Où vont-elles ?

Mon expérience confirme l'avertissement de Hahnemann. Récemment, j'ai vu une femme approchant de la quarantaine qui, deux ans plus tôt, avait développé les symptômes d'une grave maladie auto-immune : la sclérodermie. Elle avait d'abord eu des crises au cours desquelles ses mains devenaient blanches et douloureuses lors d'une exposition au froid. Connu sous le nom de phénomène de Raynaud, ce symptôme est le signe d'une instabilité neurovasculaire qui peut être isolée ou annoncer des troubles plus profonds de la fonction nerveuse et circulatoire. Dans ce cas précis, ces symptômes furent suivis par des douleurs articulaires et un gonflement des doigts. Puis la peau des mains se mit à épaissir et à durcir, la manifestation classique et évidente de la sclérodermie (qui signifie « peau dure »). Les mains des patients atteints de sclérodermie sont souvent froides, violacées, brillantes et raides, mais cette transformation extérieure, quoique inesthétique, n'est pas l'effet le plus grave de la maladie. Lorsque la sclérodermie atteint les organes des appareils digestif et cardio-respiratoire, elle peut tuer.

Les médecins diagnostiquèrent rapidement le problème et mirent la patiente sous doses massives de prednisone et autres médicaments immunosuppressifs. Elle réagit de façon spectaculaire. En quelques mois, la peau reprit son aspect normal, toutes les douleurs articulaires disparurent et son médecin déclara qu'elle était « en complète rémission ». Cependant, un an plus tard, elle fut prise d'une insuffisance respiratoire. Les radios révélèrent une fibrose pulmonaire, maladie progressive dans laquelle le tissu pulmonaire se transforme en tissu fibreux. On dit à la patiente que son état n'était pas lié à sa sclérodermie, mais il se trouve que la fibrose pulmonaire est une manifestation connue, quoique rare, du même processus ; à la différence qu'elle touche une partie beaucoup plus vitale du corps et beaucoup plus résistante au traitement. Les mains de la patiente étaient chaudes, roses et douces : il n'y avait aucun signe extérieur de la maladie. Cependant, à l'intérieur, elle était atteinte d'une maladie pulmonaire qui résistait au pouvoir de la médecine allopathique.

Lorsque je terminai mon internat, j'avais vu assez de variations sur ce thème pour me convaincre que je ne voulais pas pratiquer la médecine moderne ou poursuivre mes études dans cette voie. Cependant, je ne connaissais pas les alternatives possibles et c'est cette ignorance qui m'avait poussé à entreprendre ma quête actuelle. Mais, après deux ans de recherches ardues, j'avais appris peu de choses sur le principe de guérison.

Juste avant de me rendre en territoire kofan, j'en étais arrivé à la conclusion que je n'avais sans doute pas fait les efforts suffisants pour pouvoir aborder de nouveaux champs d'exploration. Les guérisseurs et les chamans que j'avais pu localiser étaient déjà connus, trop connus, trop faciles à rencontrer. Ce que je cherchais devait se trouver plus loin, plus profondément caché dans la forêt amazonienne.

Et voilà pourquoi j'étais ici, ayant bu mon chocolat, à la tombée de la nuit... perdu.

J'ai finalement réussi à trouver Pedro le chaman et je me souviens dans les moindres détails de notre rencontre, bien qu'elle soit loin à présent, parce que ce fut un tournant décisif dans mon existence. Bien sûr, à l'époque, je n'avais pas conscience de sa signification véritable, la considérant simplement comme une série supplémentaire de frustrations. En fait, il s'agissait du premier pas sur une nouvelle voie, celle qui me ramènerait à mon point de départ où je découvrirais ce que j'avais toujours su mais avais été incapable de reconnaître.

Ayant emballé mon équipement et rendossé mon sac, je remarquai un banc de sable, un peu plus haut en amont. Je me dis que, de cet endroit, j'aurais une meilleure vue des environs et que je pourrais peut-être déterminer dans quelle direction se trouvait la hutte de Pedro. J'atteignis à gué le banc de sable et, comme je parcourais le rivage du regard, j'aperçus ce qui semblait être un bout de piste en amont. C'en était bien une. Je m'y rendis en marchant au bord de l'eau et, une fois engagé sur cette route, toutes mes angoisses se dissipèrent, même lorsque à l'ouest, le soleil se fit bas. Après quarante-cinq minutes de marche, j'arrivai à une clairière : là, une petite rivière rejoignait la grande. À leur confluence, se trouvait, montée sur pilotis, une grande hutte au toit de chaume. Je courus vers elle juste au moment où le soleil lançait ses feux de couchant tropical, et grimpai les marches rudimentaires menant à une terrasse qui surplombait le confluent.

Il n'y avait aucun chaman en vue. La seule habitante était une jeune Indienne qui parlait un espagnol hésitant et me regardait comme j'aurais pu regarder un extraterrestre. Elle me dit que Pedro était absent. Il était parti dix jours plus tôt et aurait dû rentrer la veille. Je lui demandai si je pouvais l'attendre. Comme elle ne fit pas d'objection, je déposai mon sac et accrochai mon hamac entre deux poteaux au bord de la terrasse.

Les quatre jours et quatre nuits suivants, je restai surtout dans mon hamac, des cigarettes Pielrojas se consumant entre mes doigts, à observer les longues journées chaudes devenir des nuits claires et étoilées. De temps en temps, je défiais les phlébotomes pour une baignade d'après-midi. J'essayais, sans succès, de faire la conversation à ma jeune hôtesse. Et je cherchais un refuge loin de ce monde de canicule, d'humidité, de soleil aveuglant et de forêt profonde dans un recueil de contes du Grand Nord de Jack London que j'avais emporté avec moi, justement pour une telle occasion. C'était un choix inspiré, la parfaite fuite imaginaire dans un monde d'igloos, de champs de glace et de froid anesthésiant. Mais, malheureusement, le livre arriva à sa fin et je dus le relire et le relire encore.

Un autre divertissement s'offrait aussi à moi. Avant de partir, Pedro avait tué un jaguar et ramené son petit, qu'il gardait en cage dans la maison. L'animal était irrésistible de charme et de grâce et ne demandait qu'à jouer. Un jour, je le sortis de sa cage et m'amusai avec lui jusqu'à ce qu'il se mette à devenir violent. Je voulais l'arrêter mais mes efforts pour repousser l'animal et le calmer excitèrent ses instincts sauvages. Soudain je n'avais plus devant moi un délicieux chaton mais un monstre enragé. La jeune Indienne intervint avec un balai et, à nous deux, nous réussîmes à le rentrer dans sa cage. Je m'en tirai avec de sales coups de griffe et deux morsures aux bras.

Et puis, un après-midi, Pedro fit son apparition et me salua sans marquer de surprise. C'était un homme de quarante ans, vigoureux et solennel. Je ressentis pour lui une sympathie immédiate, mais, très vite, il me dit dans la conversation que ma démarche était inutile parce qu'il avait cessé de pratiquer la médecine. De guérisseur, il était devenu militant politique et essayait d'inciter ses frères kofan à se battre contre un terrible danger menaçant leur mode de vie : la présence dans leur forêt de « La Texas », le nom local de Texaco qui s'était installé dans le nord-ouest de l'Amazone pour en exploiter les importantes ressources pétrolières. J'étais passé par la ville frontière où était basé Texaco et avais été horrifié par ce que j'avais vu et entendu : elle était assaillie par le bruit, la fumée, les saletés, infestée de voleurs, de prostituées et de voyous qui semaient la terreur dans les environs. Mais cette ville était à des centaines de kilomètres de cette région paisible et je ne comprenais pas comment Texaco pouvait affecter la vie de Pedro.

Il m'expliqua que le bruit des hélicoptères Texaco avait chassé le gibier de la forêt et que, parallèlement, les poissons disparaissaient des rivières. La chasse et la pêche étaient en chute libre ces deux dernières années, ce qu'il imputait entièrement aux recherches pétrolières. Il mettait toute son énergie à recueillir des signatures pour une pétition demandant des réparations à Texaco. Il était désolé que j'aie fait tout ce chemin pour rien. Je l'étais aussi. Au moins, je comprenais à présent pourquoi les Kofan se montraient inhospitaliers envers un *gringo* traversant leur forêt.

Je partis le lendemain matin. Je finis par retrouver ma Land Rover et quittai définitivement le territoire kofan.

Je passai encore un an à parcourir la Colombie, l'Équateur et le Pérou mais jamais plus je n'entrepris un voyage aussi ardu à la recherche d'un guérisseur exotique, magique. J'étudiai les plantes médicinales en Équateur et au Pérou, j'appris la culture et les usages de la feuille de coca, collaborai avec un cinéaste colombien à un documentaire sur les plantes hallucinogènes et les chamans, et recherchai les fruits, les épices et les teintures insolites. Bien que me refusant à l'admettre, j'avais compris de manière inconsciente que ce que je cherchais ne se trouvait pas au fin fond de l'Amazonie ni dans un autre lieu exotique. Je désirais toujours autant trouver des réponses à mes questions : quelle est la source de la guérison ? Quel est le rapport entre traitement et guérison ? Comment les médecins et les patients pourraient-ils réussir plus souvent à guérir ? Mais ce que ma quête de Pedro m'avait enseigné, c'est que je m'étais trompé de route, que je n'avais pas à rejeter mon pays, ma culture, mes études traditionnelles et ce que j'étais pour trouver la source de la guérison. Cependant il m'avait fallu ces années de périple pour m'en rendre compte.

Près d'un quart de siècle s'est écoulé depuis que j'ai quitté la hutte de Pedro à la confluence des deux rivières. Durant ce laps de temps, la destruction de la forêt humide causée par l'exploitation du pétrole a atteint des degrés que Pedro et son peuple n'auraient jamais pu imaginer. La construction des routes, les accidents pétroliers, le déversement de produits chimiques toxiques dans les rivières et le mépris cynique des cultures indigènes, dont ont fait preuve tant les gouvernements nationaux que les compagnies étrangères, ont détruit de manière irréparable des grands pans de la Colombie et de l'Équateur. Pour parler crûment, les Kofan ont été mis hors jeu. Ils sont finis, liquidés, et le savoir que détenaient leurs vieux sages et leurs guérisseurs traditionnels sera bientôt perdu à jamais. D'autres tribus sont menacées du même sort. Qu'elles puissent éviter le destin des Kofan reste incertain.

Les années ont été beaucoup plus douces pour moi. J'ai trouvé ce que je cherchais et d'autres choses encore. Je l'ai trouvé bien plus près de chez moi que je ne l'imaginais, par des voies à la fois inattendues et satisfaisantes.

PORTRAIT D'UNE GUÉRISON : KRISTIN

Kristin Killops ne devrait pas être en vie aujourd'hui. En tout cas, elle ne devrait pas avoir d'enfants. Non seulement les médecins l'avaient renvoyée chez elle pour mourir, mais ils lui avaient expliqué en termes clairs que les traitements qu'elle avait subis l'avaient rendue stérile pour toujours.

L'histoire de Kristin commence par l'apparition d'ecchymoses inexpliquées en 1974. Elle avait dix-neuf ans et vivait avec des amis sur l'île de Maui à Hawaii. Un médecin lui suggéra de prendre une supplémentation de fer, mais après deux semaines sans amélioration, elle se décida à faire des analyses de sang qui révélèrent des résultats alarmants. Tous les chiffres de sa numération globulaire étaient extrêmement bas : globules rouges, globules blancs et plaquettes. Les plaquettes sont des éléments du sang responsables de la coagulation et leur trop faible quantité était à l'origine des ecchymoses qui avaient attiré l'attention de Kristin. On prescrivit une biopsie de moelle osseuse pour rechercher la cause de ces problèmes sanguins et le résultat fut encore plus inquiétant. Sa moelle ne contenait presque aucun globule, deux pour cent seulement du nombre normal. On diagnostiqua une anémie aplasique – une maladie extrêmement grave signifiant la perte d'un des tissus les plus vitaux du corps où se forment tous les éléments figurés du sang. Kristin fut évacuée vers un hôpital de Californie du Sud pour y subir une intervention d'urgence destinée à la sauver.

Le mot « aplasique » signifie « sans forme » – une description fidèle de ce processus qui élimine les composants normaux de la moelle, conduisant au « syndrome de la moelle vide » dans lequel des espaces vides et des graisses prennent la place des cellules à l'origine des globules sanguins. La moelle osseuse produit les globules rouges qui transportent l'oxygène, les globules blancs essentiels à la défense du corps et les plaquettes. Normalement, il y a production continue de tous ces éléments : chacun, issu d'une lignée de cellules souches, subit une maturation progressive et quitte finalement la moelle osseuse pour rejoindre la circulation sanguine. Les cellules souches ont elles-mêmes une origine commune, la cellule primordiale multipotente, une cellule primitive, embryonnaire, myéloïde de la moelle, capable de se différencier en n'importe laquelle des cellules. Vraisemblablement, l'anémie aplasique résulte d'une altération de cette cellule primordiale, due à une blessure ou à une autre forme de traumatisme.

Dans le cas de Kristin, on ne trouva pas de cause précise à cette déficience de la moelle, mais on peut supposer que l'exposition à un toxique en soit responsable. Six autres habitants de Maui développèrent au même moment des anomalies identiques de la moelle et du sang, tous moururent dans les mois qui suivirent. Une telle conjonction de cas oriente vers un problème lié à l'environnement. Les produits chimiques agricoles sont utilisés sans réserve et sans précaution à Hawaii, tout particulièrement dans les nombreux champs de canne à sucre et d'ananas. Est-ce que tous ces malheureux avaient une prédisposition génétique les rendant spécialement sensibles à un pesticide ou à un herbicide qui pénétra dans leur organisme ? Nous ne le saurons jamais.

Kristin arriva à Santa Barbara en Californie dans un état critique. Imaginez la situation désespérée de quelqu'un dont la moelle osseuse ne fonctionne pratiquement plus. Une baisse sévère des globules rouges entraîne une chute du métabolisme et fatigue le cœur qui doit compenser le manque d'oxygène dans le sang. La déficience des globules blancs détruit la résistance aux infections. L'hôpital dut isoler Kristin dans un environnement stérile pour réduire ses contacts avec les germes, ainsi que la maintenir sous antibiotiques et la laver tous les jours avec des désinfectants. L'absence de plaquettes fait courir un risque d'hémorragies, externes et internes.

Le traitement de l'anémie aplasique nécessite des mesures draconiennes. Les médecins prescrivent souvent de hautes doses de corticostéroïdes et d'autres médicaments immunosuppresseurs, efficaces dans certains cas, mais pas dans tous. Un tel traitement semble illogique, étant donné que le système immunitaire est déjà affaibli par la disparition de son armée de globules blancs ; cependant certaines maladies auto-immunes provoquent des lésions médullaires sensibles aux stéroïdes. Il est possible que l'exposition à certains produits chimiques ou certains virus provoque une réaction de défense dans laquelle le système immunitaire attaque alors les cellules primordiales de la moelle ; c'est une réaction en chaîne, indépendante de l'événement déclenchant.

Les médecins de Kristin commencèrent une corticothérapie, mais ils arrivèrent à la conclusion qu'elle était trop gravement atteinte pour survivre. Ils l'envoyèrent alors au Centre médical de UCLA à Los Angeles pour bénéficier d'une greffe de moelle osseuse. Cette opération représente peut-être le meilleur espoir des malades atteints d'anémie aplasique, en particulier les jeunes qui souvent y réagissent positivement ; mais c'est une intervention délicate aux résultats incertains, limitée par la disponibilité d'un donneur approprié, de préférence un jumeau, un frère ou une sœur, compatible génétiquement. Kristin avait un frère et une sœur compatibles, prêts à donner leur moelle, mais elle voulait éviter l'épreuve de la greffe. « Je fis tout ce qui était en mon pouvoir pour y arriver, dit-elle, y compris des visualisations, des méditations et je pris des doses massives de vitamines et de compléments vitaminés. Puis je trouvai un guérisseur avec lequel travailler, mais il était déjà trop tard. Les médecins me donnèrent une date limite pour l'intervention et le guérisseur n'avait pas assez de temps pour m'aider. » Kristin reçut des greffes de moelle mais sa chance s'arrêta là ; son corps les rejeta toutes les deux. C'était ce que le corps médical avait de mieux à lui offrir. On ne pouvait que lui donner soutien et réconfort. Les médecins n'avaient plus aucun espoir.

Mais pas Kristin. Elle était décidée à essayer d'autres formes de traitement et son intuition lui disait de tenter la médecine psychique et la visualisation. Le psychologue de l'hôpital lui avait fait rencontrer un chercheur d'UCLA, spécialiste de la médecine psychique. Avec son aide, elle trouva un guérisseur qui utilisait l'hypnothérapie, ainsi que l'imposition des mains. Toujours hospitalisée, Kristin fit avec lui deux séances par semaine pendant deux semaines. Les tests indiquèrent alors une légère reprise de l'activité de la moelle, ce qui, lui dirent les médecins, était un cas unique. Mais, bien que ses taux globulaires fussent remontés de façon spectaculaire, ils n'étaient pas assez élevés pour qu'elle puisse quitter la chambre d'isolement et il lui fallait des transfusions. Finalement, les médecins annoncèrent qu'ils ne pouvaient rien faire de plus. Après des discussions avec Kristin et sa mère, on l'autorisa à quitter l'hôpital. Sa mère comprit qu'on renvoyait sa fille pour qu'elle puisse mourir chez elle.

Kristin persévéra dans sa recherche de thérapeutes. Elle en vit un second qui vint cinq fois par semaine lui faire des impositions des mains. Après deux semaines, les résultats furent à nouveau miraculeux : le nombre des hématies s'éleva jusqu'à atteindre presque la limite inférieure basse. Kristin s'accrochait à la vie. Puis elle contracta une hépatite transfusionnelle et resta très malade pendant un mois avec une fièvre stationnaire à 40 °C.

Elle entendit parler d'une femme qui prescrivait des régimes thérapeutiques par intuition. Le régime que celle-ci lui recommanda n'était pas facile à suivre : aucun sucre, aucune graisse, deux œufs et un jaune supplémentaire chaque jour avec des légumes à la vapeur, du bouillon de légumes et de la salade sans huile, un peu de poisson ou de poulet à la vapeur, et un verre par jour de grenadine ou de pamplemousse dilué de moitié avec de l'eau. Kristin suivit ce régime pendant neuf mois. « La chose la plus dure que j'aie jamais faite », commente-t-elle. Elle perdit du poids. « Mais cela me permit de m'en sortir. En quelques jours, il y eut une amélioration spectaculaire des symptômes hépatiques. »

Kristin passa six mois en tout à l'hôpital. Un an après la découverte de sa maladie, elle sut qu'elle survivrait bien que le chemin de la guérison restât lent et difficile. « Ils me dirent que je n'aurais jamais d'enfants à cause des médicaments qu'ils m'avaient prescrits pour éviter le rejet des greffes de moelle, se souvient-elle. Pour ne pas courir le risque d'hémorragies incontrôlables, ils m'avaient aussi donné de fortes doses d'hormones féminines. En plus je prenais de la prednisone pour essayer de contrôler les réactions aux transfusions et des hormones masculines pour stimuler la moelle osseuse. Je n'eus pas mes règles pendant un an et une thérapeute, lors d'une imposition des mains sur mon bassin, me dit qu'elle sentait " une obscurité totale " à cet endroit. Mais, après un jeûne d'une semaine, mes règles reprirent ! Elles ont été régulières depuis. »

Vingt ans plus tard, Kristin est une femme dynamique en bonne santé et la mère de quatre enfants, nés naturellement et en pleine forme. Sa guérison a été si exceptionnelle d'un point de vue médical qu'un de ses médecins a présenté son cas lors d'une conférence internationale sur l'anémie aplasique. Kristin écrit : « Je suis non seulement vivante mais plutôt solide et en bonne santé. J'ai toujours fait du sport et j'ai découvert, lorsque j'ai commencé à aller mieux, que je pouvais améliorer ma résistance à force de volonté. Des promenades à bicyclette quotidiennes, de la course à pied régulière et des baignades dans l'océan m'ont aidée à surmonter le dernier obstacle pour retrouver une excellente forme.

» Aujourd'hui, je suis heureuse et très occupée à élever mes quatre enfants. J'ai un diplôme de phytothérapeute mais je n'ai pas pratiqué mon métier depuis que je suis devenue mère. J'enseigne le yoga et je suis auteur-illustrateur de livres pour enfants. Notre famille est très active – nous skions, nous faisons du *windsurf* et je cours régulièrement. Si je ne mentionne pas mon histoire médicale, les autres ne la soupçonnent pas ; en fait, ceux à qui j'en parle sont très surpris d'apprendre que j'ai été gravement malade. »

Quelles réserves Kristin a-t-elle trouvées en elle pour réactiver sa moelle osseuse, neutraliser la cause originelle de la maladie et résorber les effets toxiques du traitement agressif qu'elle avait subi ? Je suis fasciné par la confiance inébranlable qu'elle a manifestée durant toute cette épreuve. « J'ai toujours pensé qu'il y avait un moyen de survivre, m'a-t-elle dit. Je devais seulement le découvrir à temps. Cette conviction et cette lutte pour trouver une solution ont nourri mon optimisme invincible et fait de moi une participante active au processus de guérison. »

Et que conseille-t-elle à ceux qui se trouvent confrontés à de graves problèmes médicaux ?

« Il existe sans doute des façons de guérir différentes pour chacun, dit-elle. Mais il y a toujours une solution. Continuez à chercher ! »

2

À ma porte

En rentrant de mes voyages sud-américains en 1973, je décidai, après une période de réflexion, de m'installer dans les environs de Tucson, en Arizona, où je vis encore aujourd'hui. Je me sentais de profondes affinités avec l'environnement naturel du désert et j'avais établi de bonnes relations avec les gens de la région, parmi lesquels Sandy Newmark, un étudiant de troisième cycle en anthropologie à l'université d'Arizona, qui devint mon voisin dans le canyon Esperero, dans les contreforts des montagnes Catalina. Sandy quitta ensuite l'anthropologie pour devenir fermier dans les montagnes blanches de l'Arizona central, puis il revint à Tucson pour étudier la médecine. Aujourd'hui il est le pédiatre de ma famille.

Sandy et sa femme, Linda, devenue psychologue, ont une fille, Sophia, retardée dans son développement. Lorsque Sophia était encore bébé, de nombreux amis du couple leur conseillèrent des traitements possibles. L'un d'entre eux était de faire examiner le bébé par Robert Fulford, un physicien ostéopathe connu pour ses résultats spectaculaires avec des enfants atteints de maladies diverses. Sandy et Linda furent tellement impressionnés par sa personnalité qu'ils firent suivre à Sophia des séances douces de « thérapie crânienne », et Sandy, alors en première année de médecine à l'université d'Arizona, travailla un moment avec le Dr Fulford. Il me répétait sans cesse que je devais rencontrer cet homme, mais je n'étais pas intéressé, en partie à cause de mon ignorance du travail des ostéopathes. Ayant les préjugés habituels des médecins allopathiques, je les prenais pour des praticiens de second ordre qui faisaient en amateur le genre de manipulations généralement pratiquées par les chiropracteurs. Probablement aussi, je m'accrochais encore à l'idée romantique de trouver un guérisseur dans une culture exotique, très différente de la mienne – et cela en dépit de mes échecs répétés lors de mes voyages dans des contrées lointaines. Il fallut que de nombreuses personnes insistent pour que je rencontre le Dr Fulford, avant que je me décide à aller le voir.

Bob Fulford approchait alors de quatre-vingts ans. Il avait quitté son travail épuisant à Cincinatti pour prendre sa retraite à Tucson. Après une année passée à récupérer de sa fatigue, il reçut une nuit un appel désespéré d'un de ses amis dont le bébé était gravement atteint de pneumonie. Hospitalisé, il ne réagissait pas aux antibiotiques. Le Dr Fulford se rendit à l'hôpital, fit un massage à l'enfant et, le lendemain matin, celui-ci était hors de danger. Dans les heures qui suivirent, le Dr Fulford commença à recevoir des appels à l'aide et, de fil en aiguille, il se trouva à nouveau obligé de reprendre du service et de pratiquer sa forme très personnelle d'ostéopathie.

Je fus d'abord frappé par la simplicité de son cabinet : une salle d'attente avec une infirmière-réceptionniste et deux bureaux. À l'exception d'un diplôme d'ostéopathie de Kansas City College accroché au mur, ses bureaux ne présentaient aucun signe distinctif et aucun des équipements généralement associés à un cabinet médical. Le Dr Fulford donnait l'impression d'un homme bon, paternel. Il était grand, fort et calme, avec des mains larges et très belles. Il parlait avec retenue d'une voix douce. Je lui expliquai qu'on m'avait beaucoup vanté son efficacité et que je voulais faire moi-même l'expérience de ses traitements.

« De quoi souffrez-vous ? me demanda-t-il.

– De rien de grave, mais mon cou me gêne un peu. J'ai parfois la nuque raide et douloureuse.

– Eh bien, voyons ce que nous pouvons faire. »

Il me demanda de me lever, mit ses mains sur mes épaules et observa ma respiration. Puis il me fit bouger la tête dans tous les sens. « Montez sur la table », m'ordonna-t-il. Je m'allongeai sur le dos et vis approcher un chariot avec un curieux instrument au long fil électrique. C'était son « marteau à percussion », un moteur de roulette de dentiste auquel était adapté un épais disque de métal qui vibrait de haut en bas. Le Dr Fulford s'assit sur un tabouret à côté de la table, régla le taux de vibrations et posa le disque sur mon épaule droite. Je sentais les vibrations se propager dans tout le côté droit de mon corps, une sensation agréable et relaxante, mais qu'on pouvait difficilement qualifier de thérapie sérieuse. Après plusieurs minutes, la main du Dr Fulford sursauta et il murmura : « La voilà partie. » Il retira alors le marteau à percussion et le plaça sur une autre partie de ma hanche droite. Il continua ainsi son traitement pendant vingt minutes tandis que je sombrais dans un demi-sommeil ; puis il arrêta sa machine, déplaça son tabouret au bout de la table et mit ses mains de chaque côté de ma tête, ses doigts sur mes oreilles.

Pendant quelques minutes, il tint délicatement ma tête, exerçant la plus douce des pressions, ici ou là. C'était l'une des formes les moins spectaculaires de manipulation du corps que j'aie jamais expérimentée, à tel point que je doutai qu'elle puisse produire un quelconque résultat. En même temps, je me sentais rassuré de me trouver pris en charge par des mains si expérimentées et si déterminées.

Cette phase du traitement terminée, le Dr Fulford vérifia la mobilité de mes membres, puis me demanda de m'asseoir. Il termina par quelques manipulations plus classiques de la colonne vertébrale.

« Voilà, ça devrait suffire, me dit-il.

– Qu'avez-vous trouvé ? demandai-je.

– Pas grand-chose, répondit-il. Quelques blocages dans l'épaule qui causaient probablement vos douleurs dans la nuque. Vos impulsions crâniennes sont très bonnes. »

Je n'avais aucune idée de ce que pouvaient être les impulsions crâniennes, mais j'étais heureux d'apprendre que les miennes étaient bonnes. Quant aux blocages dans l'épaule et à leur influence sur mon cou, cela me paraissait tout aussi mystérieux. Mais le Dr Fulford ne me donna pas plus d'explications et me fit comprendre que la séance était terminée. Il me dit que je pouvais revenir quand je le désirais pour le regarder travailler.

Je fus agréablement surpris de découvrir que le tarif de cette séance n'était que de trente-cinq dollars, une véritable affaire, ne fût-ce que pour la relaxation que procurait cette thérapie. Cependant, je ne voyais pas comment cette intervention minimale pouvait expliquer toutes les histoires que j'avais entendues sur les succès cliniques du Dr Fulford. Je décidai de revenir et de le regarder traiter d'autres patients.

Le jour suivant, j'eus la surprise de constater que j'étais fatigué et courbaturé. Je téléphonai au Dr Fulford pour lui demander si ce pouvait être le résultat de son travail. « Oh, oui, me répondit-il. C'est parfaitement normal ; vous serez peut-être dans cet état pendant quelques jours. » Et il avait raison. Ensuite, je me sentis parfaitement bien et ma nuque me posa effectivement moins de problèmes mais je ne remarquai pas d'autre changement notable.

Un mois plus tard environ, je commençai à passer quelques heures par semaine dans le petit cabinet du docteur, sur Grand Road, observant ce vieux monsieur à l'œuvre avec ses patients. Son cabinet était toujours plein, souvent de parents avec leurs enfants, formant un échantillon représentatif des divers groupes qui peuplent l'Arizona du Sud : on y voyait des Hispaniques, des Asiatiques, des gens de la ville ou de la campagne. Tous arrivaient pleins d'espoir, reconnaissants d'avoir la chance de rencontrer cet homme. Il était sûr que le Dr Fulford était le parfait modèle du médecin de famille traditionnel, compatissant, qui rassurait ses patients simplement par la chaleur de sa présence et par l'exemple qu'il donnait de sa bonne santé.

J'étais surpris par la brièveté de ses dossiers médicaux et de ses examens physiques. Il posait très peu de questions à un nouveau patient : « Que vous arrive-t-il ?... Depuis combien de temps souffrez-vous ?... Enfant, avez-vous jamais fait une mauvaise chute ?... Savez-vous quelque chose sur les circonstances de votre naissance ? » et parfois une ou deux autres questions. Puis il demandait aux gens de se lever, vérifiait leur respiration et la mobilité de leurs membres, leur faisait tourner la tête dans tous les sens et leur ordonnait de s'allonger sur la table. Il administrait à la plupart des patients les mêmes genres de traitements que ceux que j'avais reçus : un traitement long avec le marteau à percussion posé sur différentes parties du corps jusqu'à ce qu'une sorte de relâchement intervienne (lorsque sa main qui tenait l'instrument sursautait brusquement), puis de lentes manipulations crâniennes, presque imperceptibles, et enfin quelques manipulations du dos. Il était rare qu'il donnât spontanément des explications sur son diagnostic et sur la méthode qu'il allait suivre ; mais si on lui posait des questions, il répondait en quelques mots. La plupart des patients ne demandaient rien ; ils semblaient simplement s'en remettre à lui pour traiter leurs corps ou celui de leurs enfants et le laissaient travailler en silence. Tout le monde se détendait entre les mains du Dr Fulford, même les enfants agités et nerveux se calmaient presque immédiatement dès qu'il les touchait.

Souvent, à la fin des séances, il prescrivait d'étranges exercices à faire quotidiennement, des exercices dont je n'avais jamais entendu parler auparavant. L'un de ceux qu'il recommandait le plus fréquemment est le suivant : « Tenez-vous droit, les jambes au niveau des épaules, et écartez les bras au maximum, la paume gauche vers le ciel et la paume droite vers le sol. Respirez profondément et régulièrement en gardant cette position jusqu'à ce que la tension dans les avant-bras et les épaules devienne insupportable. Alors, aussi lentement que possible, levez les bras au-dessus de la tête en les maintenant tendus jusqu'à ce que vos deux mains se touchent. Puis relâchez les bras et décontractez-vous. » « Quel est le but de cet exercice ? » lui demandai-je. « Il ouvre la cage thoracique et permet à la respiration de prendre de l'ampleur », fut sa réponse. Un autre exercice de Fulford consiste à s'asseoir sur le bord d'une chaise, les pieds bien à plat sur le sol et les épaules droites, puis à se pencher et, les bras à l'intérieur des jambes, à attraper la plante des pieds avec les mains. Tenir cette position quelques minutes étire doucement les vertèbres inférieures, permettant une meilleure mobilité de la colonne vertébrale. Parfois, lorsque les malades revenaient le voir, le Dr Fulford en les examinant disait : « Vous n'avez pas fait votre exercice », ou « Bien, vous avez fait votre exercice », et le patient confirmait son diagnostic.

Il disait souvent à ses patients qu'ils n'avaient plus besoin de revenir. « Quand dois-je prendre rendez-vous ? » demandaient-ils en descendant de la table. « Ce n'est plus nécessaire, répondait-il. Vous êtes remis sur pied. » « Mais je n'ai pas besoin d'un suivi médical ? » insistaient-ils parfois. Le Dr Fulford souriait et secouait la tête. « J'ai extirpé le traumatisme de votre corps, disait-il. Maintenant laissez cette vieille mère Nature faire son travail. » Si certains avaient l'air déçu, c'était en partie dû au regret de ne plus le voir puisque son traitement était si agréable.

Peu à peu, je commençai à me rendre compte que j'assistais à quelque chose de tout à fait extraordinaire. En réalité, ce vieil homme aux mains puissantes et au verbe économe remettait sur pied des gens aux troubles fort divers, souvent en une seule séance apparemment imperceptible. J'entendis une foule d'histoires concernant des problèmes chroniques résolus après une ou deux visites chez le Dr Fulford, des problèmes pour lesquels la médecine moderne s'était trouvée mise en échec. Et il ne s'agissait pas seulement de douleurs musculaires ou osseuses ou d'autres problèmes musculo-squelettiques, mais aussi de troubles hormonaux ou digestifs, d'insomnie, d'asthme, d'otalgie... Comment un traitement aussi peu spectaculaire pouvait-il donner des résultats aussi prodigieux ?

Je me mis à poser des questions au Dr Fulford sur les principes de sa méthode. Quels en étaient les fondements théoriques ? Que faisait-il exactement ? Les réponses qu'il me donna ne rappelaient en rien ce qu'on m'avait appris à Harvard.

Bob Fulford était un ostéopathe de pure souche, dans la tradition de l'homme qui a fondé le système, Andrew Taylor Still (1828-1917) de Kirksville dans le Missouri. A. T. Still, surnommé le « vieux docteur » par ses contemporains, était un médecin hérétique qui rejeta les médicaments toxiques de ses collègues en faveur d'une forme de thérapie sans médicament, fondée sur la manipulation des os. Son idée était de recentrer mécaniquement le corps afin de permettre aux systèmes nerveux et respiratoire de fonctionner parfaitement pour qu'ils puissent guérir naturellement toute partie malade. La nouvelle profession qu'il créa en 1874 marcha bien pendant les premières années, mais au milieu du XXe siècle, elle fut éclipsée par l'importance spectaculaire que prit la médecine scientifique moderne, appelée également médecine allopathique. En réaction, les ostéopathes abandonnèrent les enseignements de Still et commencèrent de plus en plus à se comporter comme des allopathes. Aujourd'hui, aux États-Unis, les diplômes de médecine et d'ostéopathie sont équivalents. La plupart des ostéopathes ont recours aux médicaments et aux interventions chirurgicales ; rares sont ceux qui fondent leur traitement sur la manipulation du corps.

Néanmoins, il a toujours existé dans la profession d'ostéopathe, un petit groupe de praticiens qui n'utilisent pas les médicaments et continuent à affiner les principes de A. T. Still sur la nature du corps humain et son pouvoir à se guérir lui-même. William Sutherland était de ceux-là ; c'est lui qui, en 1933, annonça à ses collègues sa découverte d'un aspect de la physiologie humaine qu'il baptisa le « mécanisme respiratoire primaire », et d'une technique pour le modifier qui fut connue sous le nom de thérapie crânienne ou thérapie sacro-crânienne. Sutherland travailla des années à perfectionner sa théorie avant de la rendre publique. Néanmoins, elle se heurta à une grande résistance et seuls quelques-uns de ses collègues s'y intéressèrent. L'un d'entre eux était le jeune Robert Fulford qui venait d'ouvrir un cabinet de généraliste à Cincinatti.

La théorie de Sutherland se fonde sur le fait que le système nerveux central et les structures qui en dépendent sont en constant mouvement rythmique et que ce mouvement est un des aspects essentiels – peut-être le plus essentiel – de la vie humaine et de la santé. Il identifia cinq composantes de ce mécanisme :

- Les mouvements des sutures crâniennes, articulations liant les vingt-six os de la boîte crânienne.
- L'expansion et la contraction des hémisphères cérébraux.
- Le mouvement des membranes enveloppant le cerveau et la moelle épinière.
- Une onde fluide à l'intérieur du liquide céphalorachidien qui baigne le cerveau et la moelle épinière.
- Les mouvements involontaires imperceptibles du sacrum (coccyx).

Sutherland pensait que l'expansion et la contraction rythmiques de ce système ressemblaient à la respiration mais, puisqu'elles se produisaient dans le plus vital et le plus essentiel des organes, il baptisa ces mouvements « respiration primaire », pour indiquer son importance dans la hiérarchie des fonctions du corps et la distinguer de la « respiration secondaire », les mouvements de la poitrine, des poumons et du diaphragme associés à la circulation de l'air. Il postula que la santé dépendait d'un mécanisme respiratoire primaire intact, fonctionnant librement ; toute restriction de celui-ci pouvait entraîner la maladie puisque le système nerveux central régule tous les autres organes.

L'idée que les sutures crâniennes bougent apparaissait comme l'une des grandes hérésies de la théorie de Sutherland. Des générations d'anatomistes avaient enseigné que les engrenures de la boîte crânienne étaient fixes et immobiles. Les médecins, mais aussi la plupart des ostéopathes, refusèrent d'envisager l'idée d'un mouvement crânien. Le Dr Fulford n'était pas l'un de ceux-là et il commença à s'entraîner seul à sentir les mouvements crâniens de ses patients.

Ce n'est que très récemment que des chercheurs du Centre de Médecine ostéopathique de Michigan State University ont confirmé la théorie de Sutherland par des films aux rayons X montrant des mouvements crâniens chez des sujets vivants. Ces mouvements peuvent être mesurés par des instruments sensibles. Bob Fulford avancerait que les instruments les plus sensibles sont les mains d'un praticien expérimenté. Il s'est entraîné à sentir un cheveu humain sous dix-sept couches de papier et il affirme que n'importe qui peut acquérir un sens du toucher aussi développé en s'exerçant.

Sous l'égide du Dr Fulford, je commençai moi-même à détecter les impulsions crâniennes. Au début, je sentais surtout mon propre pouls, mais, avec de la pratique, je me mis à sentir ce mouvement imperceptible, ressemblant à la respiration, que le Dr Fulford considère comme l'expression la plus vitale de l'être. Du moins, je le sentais chez les gens qui avaient de bons mécanismes respiratoires primaires. Un jour, le Dr Fulford me demanda de toucher la tête d'une malade chez laquelle, disait-il, on ne détectait plus d'impulsions crâniennes. Elle avait eu plusieurs accidents graves, dont l'un vingt ans plus tôt, et souffrait à présent d'extrême fatigue, d'insomnies, de migraines, d'une perte de vision, d'une digestion difficile et d'une susceptibilité marquée aux infections. Effectivement, sa tête était comme un sac de ciment, un poids mort ; on n'y sentait aucune impulsion de vie. Après plusieurs séances de traitement, ses mouvements crâniens reprirent et, en même temps, sa respiration s'améliora.

« Quelle est la cause de cette déficience ? » demandai-je au Dr Fulford.

« Des traumatismes, fut sa réponse. Trois genres de traumatisme sont possibles. D'abord un traumatisme à la naissance. Si le premier souffle de vie n'est pas plein, les rythmes crâniens sont limités dès le départ. Cette première respiration est tellement déterminante ! Au cours de ma vie, j'ai vu des problèmes de ce genre se multiplier régulièrement, ce qui, à mon avis, est un mauvais point pour nos méthodes obstétricales. La seconde raison, la plus courante, est un traumatisme physique, surtout dans l'enfance. N'importe quelle chute ou blessure qui coupe la respiration, et entraîne un arrêt, même très court, du cycle respiratoire peut entraîner un amoindrissement à vie du mécanisme respiratoire primaire. Il est possible de sentir, d'identifier et de dénouer ces blocages avec les mains. C'est ce que j'appelle sortir le traumatisme du corps. Et la troisième raison, peut-être moins courante, est un traumatisme psychologique grave – de nouveau, surtout dans l'enfance. Selon mes estimations, quatre-vingt-quinze pour cent des gens souffrent de blocage à un degré ou à un autre de cette fonction »

À l'époque où le Dr Fulford m'enseignait ces idées, nouvelles pour moi, j'aidais un de mes amis dont la santé était en crise. Kim Clifton, biologiste de trente-quatre ans, passait la plus grande partie de l'année sur les plages du Pacifique au sud du Mexique, essayant de sauver des espèces de tortues de mer menacées d'extinction par les chasseurs. Il dirigeait un projet de fondation pour les animaux sauvages qui l'obligeait à rester sur le terrain, y menant une vie dure et aventureuse, excepté les mois d'été où les tortues prenaient la mer. Alors il rentrait à Tucson, avec sa dégaine d'homme des bois, pour nous raconter ses anecdotes et reprendre des forces. Depuis plusieurs années, il souffrait de problèmes intestinaux : il avait eu de graves crises de diarrhées au Mexique, il n'arrivait pas à digérer certains aliments et avait fréquemment des douleurs abdominales. Il faisait régulièrement des traitements d'antibiotiques et d'antiparasitaires, mais, avec les années, les crises étaient devenues de plus en plus fréquentes et de plus en plus violentes. Lorsqu'il vint me consulter, il avait perdu dix kilos et il me raconta que ses selles étaient anormales depuis des mois et qu'elles contenaient souvent du sang et des mucosités ; il souffrait de douleurs abdominales constantes et d'une fatigue chronique. Il ne pensait pas être capable de continuer son travail avec les tortues.

Kim voulait que je lui prescrive un traitement pour éliminer ce qu'il croyait être des parasites intestinaux, mais ses symptômes n'étaient pas ceux d'une infection. À mes yeux, il souffrait plutôt d'une inflammation intestinale chronique, et je lui conseillai d'aller voir un éminent gastro-entérologue du Centre médical de l'université d'Arizona. Fils d'un chirurgien du poumon exerçant à New York, Kim avait une foi totale en la médecine moderne. Cependant, cette foi fut mise à rude épreuve lorsque, après une longue série d'examens coûteux qui se terminèrent par une biopsie du côlon, le gastro-entérologue se révéla incapable d'identifier la maladie et annonça seulement à Kim qu'il avait une grave inflammation chronique du côlon – probablement une colite ulcéreuse. « Je pense que nous devrions refaire une biopsie pour analyser plus de tissus, me dit le gastro-entérologue. Peut-être que ça nous permettrait de comprendre ce qu'il a. » Ce n'était guère encourageant et, comme Kim payait les examens de sa poche, je suggérai que nous cherchions une autre approche. Alors me vint l'idée d'envoyer Kim chez le Dr Fulford.

Kim avait longtemps pratiqué les sports de contact, y compris la boxe (il avait été poids lourd dans l'armée), et avait été blessé de nombreuses fois. J'avais remarqué qu'il respirait toujours par la bouche. En plus de ses problèmes intestinaux, il se plaignait de douleurs récurrentes du dos et de la nuque. Il me semblait que le Dr Fulford serait peut-être capable de trouver le sens de tous ces symptômes, mais deux problèmes se posaient. Le premier était que le Dr Fulford ne recevait plus que des patients de moins de trente ans, une limite qu'il s'était imposée car il était à nouveau submergé par les demandes du fait de sa réputation grandissante. « J'ai presque quatre-vingts ans, m'avait-il expliqué un jour. Je ne peux plus travailler jusqu'à épuisement de mes forces. J'ai plus d'énergie avec les jeunes parce qu'ils ont de meilleures réactions. » C'est aussi pour se faciliter la tâche qu'il avait inventé le marteau à percussion qui lui permettait de remplacer des manipulations manuelles par un travail mécanique.

Le second problème était que Kim, ayant grandi avec la médecine allopathique et sans aucune expérience des pratiques alternatives, pouvait être réticent à tenter l'aventure. Je fis de mon mieux pour convaincre les deux protagonistes de se rencontrer et j'atteignis mon but, même si Kim ne voyait pas comment un ostéopathe pouvait l'aider à résoudre des problèmes du côlon. « Décris-lui simplement tous tes symptômes, lui conseillai-je, les troubles intestinaux ainsi que les douleurs du dos et de la nuque. »

Je ne pouvais pas assister à leur rencontre et j'attendis avec impatience le retour de Kim.

« C'est un charlatan ! furent ses premiers mots. Enfin... il est très gentil, mais il ne m'a rien fait.

– Que t'a-t-il dit ?

– Que j'étais dans un état critique, que mes mouvements crâniens étaient complètement arrêtés à cause de vieux traumatismes et qu'en conséquence le nerf crânien contrôlant le système digestif ne fonctionnait plus. Que les mêmes traumatismes me faisaient respirer par la bouche et que, du coup, mon cerveau n'était pas assez alimenté.

– A-t-il dit qu'il pouvait t'aider ?

– Il a prétendu avoir réglé les principaux problèmes et m'a demandé de revenir dans trois semaines. Mais il paraît vraiment très faible et puis il a tous ces tics nerveux. J'avais pitié de lui. Heureusement, ça n'était pas trop cher.

– Que veux-tu dire par « tics nerveux » ?

– Tu sais, quand il pose son vibrateur sur toi, toutes les cinq minutes, sa main sursaute et tout son corps fait un bond.

– Vraiment ?

– Oui, c'est triste pour lui. »

J'appelai le Dr Fulford pour avoir son avis sur la séance.

« M. Clifton est venu à temps, m'annonça-t-il. Tout son système respiratoire primaire s'était arrêté. Je pense qu'il aurait rapidement sombré.

– Avez-vous réussi à l'aider ?

– Oh oui, j'ai obtenu des relâchements considérables dans plusieurs parties du corps, dénoué de nombreux traumatismes et rétabli les impulsions. Une fois que le nerf vague se remettra à fonctionner, tout ira bien. Maintenant, il doit se reposer et laisser cette vieille mère Nature faire son travail. »

Six heures après la séance, la diarrhée de Kim s'arrêta pour la première fois en huit mois et ne réapparut jamais. Durant les trois mois qui suivirent, il récupéra tous ses kilos, toute son énergie, et il cessa de respirer par la bouche.

« Il m'a sauvé la vie, me dit Kim plus tard. Je suis certain que cet homme m'a sauvé la vie. » Depuis, il est devenu un passionné convaincu des médecines alternatives en général et de l'ostéopathie en particulier. Sa guérison était tellement spectaculaire que j'essayai d'organiser une rencontre entre le Dr Fulford, Kim, moi-même et le gastro-entérologue de l'université. Ce médecin prétendit être intéressé mais se désista à la dernière minute. Lorsque je lui demandai ses raisons, il me répondit : « Écoutez, je ne remets pas en cause le résultat, mais je ne peux pas croire qu'un traitement ostéopathique ait quoi que ce soit à voir là-dedans. »

Peu de temps après, j'eus une autre occasion d'être témoin de l'habileté du Dr Fulford, cette fois me concernant directement. Je travaillais dans mon jardin avec un ami. Au cours d'un accident confus que je n'ai jamais réussi à reconstituer, mon ami se releva tandis que je me penchai et son épaule heurta mon visage, juste au niveau de l'oreille droite. Je ressentis une violente douleur et je n'arrivai plus ensuite à ouvrir ou fermer complètement la bouche. J'avais l'impression que ma mâchoire était démise et je n'arrivais pas, malgré tous mes efforts, à la remettre en place. J'appelai le Dr Fulford et lui expliquai ce qui m'arrivait. « Venez tout de suite », me dit-il. Je me rendis seul en voiture à son cabinet et y parvins toujours dans le même état. Bob réussit à me prendre entre deux rendez-vous et me fit m'allonger sur la table.

Dès qu'il posa ses mains sur mon crâne, il identifia l'os de la boîte crânienne qui était déplacé. Puis il commença la plus douce des manipulations. Après quelques minutes, il annonça que tout était rentré dans l'ordre et me dit de me relever. Je ne sentais aucun changement et la douleur restait la même.

« J'ai toujours mal, commentai-je, déçu.

– Oh, les muscles sont encore un peu endoloris, répliqua-t-il. Allons, maintenant, il faut que je me remette au travail. »

Je le quittai, sans être convaincu qu'il m'avait aidé et envisageant de me rendre aux urgences de l'hôpital universitaire. Mais, dix minutes plus tard, alors que j'attendais que le feu passe au vert, je me rendis compte soudain que je n'avais plus mal et que je pouvais ouvrir et fermer la bouche normalement. Extraordinaire ! Mille mercis, Dr Fulford ! Puis je songeai à ce qui serait arrivé si je ne le connaissais pas : je me serais probablement rendu aux urgences, j'aurais passé une radio et on m'aurait envoyé chez moi avec des antalgiques, des décontractants musculaires et la perspective d'une note salée. Je serais peut-être resté souffrant des semaines, voire des mois.

Cette expérience acheva de me convaincre de l'intérêt des méthodes du Dr Fulford. Mais, je ressentis une grande frustration lorsque j'essayai de communiquer mon enthousiasme à mes collègues. La plupart des médecins n'étaient pas plus intéressés par mes récits que ne l'avait été le gastro-entérologue. Le pire était de discuter avec des pédiatres de la méthode Fulford pour vaincre les infections de l'oreille.

L'infection chronique de la caisse du tympan – l'otite moyenne – est le lot quotidien des pédiatres, elle est si courante que, dans notre société, on finit par la considérer comme faisant partie intégrante du processus de croissance. Les traitements allopathiques consistent en antibiotiques, en décongestionnants et parfois en l'introduction chirurgicale d'un tube à travers le tympan pour rééquilibrer la pression. Généralement le traitement médical met tôt ou tard un terme à l'infection, mais n'empêche pas le retour des crises.

Bob Fulford réussissait de manière impressionnante à mettre fin à ce cycle d'otites chez le jeune enfant, souvent en une seule séance pendant laquelle il travaillait surtout à libérer le sacrum. « Je fais sortir le maximum de leur coccyx », disait-il, parce qu'il avait découvert que l'extrémité du système craniosacré est souvent bloquée chez les enfants, probablement à cause d'un traumatisme à la naissance. Il l'expliquait ainsi :

« Lorsque le sacrum est bloqué, tout le mécanisme respiratoire primaire fonctionne mal. Cela s'accompagne d'un rythme respiratoire réduit, alors que c'est la force de la respiration – les modifications de pressions rythmiques dans la poitrine – qui agit sur la circulation lymphatique. En cas de mauvaise circulation lymphatique, le drainage de la tête et du cou s'effectue mal. Les fluides stagnent et s'accumulent dans la caisse du tympan, constituant un terrain de culture idéal pour les bactéries. Vous pouvez éliminer les bactéries avec les antibiotiques autant de fois que vous le voudrez, mais, si vous ne corrigez pas le problème originel de stagnation des fluides, elles reviendront toujours. » Et, effectivement, c'est bien l'expérience qu'en ont les enfants, les parents et les pédiatres : les bactéries réapparaissent tout bonnement.

Je voyais défiler chez le Dr Fulford des enfants que ce simple traitement guérissait définitivement de l'otite moyenne. Souvent, je pouvais observer un changement dans la respiration dès que l'enfant descendait de la table : le torse se dilatait mieux, de manière plus symétrique, et la respiration était plus profonde. Pourtant je n'arrivais pas à convaincre un seul pédiatre de Tucson d'aller rendre visite au Dr Fulford. Loin d'être intéressés par mes récits, les médecins se sentaient menacés dans leur compétence. Finalement, une praticienne anglaise accepta de m'accompagner. Elle envoya même un de ses patients au Dr Fulford, avec des résultats tellement positifs qu'elle consentit à m'aider à faire un film documentaire sur ses méthodes ostéopathiques, financé par le département de communications biomédicales de l'université d'Arizona.

Plus je regardais Bob Fulford travailler, plus j'étais impressionné par sa santé et sa vigueur. À quatre-vingts ans, il symbolisait l'art de bien vieillir. Un jour je lui demandai quel était le secret de sa forme. « Je vais vous montrer », me dit-il, et il inspira si longuement, si profondément que je le contemplai avec incrédulité. Tout son torse se dilata, puis il expira avec autant de vigueur. « Plus vous respirez profondément, mieux vous alimentez votre système nerveux central, m'expliqua-t-il ensuite. La clé de la santé est une bonne respiration. »

La thérapie que pratiquait Bob Fulford était le genre de médecine que j'avais cherché à découvrir pendant mes années de formation et mes années de voyages. C'était une médecine non violente qui ne supprimait pas la maladie mais permettait aux pouvoirs réparateurs du corps d'agir. Le Dr Fulford était le premier praticien que j'aie rencontré qui adhérait religieusement aux deux principes les plus connus d'Hippocrate : « Premièrement, ne fais pas de mal » (*Primum non nocere*) et « Respecte le pouvoir thérapeutique de la nature » (la *vis medicatrix naturae*).

J'ai tellement appris à son contact, simplement en le regardant travailler, en étant son patient et en discutant avec lui. Ses réponses étaient toujours brèves et d'une grande simplicité, que la médecine académique prendrait pour de la naïveté, mais rayonnantes de sagesse et riches en informations pratiques. Voici quelques-uns des principes qu'il m'a transmis et qui m'ont été les plus précieux dans mon travail de praticien :

• ***Le corps désire être en bonne santé.*** La santé est l'état du parfait équilibre, c'est-à-dire lorsque tous les systèmes fonctionnent normalement et que l'énergie circule librement. Cet état naturel est celui qui nécessite le moins d'effort pour l'organisme ; lorsque le corps est en déséquilibre, il cherche donc de lui-même à se rétablir. Les traitements peuvent et devraient se servir de cette tendance naturelle à guérir.

• ***La guérison est un pouvoir naturel.*** Lorsque le Dr Fulford disait à ses patients de se détendre et de laisser « cette vieille mère Nature faire son travail », il exprimait de façon populaire sa foi profonde en la *vis medicatrix naturae* d'Hippocrate, un concept ignoré par la médecine allopathique. Jamais, durant mes études à Harvard, on ne l'a mentionné et aucun professeur de médecine n'en parle aujourd'hui à ses élèves. À mon avis, c'est là que réside la plus grande erreur philosophique de la médecine moderne, une erreur qui revêt une immense implication pratique puisqu'elle constitue l'origine de notre impuissance à trouver des solutions rentables à nos problèmes de santé courants.

Mon amie Linda Newmark raconte que le Dr Fulford lui avait dit que ce qu'elle pouvait faire de mieux pour son mari, Sandy, pendant qu'il suivait ses études de médecine, était de l'emmener faire des promenades régulières dans la campagne. « Il en aura besoin pour contrebalancer toutes les choses qu'on lui met dans la tête », avait-il expliqué.

• ***Le corps est un tout et toutes ses parties sont liées.*** Le Dr Fulford avait une remarquable intuition du corps comme système global de fonctionnement. Lorsqu'un patient se plaignait d'une douleur au genou, Bob Fulford n'en concluait pas nécessairement que le problème se situait dans le genou. Il savait que le genou est une articulation qui compense à la fois la cheville et la hanche. Si, après une blessure, la cheville a subi un blocage, elle ne réagit pas normalement et sa force distordue se répercute le long de la jambe. Le genou compense cette distorsion afin que le pelvis reste en place, et cet effort de compensation peut créer une douleur dans le genou. Si le genou est bloqué pour une raison ou une autre, la distorsion de la cheville peut atteindre la hanche, entraînant des problèmes de vertèbres. Combien d'opérations du dos et du genou ont eu lieu, s'interrogeait le Dr Fulford, pour des problèmes qui en fait avaient leur origine dans la cheville ? Je l'ai vu guérir des cas de douleurs chroniques du dos ou du genou en débloquant les chevilles avec son marteau à percussion.

Bob Fulford pensait que ces blocages avaient lieu dans le fascia, la membrane fibreuse qui enveloppe les muscles et sépare les espaces à l'intérieur du corps. Les anatomistes enseignent que le fascia est formé de parties distinctes, mais Fulford supposait que tout le fascia est une enveloppe unique aux multiples circonvolutions. Si un blocage intervient dans une partie du corps, il déforme le tissu dans son entier ; des modifications locales peuvent donc avoir un effet global.

Ainsi, lorsque Kim Clifton vint le consulter en se plaignant de douleurs dans le dos et la nuque, de troubles respiratoires et intestinaux chroniques, le Dr Fulford prit en compte la totalité de ces symptômes et identifia leur racine commune dans un vieux traumatisme à la tête. Le gastro-entérologue qui n'avait examiné que le côlon de Kim ne pouvait pas analyser l'ensemble du problème et n'avait aucun traitement à offrir, excepté des médicaments pour faire disparaître l'inflammation du côlon.

• ***Il n'existe pas de séparation entre le corps et l'esprit.*** De même que le Dr Fulford pensait qu'un traumatisme psychologique pouvait interférer avec les mouvements respiratoires du système nerveux central, il supposait aussi que les interventions physiques, par leurs effets sur le système nerveux, pouvaient améliorer les fonctions psychologiques. Il relevait régulièrement le Q.I. d'enfants ayant des difficultés scolaires grâce à sa thérapie crânienne ; en fait, ses résultats étaient si positifs qu'un hôpital public de la Louisiane pour enfants attardés l'invitait plusieurs semaines par an à travailler sur ses patients.

• ***La force de conviction du médecin a une grande influence sur la guérison des patients.*** Le Dr Fulford croyait que les patients qu'il traitait pouvaient guérir. Il avait une foi simple, sincère et très belle en leur potentiel réparateur qu'il leur communiquait de diverses manières, à la fois verbales et non verbales. C'était l'une des raisons pour laquelle tant de gens venaient à lui. Il choisissait aussi soigneusement les cas qu'il acceptait de traiter. Si vous aviez une fracture, il vous disait : « Je ne peux rien faire pour un os cassé. Laissez la nature le guérir, puis revenez me voir et je sortirai le traumatisme de la blessure de votre système. » Il ne traitait pas non plus les problèmes qui nécessitaient une intervention chirurgicale ou d'autres formes de soins d'urgence.

En vieillissant, face à des demandes toujours croissantes, il abaissait progressivement la limite d'âge des patients qu'il acceptait de traiter. Bientôt, il passa à vingt-cinq ans, puis à vingt. Dans l'idéal, il aurait souhaité limiter son travail aux enfants, « parce que leur pouvoir de guérison est énorme et parce que les blocages n'ont pas eu le temps de s'installer dans les structures de leur corps ». Il pensait aussi qu'il était nécessaire que les nouveau-nés reçoivent un traitement prophylactique parce que « tant de maladies qui apparaissent plus tard dans la vie sont des conséquences d'un traumatisme de naissance, alors que, durant les premières vingt-quatre heures de la vie, les os sont mous et très faciles à remettre en place ».

Le Dr Fulford ne réussissait pas à guérir tous ses malades, mais il avait le plus haut pourcentage de réussite de tous les praticiens que j'aie jamais rencontrés.

Finalement, la charge de travail devint écrasante et Bob Fulford, au désespoir de ses patients et de ses disciples, annonça qu'il prenait sa retraite définitive et retournait dans le sud de l'Ohio. Il tint parole, mais, tandis que j'écris ce livre, il enseigne toujours activement la thérapie crânienne à l'âge de quatre-vingt-dix ans. Il parcourt les États-Unis pour donner des conférences, enseigner ses techniques à des étudiants et inspirer des nouvelles générations de cliniciens pour qu'ils deviennent d'authentiques médecins.

Rencontrer le Dr Fulford à ma porte après avoir sillonné le monde fut pour moi une leçon cruciale : je n'avais pas à chercher loin ce que je désirais trouver. De même, la plupart des gens n'ont pas à chercher loin des méthodes de guérison. Bien sûr, il vaut mieux s'enquérir des meilleures formes de traitement puisque le traitement vient de l'extérieur. Mais la guérison vient de l'intérieur, sa source se trouve dans notre nature même d'êtres vivants.

PORTRAIT D'UNE GUÉRISON : HARVEY ET PHYLLIS

Durant l'été 1992, alors qu'il avait cinquante ans et vivait depuis six mois un second mariage heureux, Harvey Sandler développa une série de symptômes inquiétants : sa vue se brouilla, il se réveillait au milieu de la nuit trempé de sueur, il se mit à uriner fréquemment et il devint impuissant. Ce dernier symptôme était le plus perturbant parce que lui et Phyllis, sa nouvelle femme, vivaient une relation sexuelle passionnée. « J'avais de plus en plus de mal à faire l'amour, se souvient Harvey. Alors je cessai tout bonnement d'aller me coucher. » Il mit tout sur le compte du stress et ne consulta pas de médecin.

« Je ne voulais pas lui faire subir de pression, dit Phyllis, mais comme la situation n'évoluait pas, j'ai commencé à me sentir déprimée. » Le travail d'Harvey, directeur financier, était éprouvant, mais, de l'avis de Phyllis : « Dans l'ensemble, nous étions plutôt des gens heureux. » Après plusieurs mois, Harvey chercha de l'aide auprès d'une psychiatre spécialisée dans les troubles sexuels. Elle suggéra de faire des analyses de sang, dont l'une, mesurant l'hormone pituitaire, avait un résultat anormal. Puis un ophtalmologiste ordonna une IRM du cerveau qui révéla la présence d'une tumeur située juste à l'arrière des yeux d'Harvey. À cet endroit, elle comprimait l'hypothalamus, un centre vital qui contrôle la glande pituitaire et, à travers elle, beaucoup des fonctions végétatives du corps. Elle touchait aussi le nerf optique.

De par sa localisation et son aspect, les médecins d'Harvey pensaient qu'il pouvait s'agir d'une tumeur bénigne – soit un gliome ou un craniopharyngiome. Le premier est une tumeur solide qui s'est formée dans les cellules nerveuses interstitielles. Le second s'est formé dans les cellules embryonnaires résiduelles du développement fœtal et il est généralement kystique, contenant des sacs pleins de liquide en plus du tissu ; il apparaît généralement chez des gens plus jeunes qu'Harvey mais peut se développer pendant une très longue période avant d'atteindre une taille qui affecte le fonctionnement du cerveau.

Le cerveau est une partie du corps où la distinction entre tumeur maligne et bénigne n'est pas de prime abord aussi importante que dans d'autres cas. Le problème ici venait surtout du fait que la tumeur occupait l'espace restreint des centres vitaux, en les comprimant. Il fallait soit la retirer, soit la réduire.

Harvey et Phyllis firent le tour des neurochirurgiens de New York. La plupart étaient « très pessimistes » sur cette tumeur et les chances de l'extraire sans causer de lésions cérébrales irréversibles. « Finalement, nous avons trouvé un neurochirurgien qui nous a dit ce que nous voulions entendre, raconte Phyllis. Il a prétendu que l'opération serait " du gâteau " et qu'en deux jours Harvey sortirait de l'hôpital. Nous avons décidé de lui faire confiance. »

L'intervention eut lieu en novembre 1992. La tumeur se révéla de la taille d'un petit œuf, localisée entre le nerf optique et l'hypothalamus. Ne pouvant l'extraire, le chirurgien en draina le liquide pour réduire la pression et préleva un échantillon de tissu qui permit d'identifier un craniopharyngiome. Il prescrivit alors trente séances de radiothérapie pour réduire la tumeur, qui devait prendre fin avant Noël.

Mais, soulevant l'inquiétude générale, l'état du patient empira pendant le traitement. Sa vision se détériora, le laissant presque aveugle, incapable de lire ou de regarder la télévision. Pour éviter le développement de la tumeur, les médecins avaient prescrit du Decadron, un puissant corticoïde ; avec ce médicament, Harvey prit vingt kilos et sa personnalité changea. « Il était devenu agressif et violent, et passait le plus clair de son temps à dormir », raconte Phyllis. Harvey commente simplement : « Je ne me souviens de rien. » Il perdait la mémoire et l'esprit. Il ne reconnaissait même pas son propre appartement, faisait allusion à des événements qui ne s'étaient jamais produits. « Je ne savais plus qui était cette personne », se rappelle Phyllis. Selon les médecins, rien de tout cela n'aurait dû arriver et ils n'avaient aucune explication à cette brusque détérioration. « Personne ne voulait en assumer la responsabilité, explique Phyllis. Le chirurgien affirma qu'il " n'était qu'un charpentier et que son travail était terminé ", l'endocrinologue nous envoya chez le neurologue et le neurologue chez l'endocrinologue. J'ai commencé à avoir très peur. »

À cette époque, Deborah, une conseillère spécialisée dans l'accompagnement de malades en stade terminal, emmena Phyllis se reposer un week-end après s'être arrangée avec le fils d'Harvey pour qu'il vienne s'occuper de son père. Le frère de Deborah était un éminent neurochirurgien de Philadelphie et elle lui avait demandé de donner son avis sur le cas d'Harvey. Après avoir étudié le dossier, ce médecin avait dit à sa sœur : « Harvey Sandler ne prendra plus jamais une décision de sa vie. Il ne se remettra jamais. Il faut préparer Phyllis à l'accepter ; on peut s'estimer heureux si son état reste stationnaire et n'empire pas davantage. »

Phyllis devint hystérique lorsque Deborah lui rapporta cette conversation. Comme le raconte cette dernière : « Phyllis hurlait : " Il est hors de question qu'il ne s'en tire pas ! " J'ai répondu : " D'accord, je suis avec toi ", mais au fond de mon cœur je n'y croyais pas. »

Phyllis rentra chez elle, convaincue qu'il n'y avait plus un moment à perdre. « J'ai appelé les gens les plus intelligents et les plus branchés que je connaissais, en leur demandant de m'aider. Je leur ai expliqué qu'il me fallait le spécialiste mondial sur la question. Et tous ces efforts ne servirent à rien ! Je passais mon temps au téléphone avec des médecins. Finalement, j'en ai trouvé un qui avait l'air bien mais il était spécialiste des anévrismes, pas des tumeurs. Puis l'ophtalmologiste m'a appelée et m'a dit : " Il faut faire vite. Il perd ce qui lui reste de vision. " Je traînai mon pauvre mari de docteur en docteur, bien qu'il soit épuisé et ne veuille pas sortir. La plupart du temps, je devais l'habiller moi-même et le porter à moitié. Il s'endormait souvent dans les cabinets des médecins ; un jour, il est sorti par erreur d'un cabinet et a erré dans les couloirs sans pouvoir retrouver son chemin. Finalement, j'ai découvert un neurochirurgien qui acceptait de l'opérer, il était spécialiste de ce genre d'opérations et un cas à haut risque comme celui-ci ne lui faisait pas peur. »

À la mi-février 1993, la tumeur fut extraite. Harvey mit un temps très long à se réveiller après l'opération. Puis il faillit mourir d'un œdème pulmonaire. Le quatrième jour, il tomba dans le coma et, de nouveau, les médecins ne comprirent pas ce qui avait pu se produire.

C'est Phyllis qui sauva la situation. Elle se demanda si le coma d'Harvey n'était pas dû à un arrêt trop brutal du Decadron. Ce médicament est utilisé en traitement court après les opérations pour éviter un œdème cérébral, mais l'équipe médicale ne savait pas qu'Harvey avait été maintenu sous de très hautes doses de Decadron depuis sa première opération. Lorsque Phyllis l'expliqua aux médecins, ils prescrivirent du Decadron par voie intraveineuse. Le lendemain matin, Harvey était conscient et parlait. Il resta trois semaines en soins intensifs, puis deux semaines hospitalisé, ensuite commença une longue période de convalescence où ses progrès furent réguliers.

« Il lui fallut une année entière pour se remettre, précisa Phyllis. D'autant plus qu'il avait été amnésique durant les trois mois précédant la seconde opération. Progressivement il retrouvait ses forces et une partie de sa mémoire. Mais il fallait qu'il change sa façon de penser et d'envisager la vie. Il fallait qu'il découvre ce qui lui était arrivé, qu'il en comprenne toute la portée pour pouvoir renaître. »

Deborah se souvient de la frustration d'Harvey pendant cette période. « On s'attendait à ce qu'il soit métamorphosé après cette épreuve, mais on avait l'impression que tout le monde *sauf* lui avait changé. Harvey avait tout eu : il était riche, brillant, beau et amoureux de la vie. Ses amis avaient été profondément choqués par ce qui lui était arrivé. Pratiquement du jour au lendemain, il avait été frappé par le destin : atteint de lésions cérébrales, il avait pris des kilos et s'était transformé en quelqu'un de violent et agressif ; il avait perdu la tête et risqué de mourir ou de rester à l'état de légume. Les gens se disaient : "Si ça peut lui arriver à lui, cela pourrait aussi bien m'arriver à moi." Et cela les avait amenés à réfléchir et à changer leur hygiène de vie. Mais pendant sa convalescence, plus Harvey apprenait qu'il avait eu cet effet sur les autres, plus il était furieux que rien de magique ne lui soit arrivé. »

Chaque jour, Phyllis l'aidait à réapprendre à marcher. Harvey se disputait souvent avec elle ; il se souvient qu'elle le harcelait : « Alors, qu'est-ce qui a changé ? En quoi ta vie est-elle différente ? » « Je veux me retrouver à nouveau sur un court de tennis », était la seule réponse qui lui venait à l'esprit.

Un an environ après la seconde opération, la magie finit par opérer. Selon les termes d'Harvey : « Je me mis à réfléchir. J'avais toujours laissé Phyllis réfléchir à ma place et j'avais toujours fui mes responsabilités. J'avais l'impression que la tumeur et la chirurgie avaient réveillé des parties enfouies de ma personnalité et en avaient affaiblies d'autres. Six semaines après l'opération, j'avais retrouvé mon énergie sexuelle, mais la sexualité me semblait moins importante. Je pense que, jusque-là, elle occupait trop de place dans mon existence. Par contre, ma sensibilité et ma réflexion s'étaient développées. En général, je me sentais plus équilibré. Pour résumer, j'avais assumé la responsabilité de ma vie. Aujourd'hui, je suis un être humain plus responsable, qui utilise ses forces judicieusement. Cette maladie est l'un des plus beaux cadeaux qui m'ait été donné en partage.

» À un niveau pratique, ma vision est meilleure qu'elle ne l'a jamais été et ma mémoire excellente. J'ai adopté un travail, des loisirs, un rythme de vie qui correspondent beaucoup plus à mes désirs profonds. J'ai changé d'emploi pour pouvoir rester chez moi et ne plus avoir à me rendre au bureau. Je joue au tennis tous les matins. »

J'ai aussi demandé à Phyllis son point de vue sur cette épopée. Voici ce qu'elle en dit : « Aux moments les plus sombres, je me souviens d'avoir pensé : "De bonnes choses vont sortir de cette épreuve et je vais en profiter au maximum." Pendant toute sa maladie, nous étions très seuls ; je laissais très peu de gens entrer dans nos vies. Si j'avais cru que les médecins en savaient plus que moi, j'aurais accepté leurs pronostics pessimistes et je n'aurais pas continué à chercher une solution. C'est dur de se convaincre qu'ils ne sont pas infaillibles. Le chirurgien qui a finalement accepté de s'occuper d'Harvey nous avait avertis qu'il n'y avait aucune garantie qu'il retrouve la vue ou même sa conscience, ni qu'il survive. Il est aussi surpris que nous de l'étendue de sa guérison. Un an après l'opération, nous l'avons invité à dîner avec sa femme pour célébrer ensemble cette réussite.

» Il s'agit vraiment d'une renaissance pour Harvey. Il a eu une chance de se reconstruire et il est devenu quelqu'un de plus généreux, de plus attentif aux autres, qui veut donner le meilleur de lui-même. Notre aventure nous a donné l'envie de guérir ces parties de nous-mêmes qui souffrent encore. Nous continuons à travailler sur nous-mêmes et nous y trouvons beaucoup de plaisir. »

Phyllis voulait que je sache que ce n'était pas la première guérison spectaculaire dont elle avait été témoin. « Il y a sept ans, j'ai développé une sciatique insupportable. Elle a duré deux ans et demi et j'ai vu plus de vingt médecins sans obtenir de résultats. Puis mon premier petit-fils est né, et j'ai vraiment eu envie de passer du temps avec lui. Je savais qu'il fallait que ma santé s'améliore si je voulais profiter des joies d'être grand-mère. J'ai écouté des cassettes de remise en forme, fait de la visualisation, entrepris un traitement par acupuncture, adopté un régime diététique et pris des vitamines. En quatre semaines seulement, la douleur a disparu, à cent pour cent. Je pense que la chose la plus importante que j'ai faite fut de visualiser plus de sang circulant dans mon dos, et de me répéter : " Je veux vraiment guérir. " »

3

Témoignages

Ma double formation de médecin et de botaniste ainsi que mon intérêt pour les plantes médicinales m'ont amené à occuper un poste de conseiller auprès de plusieurs groupes pour le développement de la phytothérapie, et parmi eux l'Institut botanique américain d'Austin, dans le Texas. Récemment, le directeur de cet institut, Mark Blumenthal, m'a demandé mon avis sur une lettre qu'il avait reçue d'une femme de Chicago, vantant les effets bénéfiques du ginkgo. Elle prenait des capsules d'extrait de *Ginkgo Biloba*, un arbre originaire de Chine qu'on trouve aujourd'hui dans la plupart des villes du monde parce qu'il est très résistant à la pollution de l'air. Ses feuilles magnifiques, en forme d'éventail, sont utilisées depuis des siècles en médecine chinoise traditionnelle et les arbres femelles produisent des noix consommables. C'est seulement ces dernières années qu'un extrait concentré, standardisé des feuilles du ginkgo a été mis en vente sur le marché occidental. Ce produit est devenu très populaire en Allemagne pour le traitement des troubles de la circulation et on le trouve désormais dans tous les magasins diététiques. Cependant, le corps médical américain connaît à peine son existence.

Voici un large extrait de la lettre qu'avait reçue l'Institut :

« Une amie de quatre-vingt-quatre ans (j'en ai moi-même soixante) m'a appelée pour me demander si je connaissais le *Ginkgo Biloba*. Je lui ai répondu que non, mais que je me renseignerais. J'ai trouvé deux livres sur le sujet... Puis je me suis lancée dans des recherches plus approfondies. L'effet qu'a eu sur moi le ginkgo a été si incroyable que je suis devenue une publicité ambulante pour sa promotion. J'ai noté un regain d'activité dès le troisième jour du traitement (une capsule par jour les premiers temps). Très vite, je me suis sentie beaucoup plus dynamique. Durant la seconde semaine, je suis passée à trois capsules par jour, une à chaque repas. Je crois que c'est la troisième semaine que ma dépression a disparu et que j'ai commencé à trouver le monde merveilleux.

» J'avais de plus en plus d'énergie. En six semaines, les changements s'intensifièrent... L'un des plus remarquables eut lieu lorsque le ginkgo se mit à opérer sur mon sens de l'équilibre. Je marchais mal jusque-là et toujours avec une canne. Un jour, en entrant dans un magasin, je me suis rendu compte que je n'utilisais plus ma canne et que mes foulées étaient plus longues, plus assurées. Au même instant, je suis tombée sur une de mes amies et me suis lancée dans un récit enthousiaste de ce qui venait de m'arriver. *J'agitais ma canne au lieu de m'en servir*. J'étais si excitée que, spontanément, j'ai fait un rapide demi-tour sur moi-même (ce que je n'avais plus fait depuis des années ! Je me doute bien que les gens ont dû me prendre pour une folle !). J'avais un large sourire aux lèvres – et mon amie aussi !

» Les douleurs dans mes jambes et mes pieds ont disparu. J'ai recommencé à respirer normalement. Aujourd'hui, un an plus tard, je n'ai plus d'héméralopie (et mon ophtalmologiste s'intéresse désormais au ginkgo). Ma vue est bien meilleure et mon ouïe s'est considérablement améliorée (je n'ai plus besoin de monter le son de ma télévision).

» J'ai téléphoné et écrit à tous ceux que je connaissais. Il fallait qu'ils sachent ce qui m'arrivait. Ceux qui m'ont vue depuis que je suis ce traitement n'en croient pas leurs yeux.

» Une esthéticienne avait des douleurs au poignet à force de travailler avec ses mains. Après avoir entendu mon histoire, elle s'est mise à prendre du ginkgo et affirme que non seulement ses douleurs ont disparu mais qu'elle dort beaucoup mieux. Une femme approchant de la cinquantaine sortait rarement de chez elle et, lorsque cela lui arrivait, elle avait toujours avec elle une bouteille d'oxygène portable qu'elle utilisait constamment. À présent elle se sert rarement de l'oxygène... et sort beaucoup. Bon nombre de gens qui connaissent bien son histoire médicale n'en reviennent pas.

» Je souffre du syndrome de Costen... ou plutôt devrais-je dire *je souffrais*. Car, aujourd'hui, les douleurs ont disparu ! Cela ne peut être dû qu'au ginkgo ! *Il n'y a pas d'autre explication !* J'en conclus qu'aussi longtemps que je prendrai du ginkgo, ce problème ne réapparaîtra pas. Mes os ont même arrêté de grincer !

» Ma mère de quatre-vingt-quatorze ans est en maison de retraite, et cette année elle a changé de médecin... Ce dernier ne voyait pas d'objections à ce que maman prenne du ginkgo à condition que je paie le traitement. Ce que j'étais évidemment prête à faire.

» Le dernier mercredi de janvier 1994, ce médecin a donné son accord pour le traitement, autorisant une gélule par jour. Cela ne me dérangeait pas puisque j'avais vu cette femme de quatre-vingt-quatre ans, qui m'avait la première parlé du ginkgo, se porter comme un charme avec une gélule par jour.

» Maman a commencé le ginkgo le jour suivant. Entre le jeudi et le samedi, les changements ont été incroyables ! Elle qui était déprimée a retrouvé sa gaieté, son dynamisme. Sa voix, jusqu'alors étouffée (on pouvait sentir la maladie dans le ton de sa voix), est redevenue forte et claire. L'électricité qui passait entre nous dans la pièce était palpable ! J'étais si heureuse de sa métamorphose et elle était si excitée de se sentir mieux ! Son ouïe s'est aussi beaucoup améliorée ! Et ça lui a complètement changé la vie ! Avant, elle vivait dans son petit monde à elle – incapable d'entendre les autres à moins qu'ils ne hurlent dans son oreille (et rares étaient ceux qui faisaient cet effort !) et de penser clairement (trous de la mémoire immédiate, confusion, anxiété, etc.)...

» Soudain, elle s'est mise à entendre ! Pour la première fois, elle voulait savoir comment mettre son Sonotone ! Et un jour elle a commencé à parler avec ses voisins pendant les repas – ce qu'elle n'avait encore jamais fait !... Il est clair que ses pertes de mémoire s'améliorent... Ainsi que ses hémorroïdes. Et je suis sûre que les progrès ne font que commencer.

» C'EST TELLEMENT MERVEILLEUX DE VIVRE LA VIE COMME ELLE DOIT ÊTRE VÉCUE – D'AVOIR ENVIE DE RESPIRER ET DE PROFITER DE CHAQUE INSTANT ! ON NE VEUT PLUS S'ARRÊTER !

» Un homme que je connais a pris une gélule de ginkgo par jour pendant six mois environ. Il souffrait de bourdonnements d'oreille. Avec ce traitement, les bourdonnements ont disparu. Il a arrêté le ginkgo. Les bourdonnements ont repris.

» Je crois qu'il faut continuer à prendre du ginkgo si vous voulez que les effets bénéfiques durent. Pour ceux qui souffrent, la dépense en vaut vraiment la peine ! Trop de gens pensent que la vie ne vaut pas le coup d'être vécue. J'aimerais pouvoir m'adresser à tous ceux-là et leur parler des miracles du ginkgo ! »

Cette lettre est un exemple typique de témoignage en faveur d'un remède naturel. En tant que tel, elle serait certainement rejetée par les scientifiques qui ont tendance à mettre ce genre de récit dans des poubelles étiquetées « Cas isolé ». En langage médical, « cas isolé » signifie « n'ayant pas de valeur ou d'intérêt scientifique ». Personnellement, j'ai une autre approche de ces témoignages, et les raisons qui poussent la plupart des médecins à les rejeter si facilement m'intéressent.

La réponse la plus évidente est, je suppose, que les médecins et les scientifiques n'aiment pas passer pour des imbéciles et qu'ils sentent le danger de cautionner des produits ou des techniques dont les effets supposés peuvent se révéler faux ou impossibles à prouver lors d'expérimentations contrôlées. Mais il est tout aussi stupide d'ignorer ces témoignages puisqu'ils peuvent suggérer des pistes de recherches et nous fournir des indices sur la nature de la guérison.

De nombreux scientifiques rejettent d'emblée ces témoignages, en se fondant sur l'hypothèse que les informations sont fausses, que les auteurs se bercent d'illusions ou bien ont inventé ces histoires pour une raison ou pour une autre. La science implique par essence un esprit ouvert, alors ne serait-il pas logique d'essayer, au moins, de vérifier la véracité de ces récits ? Dans l'écrasante majorité des cas, à chaque fois que j'ai rencontré les auteurs des témoignages qui m'avaient été envoyés, je n'ai trouvé aucune raison de ne pas croire à la réalité de leurs expériences, même si je ne suis pas toujours d'accord sur l'interprétation qu'ils en donnent. Par exemple, je suis sûr que l'auteur de la lettre citée ci-dessus ne ment pas sur les changements positifs qu'elle, ses proches et ses amis ont ressentis, mais je ne suis pas certain d'être d'accord avec son affirmation : « Cela ne peut être dû qu'au ginkgo ! *Il n'y a pas d'autre explication !* »

La science est la construction rationnelle d'un savoir par la recherche méthodique et l'expérimentation. Mais d'où tire-t-on l'idée d'explorer un champ de recherches, si ce n'est de l'expérience que nous avons du monde autour de nous ? Les expériences à l'aveuglette, qui ne sont pas fondées sur des hypothèses raisonnables suggérées par l'expérience, constituent souvent une perte de temps, d'argent et d'énergie. Je me suis intéressé au Dr Fulford et, à travers lui, à la théorie et à la pratique de l'ostéopathie crânienne parce qu'on m'avait parlé de ses résultats. Les témoignages que j'ai recueillis m'ont amené à découvrir d'autres pratiques utiles, également bénéfiques.

Il y a quelques années, j'ai reçu une lettre de Californie d'un homme qui décrivait des expériences remarquables basées sur l'utilisation d'une plante, la sanguinaire, dont il disait qu'elle faisait disparaître miraculeusement les nævi et d'autres excroissances de la peau, y compris, au moins dans un cas dont il avait été témoin, le mélanome malin. Il me conseillait de commander ce produit fabriqué par un vieillard de l'Utah et de l'expérimenter. Je passai effectivement la commande (le produit était très bon marché) et je reçus peu de temps après un pot d'une pâte rouge sang et huileuse, livrée sans mode d'emploi. Je consultai ma documentation pour trouver plus d'informations sur cette plante.

La sanguinaire est une petite herbe des forêts, *Sanguinaria canadensis,* originaire du centre-nord des États-Unis et du Canada. Sa racine exsude un jus rouge sang, et c'est cette particularité qui a sans doute poussé les Indiens à en expérimenter l'usage thérapeutique. La sanguinaire fut l'un des remèdes médicinaux les plus populaires chez les Indiens des plaines et chez les colons européens qui arrivèrent plus tard, utilisée en usage interne pour les maux de gorge et les troubles respiratoires, et en usage externe pour les excroissances à la surface du corps. La plante tomba en disgrâce à l'époque moderne en raison de sa toxicité : prise en usage interne, elle interfère avec la division des cellules et risque de favoriser les mutations et les cancers. Elle était sur la liste des herbes les plus toxiques diffusée par le FDA (*Food and Drug Administration*). Mais je pus trouver un certain nombre d'informations concernant sa capacité à dissoudre les excroissances anormales de la peau sans attaquer les tissus sains, et même à traiter certains cancers du sein qui avaient atteint la peau, à l'époque où les traitements actuels contre le cancer n'avaient pas encore été découverts. En application locale, le produit semblait inoffensif.

N'ayant pas l'usage immédiat de cette pâte, je la mis dans mon réfrigérateur et l'oubliai complètement. Je ne m'en souvins que six mois plus tard, alors que je devais choisir un traitement vétérinaire pour ma chienne de six ans, Coca, en bonne santé excepté une excroissance qui était apparue au niveau de l'épaule droite. Elle avait commencé par une tache noire et s'était développée régulièrement jusqu'à atteindre la taille d'une bille ayant l'apparence d'un petit chou-fleur noir. Mon vétérinaire me conseilla de la faire enlever. « Ces excroissances peuvent dégénérer en mélanomes », m'expliqua-t-il. L'enlever signifiait mettre le chien sous anesthésie générale, ce à quoi je me refusais puisque c'est une procédure à risque, plus encore pour les chiens que pour les humains. Je ne fis rien et la tumeur continua à grossir.

Puis je me souvins du pot dans mon réfrigérateur. C'était l'occasion rêvée d'expérimenter l'efficacité de la sanguinaire. J'appliquai une fine couche de pommade sur l'excroissance et répétai l'application chaque matin pendant trois jours. Le quatrième jour, lorsque j'appelai Coca pour lui donner son traitement, je fus alarmé de voir du sang couler de son côté droit. La tumeur avait viré au gris et semblait se détacher de la peau, laissant une plaie ouverte. J'arrêtai toute application de ma pommade, nettoyai la région avec de l'eau oxygénée et décidai de suivre l'évolution de près. Deux jours plus tard, la tumeur, à présent d'un gris blanc, tomba, laissant une marque à vif circulaire qui cicatrisa rapidement. Le résultat final était une zone de peau parfaitement ronde, légèrement déprimée, sans trace de tumeur. La sanguinaire l'avait retirée plus précisément que n'aurait pu le faire un scalpel. Par la suite, le poil repoussa à cet endroit, recouvrant complètement la cicatrice. Je n'aurais pu rêver de meilleur résultat, d'autant plus que le chien n'avait manifesté aucun signe de gêne.

Cette expérience animale réussie, j'étais prêt à passer aux humains. Peu de temps après, un ami en visite me montra un nævus qui l'inquiétait, localisé sur sa poitrine. Cet ami, John Fago, photographe, avait perdu une jambe lors d'un cancer des os quelques années plus tôt. Il avait beaucoup pratiqué le ski de descente avant son amputation et était aujourd'hui un skieur unijambiste passionné et très expérimenté. Statistiquement, les chances qu'avait John d'être guéri de son cancer étaient excellentes et il avait adopté un mode de vie qui limitait au maximum les risques. Pourtant une excroissance douteuse le rendait nerveux, ce qui était compréhensible. Il s'agissait d'un grain de beauté pigmenté qui s'était développé. Lorsque je parlai à John de la cure de sanguinaire que j'avais fait suivre à mon chien, il n'hésita pas. « Allons-y », dit-il.

Contrairement à mon chien, John n'avait pas de pelage ce qui facilitait l'observation du processus. Le second jour du traitement, la peau autour du grain de beauté devint enflammée et douloureuse. Le troisième jour, le grain de beauté pâlit et se mit à enfler. Le quatrième jour, le nævus tomba, laissant une plaie parfaitement circulaire qui cicatrisa rapidement. Plus tard, je demandai à John de décrire son expérience devant un groupe d'étudiants en médecine. Il accepta, et, à la suite de son intervention, plusieurs personnes demandèrent à suivre ce traitement. Au fil des ans, j'ai donné de la pommade de sanguinaire à un certain nombre de mes étudiants en leur expliquant comment l'utiliser et les résultats ont toujours été positifs. Le cas le plus récent est celui d'une jeune femme qui avait un gros grain de beauté à la base du cou. Un dermatologue voulait le retirer mais la taille de l'incision qu'il aurait à faire avait découragé la jeune femme car elle savait qu'à cet endroit la cicatrisation serait difficile. Elle me demanda si je connaissais une autre solution que la chirurgie. La sanguinaire régla son problème. « La plaie est devenue assez effrayante le troisième jour, me raconta-t-elle ensuite. Mais je me suis souvenue de ce que vous m'aviez dit et j'ai essayé de ne pas m'inquiéter. À présent, le grain de beauté a complètement disparu et je pense que le résultat est bien meilleur que ce qu'aurait pu faire le dermatologue. Je n'en crois pas mes yeux. »

La sanguinaire est l'exemple type d'une découverte que j'ai pu faire parce que j'avais attaché de l'importance à un témoignage reçu. J'espère que ma description de ces propriétés inspirera aux scientifiques une recherche sur le mécanisme par lequel la sanguinaire stimule le rejet des tissus anormaux et sur ses applications possibles à d'autres formes d'excroissances que le nævus.

Parler de phytothérapie avec les médecins est particulièrement difficile parce qu'ils n'ont aucune formation botanique et parce que le sujet est extrêmement controversé, certaines autorités médicales soutenant que l'utilisation des plantes en médecine est non seulement antiscientifique, basée sur de simples témoignages anecdotiques, mais aussi dangereuse. Une opinion qui témoigne d'un manque d'information. Outre que certains des médicaments pharmaceutiques en circulation sont à base de plantes, des recherches sont mises en œuvre actuellement pour étudier les plantes médicinales traditionnelles avec la méthodologie de la science moderne. En général, les remèdes galéniques sont plus sûrs que les médicaments pharmaceutiques, simplement parce que les composants de ces derniers sont dilués dans un excipient inerte et modifiés par des composants secondaires. D'un autre côté, il est vrai que les fabricants de produits à base de plantes leur attribuent souvent des effets fantaisistes pour s'imposer sur un marché compétitif et généralement peu réglementé.

Prenez l'exemple du *Ginkgo Biloba*. Des douzaines d'articles scientifiques sur sa composition chimique et sa pharmacologie ont paru dans des revues de qualité, reconnues par leurs pairs, bien qu'elles ne soient pas lues par les médecins américains (je ne connais pas un praticien qui lise *Planta medica,* une revue allemande parmi les meilleures). Si vous consultez les articles scientifiques sur le ginkgo, vous trouverez des comptes rendus de recherches prouvant qu'il stimule la circulation du sang dans tout le corps, et au niveau cérébral en particulier. Il a été prouvé que c'est un traitement efficace et atoxique pour les troubles de l'ouïe et de l'équilibre dus à une mauvaise circulation de l'oreille et pour les troubles de mémoire et des fonctions mentales dus à une mauvaise irrigation du cerveau. Son absence de toxicité contraste avec les médicaments pharmaceutiques utilisés pour traiter ces dérèglements.

Les propriétés étudiées du ginkgo recoupent certains des résultats décrits par l'auteur de la lettre, mais les effets qu'elle a ressentis vont bien au-delà. De plus, la dose qu'elle utilise est faible. Le traitement recommandé est habituellement de deux gélules de ginkgo trois fois par jour. Même dans ces conditions, on conseille aux utilisateurs d'être patients ; les améliorations ne se font généralement pas sentir avant six à huit semaines de traitement régulier. Alors, même si nous admettons que l'auteur de cette lettre ne ment pas, reste à savoir quelles sont les causes de ces résultats. Ces changements positifs sont-ils réellement dus au ginkgo ?

Cette question soulève un problème épineux qui pousse encore plus de médecins à rejeter ce genre de témoignages. Il est bien connu que des thérapies, même inefficaces, peuvent donner de bons résultats si les patients y croient. C'est l'effet placebo que la plupart des médecins détestent parce qu'il fausse leurs expérimentations et semble par essence non scientifique selon leurs critères biomédicaux. Je considère l'effet placebo comme l'exemple type de guérison stimulée par le psychisme ; loin d'être un problème, il représente potentiellement le meilleur allié thérapeutique que les médecins puissent trouver dans leur combat contre la maladie. Je crois en outre que tout l'art de la médecine réside dans le choix du traitement et la manière de le présenter au malade de façon à augmenter son efficacité en stimulant l'effet placebo. Pour un médecin, la meilleure façon d'y parvenir est d'utiliser des traitements auxquels il croit sincèrement parce que sa force de conviction catalyse les croyances de ses patients.

Malheureusement, cette conception de l'effet placebo n'est pas du tout à la mode en ce moment. La plupart des médecins ne veulent rien savoir de l'effet placebo et lui préfèrent des « vrais » traitements qui agissent par effets biochimiques. Ils préfèrent aussi les traitements qui ont une action très spécifique (« des médicaments ciblés »). Si un médicament se montre efficace dans un trop grand nombre de situations, les médecins cessent de s'y intéresser parce qu'ils considèrent qu'un manque de spécificité implique un manque de mécanisme sous-jacent. En d'autres termes le médicament pourrait être – loin de nous cette pensée ! – un simple placebo.

Je voudrais signaler que cette approche est caractéristique de la médecine occidentale. Dans la médecine traditionnelle chinoise, les médicaments, essentiellement à base de plantes, sont classés en trois catégories : inférieure, moyenne et supérieure. Les médicaments inférieurs sont ceux qui ont une action spécifique sur une maladie donnée, ces fameux « médicaments ciblés » qui sont l'idéal thérapeutique de la médecine occidentale. Les médicaments moyens ont des propriétés plus diverses parce qu'ils renforcent les fonctions du corps. Les médicaments supérieurs sont des toniques et des panacées universelles, ceux qui ont un effet général. Le ginseng en est le parfait exemple ; son nom latin, *Panax,* vient de la même racine que *panacea,* signifiant « qui guérit tout ». Dans l'approche chinoise, les médicaments supérieurs travaillent en stimulant les fonctions défensives du corps, le rendant plus résistant à toutes sortes d'agressions. Ces médicaments ne sont pas toxiques, ce ne sont pas des armes contre des maladies spécifiques, mais, en renforçant la résistance de l'organisme, ils ont un effet sur tout.

Cette courte digression sur la philosophie médicale et la différence entre médecine occidentale et orientale a simplement pour but de souligner les nombreuses raisons pour lesquelles la plupart des médecins américains, se réclamant de la science, rejetteraient un témoignage comme celui susmentionné. Pour résumer : ils ont tendance à réfuter ces récits sans essayer de les vérifier, sans doute par peur de se faire duper ; ils ne sont pas prêts à cautionner (ou même à envisager) des traitements qui sortent du cadre de leur expérience, tels que les remèdes à base de plantes ; et ils hésitent à tirer des conclusions de ces témoignages parce qu'ils craignent que les effets positifs, même s'ils sont authentiques, ne soient « rien de plus » qu'un effet placebo.

Au cours des années, mes écrits et mes conférences m'ont valu de recevoir des centaines de témoignages. Pour chaque lettre de témoignage qui m'est parvenue, j'ai entendu une douzaine d'autres récits oraux. Dans ces témoignages, les patients ont chanté les louanges d'une variété incroyable de thérapies : des plantes (courantes ou rares), des aliments particuliers ou des régimes diététiques, des vitamines et des compléments vitaminés, des médicaments (en vente libre ou sur ordonnance), l'acupuncture, le yoga, le biofeedback, l'homéopathie, la chiropraxie, la chirurgie, la prière, le massage, la psychothérapie, l'amour, le mariage, le divorce, le sport, le soleil, le jeûne, et ainsi de suite. Je recueille ces témoignages, je les archive et je les prends très au sérieux. Tous, dans leur diversité et leur richesse, ils confirment un point capital : les gens peuvent guérir. Plus encore, ils peuvent guérir de toutes sortes de maladies, même de graves maladies chroniques.

Comme mes collègues, je suis sceptique quant aux conclusions tirées par ces témoignages et j'hésite à cautionner produits et praticiens, par contre, je ne jette pas ces récits à la poubelle. Les témoignages sont des preuves importantes, pas forcément du pouvoir ou de la valeur de certains produits ou guérisseurs, mais plutôt de la capacité qu'ont les hommes de surmonter la maladie. Ils prouvent incontestablement que le corps peut se guérir lui-même. En refusant de l'admettre, de nombreux médecins se coupent d'une source essentielle d'optimisme sur la santé et la guérison.

PORTRAIT D'UNE GUÉRISON : ALAN

De tous les gens que j'ai interrogés sur leurs expériences de guérison, Alan Kapuler est l'un des plus étonnants et des plus charmants. Ce biologiste moléculaire devenu jardinier New Age allie une remarquable intelligence et des connaissances scientifiques dans divers domaines à une sensibilité et un respect profond pour la nature. Al est le cofondateur et le directeur de *Peace Seeds* à Corvallis dans l'Oregon, une entreprise familiale spécialisée dans la préservation, la culture et la distribution de variétés rares de fleurs et de légumes. Il est aussi directeur de recherches chez *Seeds of Change,* un fabricant national de graines organiques. Al travaille beaucoup, aime ses plantes, ramasse et met en sachet lui-même des milliers de graines et son grand principe de vie est la non-violence.

À dix-neuf ans, Al Kapuler reçut son diplôme de Yale en biologie avec les félicitations du jury. Il envisagea des études de médecine et il se souvient d'ailleurs qu'au cours de son entretien d'admission à New York University, lorsqu'on lui demanda pourquoi il voulait être médecin, il répondit : « Je veux apprendre à guérir le cancer. » Finalement, il étudia le cancer pendant six ans à Rockefeller University pour son doctorat en sciences de la vie. La plupart de ses recherches concernaient le développement de nouveaux agents de chimiothérapie et l'étude de leurs mécanismes d'action sur l'ADN.

Peu de temps après avoir terminé ses études, Al quitta ce qu'il appelle aujourd'hui « le système matérialiste ». Il s'installa à la campagne, adopta un régime essentiellement végétarien et se lança dans la culture. Depuis lors, il a toujours vécu simplement et travaillé la terre. En 1987, il emménagea avec sa femme et ses jeunes enfants à Corvallis où il créa *Peace Seeds*, espérant rendre l'affaire rentable. « À cette époque, je travaillais vraiment comme un fou, se souvient-il. Je fabriquais vingt-cinq mille sacs de graines, je cultivais des centaines de plantes et j'essayais de concilier profit et intégrité morale, tout cela avec seulement un assistant à mi-temps ; la pression était terrible. »

On pourrait imaginer qu'avec son expérience biomédicale il se serait inquiété lorsqu'en juin 1989 il constata l'apparition de ganglions lymphatiques inguinaux, mais ceux-ci n'étaient pas douloureux, et Al pensa qu'ils se résorberaient d'eux-mêmes. Il n'en fut rien. Al essaya de les faire disparaître en appliquant des compresses chaudes et froides, sans résultat, et il continua de travailler au même rythme épuisant. « Je n'avais aucune idée de l'origine de ces ganglions », me dit-il. Ceux-ci s'étaient développés des deux côtés de l'aine et avaient la taille d'une pièce de 2 F. Finalement, Al se fit examiner par un ami médecin, un ancien camarade d'université qui recommanda un scanner CT de tout le corps. Celui-ci révéla la présence de vingt-cinq à trente nodules anormaux du cou à l'aine. Après une biopsie de deux d'entre eux, on diagnostiqua un lymphome, un cancer du système lymphatique. « Ils me dirent que j'avais une espérance de vie de sept ans, que d'ici deux à trois ans les choses auraient vraisemblablement empiré et que je devais commencer une chimiothérapie. »

La belle-mère d'Al, une adepte de la diététique, lui envoya un livre sur les traitements macrobiotiques du cancer. Il le lut en même temps que d'autres ouvrages sur les approches nutritionnelles de sa maladie. Ceux de macrobiotique lui semblaient les plus convaincants. « Ils ne faisaient pas appel comme les autres à une pseudoscience. Ils disaient simplement que certains régimes alimentaires causent le cancer, et donnaient les méthodes pour rééquilibrer l'organisme. Je croyais avoir une alimentation plutôt saine, mais, en fait, nous absorbions beaucoup de sucre sous forme de miel et de jus de fruits et je fumais. Je buvais aussi du café – deux cappuccinos par jour avec du miel. D'un point de vue macrobiotique, tout cela est très mauvais. Je compris que je devais éliminer tout ce qui était malsain de ma vie. » En novembre 1989, il adopta un régime strictement macrobiotique : riz complet, soupe miso, haricots secs, légumes cuits à l'eau et algues, ou, selon ses termes, « le régime de base des moines orientaux ». Les fruits, les salades, les huiles, le pain, les compléments diététiques étaient interdits ainsi que, bien sûr, la viande, les produits laitiers, le sucre et l'alcool.

« Avez-vous envisagé la chimiothérapie ? lui ai-je demandé.

– Vous plaisantez ? Je suis biologiste moléculaire. Je sais ce que cette cochonnerie fait aux gens. Et je savais que m'empoisonner ne servirait à rien. De plus, je me souvenais avoir dit, lors d'un entretien d'admission dans une école de médecine, que je voulais guérir le cancer. Je me suis dit : " Voilà ta chance d'y parvenir. " En fait, je me suis mis à aimer le riz complet et les légumes, et, dans ce régime, je pouvais en manger autant que je voulais. Je devais aussi mâcher soigneusement ma nourriture. Ce régime me convenait. Depuis, je m'en suis toujours tenu à une alimentation macrobiotique, plus ou moins stricte selon mon état de santé. »

Durant les onze premiers mois de ce régime, Al ne vit pas d'évolution de ses ganglions lymphatiques : il ne s'en développa pas de nouveaux mais il n'y avait aucune amélioration de son état. Pendant cette période, il consultait un cancérologue, à Eugene dans l'Oregon, qui lui faisait des analyses de sang tous les deux mois pour contrôler le taux de lymphocytes anormaux. Ce taux était fluctuant et le médecin poussait Al à commencer la chimio. « Il me disait qu'il me donnerait des doses " légères ". Mais, dans son cabinet, je voyais que tout le monde mangeait des sucreries. Il y avait des boîtes de bonbons dans la salle d'attente, et les secrétaires, les infirmières et les patients se servaient continuellement... puis les patients entraient dans la salle de chimio. Je lui ai répondu : " Pas question ; mon régime me suffit. " »

En septembre 1990, à l'époque de son quarante-huitième anniversaire, Al remarqua que ses ganglions à l'aine commençaient à se résorber. À la fin du mois d'octobre, ils avaient disparu et l'aine avait repris son aspect normal. Ses analyses de sang étaient aussi revenues à la normale et le cancérologue n'en croyait pas ses yeux. Al raconte : « Un autre éminent cancérologue me dit qu'à sa connaissance j'étais le seul patient à avoir obtenu une complète rémission du cancer en suivant uniquement un régime diététique. »

Le système lymphatique d'Al ne montra plus aucun signe d'anomalie jusqu'au début de 1993 lorsqu'il fut à nouveau soumis à d'énormes pressions dans son travail. Ses revenus avaient baissé, il essayait de réorganiser son entreprise et sentait qu'il était à un tournant de sa carrière, incertain quant à ses perspectives d'avenir. Par réaction au stress, il arrêta son régime strict et se mit à manger des choses sucrées. Peu de temps après, il eut un abcès dentaire, puis suivit une otite de l'oreille gauche. Tandis qu'elle se résorbait, les ganglions lymphatiques dans la partie gauche de son cou se mirent à grossir. Ils étaient mous, ce qui suggérait une réaction à l'infection plutôt qu'un processus malin, mais, l'otite guérie, les ganglions lymphatiques restèrent gonflés. Al avait maintenant six nodules anormaux dans le cou. Il développa aussi une éruption cutanée sur trois doigts de la main droite ; les crises étaient cycliques, commençant par des démangeaisons et évoluant en pustules suintantes qui finissaient par cicatriser et disparaître. Le contact de la terre sur ses mains empirait le processus. Al décida qu'il devait agir.

« J'avais relâché mes principes alimentaires les années précédentes parce que je me sentais en pleine forme. Je repris mon régime strict. Je vis aussi un documentaire qu'avait fait un de mes amis sur le traitement Hoxsey du cancer, et un autre ami acupuncteur me raconta qu'un de ses patients avait été guéri par cette méthode. Je décidai de me rendre dans une clinique de Tijuana, au Mexique, qui proposait ce traitement. »

Le traitement Hoxsey se fonde sur un tonique composé de sept plantes et d'iodure de potassium, accompagné d'un régime. Le régime, qui interdit, entre autres, le porc, les tomates et le vinaigre, était bien moins strict que le régime macrobiotique d'Al auquel il continua de se tenir. L'idée d'un tonique à base de plantes séduisait ce botaniste convaincu, d'autant que plusieurs des plantes utilisées dans la formule Hoxsey ont des vertus anticancérigènes.

« Je me rendis à Tijuana au printemps 1993 et je dois avouer que j'ai reçu un traitement bien meilleur que tous ceux que j'avais pu connaître aux États-Unis. L'équipe était très humaine, très attentive aux besoins des malades. Il faut vous dire que mon père était médecin et que j'ai suivi de nombreux traitements allopathiques au cours de ma vie. Enfant, j'ai eu la polio durant l'épidémie de 1949 et je suis resté six mois couché. Puis j'ai eu des angines chroniques et j'ai suivi des traitements antibiotiques pendant des années. Je connais donc bien la médecine conventionnelle et j'ai été d'autant plus sensible à la gentillesse et à la patience des médecins de Tijuana. Ils étaient très impressionnés par mon régime qui, d'après eux, m'a permis de réagir bien plus vite à la thérapie par les plantes. »

Al rentra chez lui avec une réserve de formule de Hoxsey et en prit une petite dose après chaque repas. En deux mois les ganglions du cou disparurent et il n'a plus eu de problèmes depuis. « En fait je pense être en bien meilleure santé aujourd'hui que je ne l'étais il y a cinq ans, dit-il. J'ai une énergie incroyable. » L'ayant vu récemment, je peux le confirmer : Al montre tous les signes d'une excellente forme.

« Qu'est-ce que vous a apporté cette expérience ? lui demandai-je.

– Oh, tellement, tellement de choses ! Premièrement, le cancer a été un grand cadeau, une des meilleures choses qui me soient arrivées. Grâce à lui, j'ai énormément appris sur le fonctionnement du corps. Je suis devenu extrêmement sensible aux effets de l'alimentation sur mon organisme, par exemple. Si je mange un aliment qui ne me convient pas, je le sais dans la demi-heure qui suit. J'ai découvert aussi quelque chose de très intéressant sur le processus de guérison du cancer. Ce n'est pas un processus simple en une étape. Je pense qu'il y avait un lien entre l'éruption cutanée sur mes doigts et les nodules dans mon cou. Quelque chose se déchargeait à travers la peau, comme si les aspects internes de la maladie se déplaçaient à la surface avant de quitter le corps. Aucun médecin conventionnel ne l'admettrait mais j'en suis convaincu. Maintenant, ma peau est parfaitement saine.

» Et, le plus important de tout, j'ai découvert qu'on doit être son propre médecin pour guérir. Il faut se débarrasser de son ego, de tous les concepts auxquels on s'accroche, et laisser simplement le corps se guérir tout seul, il sait comment s'y prendre. »

4

Le pessimisme médical

Il m'est très pénible de parler des erreurs de ma profession, mais la question est essentielle puisque ces erreurs ont des conséquences néfastes pour tous. Pour résumer le problème en deux mots : trop de médecins sont profondément pessimistes sur les chances de guérison de leurs malades et ils communiquent ce pessimisme aux patients et à leurs familles. Bon nombre de ceux qui viennent me consulter ont entendu de la bouche de leurs médecins, sous une forme ou sous une autre, qu'ils ne guériraient pas, qu'ils devraient apprendre à vivre avec leur problème ou se préparer à en mourir, que la médecine ne pouvait plus rien faire pour eux.

Mes patients viennent des quatre coins des États-Unis, et même d'autres pays, et la majorité sont des réfugiés de la médecine moderne. Environ dix pour cent d'entre eux sont en bonne santé – ils n'ont pas de problèmes immédiats et souhaitent seulement apprendre à améliorer leur hygiène de vie. J'aimerais qu'ils soient plus nombreux à venir me consulter avant de tomber malades parce que je connais quantité de méthodes pour réduire les risques de problème cardiaque, de cancer, et d'autres maladies qui nous tuent ou nous rendent infirmes prématurément. Je connais aussi les moyens de protéger et de renforcer le système réparateur du corps ; ils sont exposés dans la seconde partie de ce livre. Mes conseils concernent le régime alimentaire, la façon d'équilibrer les phases d'activité et de repos et les manières de maîtriser le stress, ainsi que de se servir judicieusement des vitamines, des compléments vitaminés, des plantes et des exercices qui favorisent les interactions entre le corps et l'esprit.

Sur les quatre-vingt-dix pour cent restant de mes malades, la moitié environ d'entre eux souffrent de maladies courantes : allergie, migraine, insomnie, anxiété, sinusite, arthrite, problème de dos, etc. Je leur offre de réelles alternatives à la médecine allopathique. Mes nombreux voyages et mes études des différents systèmes thérapeutiques m'ont permis de découvrir des méthodes et des remèdes que je trouve plus sûrs, plus efficaces, et sans aucun doute beaucoup moins chers que les médicaments et les interventions chirurgicales que propose la médecine moderne. Pour les maladies courantes, les méthodes allopathiques peuvent être décrites comme un bombardement thérapeutique : de l'artillerie lourde qui ne devrait être utilisée qu'en dernier recours lorsque des traitements plus simples et plus sûrs ont échoué. Le problème est que les médecins n'ont pas appris à utiliser ces techniques simples, faisant appel au pouvoir de guérison du corps.

Mon dernier groupe de patients est celui des malades graves dont les chances de guérison sont plus faibles. Je traite beaucoup de patients cancéreux ainsi que des malades atteints de dégénérescences chroniques. Ces gens me disent souvent qu'ils me considèrent comme leur dernier espoir puisqu'ils ont épuisé toutes les autres ressources de la médecine. Dans ce cas, je leur sers de conseiller, en les aidant à évaluer leurs possibilités et à allier intelligemment médecine traditionnelle et traitements alternatifs. De nombreux cancéreux, par exemple, décident de subir une chirurgie, une chimiothérapie ou une radiothérapie, cependant ils veulent savoir quels traitements complémentaires peuvent aider à prévenir les rechutes. Généralement, les cancérologues leur disent qu'ils n'ont pas besoin de faire quoi que ce soit, une fois qu'ils ont été traités. Mais les patients sont plus avisés. Ils veulent connaître les régimes et les compléments vitaminés anticancéreux ou les méthodes pour stimuler psychiquement les défenses immunitaires. Mon rôle est de leur communiquer toutes ces informations.

Qu'ils soient malades ou en bonne santé, les patients qui entrent dans mon cabinet sont tous bien décidés à assumer la responsabilité de leur corps. C'est un plaisir de travailler avec des gens aussi motivés. Ils sont à la recherche d'informations qu'ils mettent aussitôt en pratique. De tels patients sont généralement intelligents et cultivés, des qualités que confirment les résultats des sondages concernant les adeptes des médecines douces. Enfin, bon nombre d'entre eux ont souffert physiquement, émotionnellement ou financièrement de leurs expériences de la médecine moderne. Voici quelques-uns des reproches que j'entends le plus souvent :

« Les médecins ne prennent pas le temps de m'écouter ou de répondre à mes questions. »

« Tout ce qu'ils font, c'est prescrire des médicaments et moi, je ne veux plus en prendre. »

« Ils m'ont dit qu'ils ne pouvaient rien faire de plus pour moi. »

« Ils m'ont dit que mon état empirerait. »

« Ils m'ont dit que je devrais apprendre à vivre avec. »

« Ils m'ont dit que je serai mort dans six mois. »

Les quatre dernières phrases sont particulièrement troublantes parce qu'elles témoignent d'un profond pessimisme sur le pouvoir de guérison du corps humain. Poussée à l'extrême, cette attitude constitue une forme de « mauvais sort » médical qui me semble une preuve d'inconscience de la part des médecins. Les anthropologues et les psychologues ont étudié les formes d'envoûtement dans les cultures chamanistes ; lorsqu'un chaman ou un sorcier jette un mauvais sort sur une victime (généralement à la demande d'un de ses ennemis), celle-ci s'aliène la société, sa famille, ses amis, cesse de manger et dépérit. Des comptes rendus médicaux présentent des récits de ces formes d'envoûtement, entraînant des maladies chroniques ou la mort, et spéculent sur les mécanismes physiologiques qui peuvent en expliquer les causes, tel le dérèglement du système neurovégétatif. Ce qu'on appelle la mort vaudou est la forme ultime de cet effet placebo négatif. Bien qu'il soit facile d'identifier ce phénomène dans des cultures exotiques, nous nous rendons rarement compte que quelque chose de très similaire se produit tous les jours dans nos civilisations, au sein même des hôpitaux, des cliniques et des cabinets médicaux.

Il y a deux ans, un homme dans la trentaine est venu me consulter pour avoir un second avis sur sa maladie. Après plusieurs mois de crises de diarrhées toujours plus violentes et de douleurs abdominales, son généraliste l'avait envoyé chez un gastro-entérologue qui avait diagnostiqué une colite ulcéreuse et avait prescrit un traitement classique de médicaments répressifs, mais sans conseiller de modifications d'hygiène de vie. Le patient n'aimait pas les effets secondaires de ces médicaments et ne trouvait pas qu'ils agissaient efficacement sur ses symptômes. Il soupçonnait aussi que son problème était lié au stress. Il se plaignit de son traitement et continua à interroger son gastro-entérologue sur les possibilités d'autres traitements, sans succès. « Vous savez ce que m'a dit mon médecin lors de ma dernière visite ? " Écoutez, je n'ai rien d'autre à vous offrir et, de toute façon, il y a de fortes chances pour que vous développiez un cancer du côlon. " »

Les gens atteints de colites ulcéreuses ont statistiquement plus de chances de développer un cancer du côlon, c'est vrai, probablement parce que l'inflammation chronique et la destruction de la muqueuse colique entraînent une accélération de la division des cellules et, avec elle, augmente le risque de leur transformation maligne ; mais la probabilité de cancer du côlon chez un individu atteint de colite ulcéreuse est faible, surtout si, comme dans le cas présent, la maladie est bénigne et qu'elle est suivie. De plus, même des cas plus graves peuvent réagir de façon spectaculaire à des modifications de l'hygiène de vie. Je me souviens d'une femme approchant de la cinquantaine qui souffrait depuis des années d'une forme grave de cette maladie, mal maîtrisée par de fortes doses de prednisone et d'autres médicaments agressifs, à qui on avait expliqué qu'il était impératif de lui retirer tout le côlon. Elle entreprit un régime macrobiotique et sa maladie disparut rapidement. Quinze ans plus tard, lorsqu'elle vint me consulter pour un problème d'un tout autre ordre, la maladie n'avait toujours pas réapparu.

Comment les funestes propos du gastro-entérologue avaient-ils affecté mon patient ? « Je n'en ai pas dormi pendant trois jours. Je me disais tout le temps : " Je vais avoir un cancer du côlon ", et sincèrement je suis toujours hanté par cette idée. » Je lui prescrivis un traitement, incluant une consultation chez un hypnothérapeute pour neutraliser ce mauvais sort médical et lui apprendre à utiliser son psychisme pour lutter contre la maladie. Si cela avait été faisable, je l'aurais mis en contact avec la femme qui était venue à bout de sa colite. C'était du second avis dont il avait réellement besoin.

Voici une autre histoire édifiante : il y a cinq ans, un homme de cinquante-trois ans est venu du Canada me consulter. Plus exactement, c'est sa femme qui s'est présentée au rendez-vous. Lui était resté dans la voiture parce que, me dit-elle, il était terrifié par les médecins et n'avait pas le courage d'en voir un nouveau. Elle me raconta l'histoire médicale de son mari, puis j'allai trouver cet homme et réussis à le convaincre de m'accompagner. Pendant plusieurs années, il avait eu des problèmes urinaires qu'il avait ignorés. Lorsqu'il consulta finalement un urologue, le problème se révéla être un cancer de la prostate qui avait déjà atteint les os du pelvis, ce qui rendait le pronostic défavorable. À l'hôpital, le seul traitement qu'on lui offrit était des hormones féminines pour lutter contre le développement de la tumeur.

Cet homme donnait l'impression d'être terrifié. Il avait décidé que la visualisation était sa seule chance et m'expliqua qu'il passait deux heures par jour à se concentrer intensément, essayant d'imaginer que ses cellules immunitaires détruisaient les cellules cancéreuses. Mais il n'avait fait aucun effort pour changer son hygiène de vie afin d'améliorer son état de santé et son immunité ; par exemple, il continuait à fumer deux paquets de cigarettes par jour. Lorsque je lui parlai de la cigarette, il répondit : « Il y a trois mois, j'étais à l'hôpital chez le chef du service d'urologie. Il m'expliqua le traitement hormonal et me dit que ce n'était pas la peine de tenter un autre traitement. Je lui demandai si je devais arrêter de fumer et il répliqua : " Au point où vous en êtes, ce n'est pas très important. " »

Si je demandais à cet urologue de justifier sa réponse – en supposant qu'il se souvienne de l'avoir faite –, il me répondrait probablement qu'il agissait dans l'intérêt du patient en lui évitant des problèmes supplémentaires. Cependant, ce que le patient avait entendu, c'était : « Vous allez bientôt mourir. » Un grand prêtre de la médecine technologique, intronisé par sa chapelle, avait prononcé l'équivalent d'un mauvais sort chamaniste, car les docteurs dans notre culture sont investis du même pouvoir que les chamans et les prêtres. Ces mots étaient à l'origine de la terreur de ce patient, une terreur qui le paralysait et l'empêchait de faire des efforts positifs pour survivre. Oui, le pronostic d'un cancer métastasé de la prostate est plutôt défavorable, mais ce patient était encore relativement en bonne santé et il n'est pas difficile de trouver des exemples de malades atteints d'un cancer métastasé de la prostate qui ont survécu relativement bien pendant des années. Pourquoi présager de l'issue ?

Il y a une différence notable entre ce mauvais sort et celui mentionné précédemment. Ici, l'urologue a révélé son pessimisme de manière irréfléchie, sans intention de bouleverser le patient. Par contre, le gastro-entérologue qui a prédit un cancer du côlon à son patient atteint de colite ulcéreuse était peut-être exaspéré parce que ce dernier mettait en cause son traitement et lui avait réclamé à plusieurs reprises des informations qu'il était incapable de lui donner. D'après mon expérience, les mauvais sorts médicaux irréfléchis sont plus communs que les mauvais sorts intentionnels, même s'ils sont tout aussi dangereux.

Certaines des histoires que j'entends sont tellement énormes que tout ce que je peux faire est d'en rire ; lorsque je réussis à faire rire les patients aussi, j'ai le sentiment que ces malédictions sont conjurées. Une femme d'Helsinki approchant de la cinquantaine est venue me consulter un mois de février. Elle était atteinte d'un début de sclérose en plaques qui avait entraîné une faiblesse musculaire dans une jambe. Mais j'étais surtout inquiet de son état émotionnel. Elle était déprimée et me raconta son histoire d'une voix monocorde, sans manifester aucune émotion, comme si elle parlait à quelqu'un d'autre. Il ne fallut pas grand-chose pour lui redonner de l'espoir ; le voyage d'Helsinki à Tucson avait déjà été en lui-même salutaire. Comme elle pouvait séjourner un moment dans la région, je la mis en contact avec des thérapeutes qui l'aidèrent à travailler sur le rapport entre le psychisme et le corps, ainsi que sur les manières d'améliorer son hygiène de vie. Après un mois, elle s'était considérablement détendue et avait une vision beaucoup plus positive de son avenir.

« Vous ne croirez jamais ce que m'ont fait les docteurs en Finlande, me confia-t-elle. Il leur a fallu très longtemps pour arriver à un diagnostic, de nombreux examens. Finalement le chef du service de neurologie me convoqua dans son cabinet et m'annonça que j'avais une sclérose en plaques. Il me laissa un moment pour digérer cette nouvelle, puis sortit de son bureau et revint avec un fauteuil roulant dans lequel il voulut m'installer. Lorsque je lui demandai pourquoi, il m'expliqua que je devais m'acheter un fauteuil roulant et m'y asseoir une heure par jour pour “m’entraîner” pour le moment où je deviendrais complètement invalide. Vous imaginez ? » Elle me raconta cette histoire en riant, une attitude saine que j’encourageai. S’entraîner au fauteuil roulant, vraiment !

Je pourrais raconter à l’infini des histoires de mauvais sorts médicaux, intentionnels ou non, amusantes ou – le plus souvent – tristes, mais je crois avoir été assez clair. J’ai d’autres sujets plus réconfortants à aborder. Je ne peux pas m’empêcher de me sentir honteux pour ma profession lorsque j’entends les innombrables façons qu’ont les médecins de communiquer leur pessimisme à leurs patients. J’aimerais que ce scénario se modifie et je me bats pour que soit rendu obligatoire durant les études de médecine un cours sur le pouvoir de la parole et l’extrême prudence dont devraient faire preuve les médecins lorsqu’ils discutent avec leurs patients. Problème plus vaste encore, il faudrait apprendre aux médecins à être plus conscients du pouvoir dont les investissent leurs patients, et à s’en servir pour améliorer l’état du patient, plutôt que d’avoir l’effet inverse. Je le répète, nous avons investi les médecins du rôle détenu par les chamans et les prêtres dans des cultures plus primitives, mais les médecins ne sont pas prêts à jouer ce rôle de manière constructive. Les bons chamans que j’ai rencontrés au cours de mes voyages étaient de formidables psychologues qui savaient, à la fois intuitivement et de par leur formation, comment se servir du pouvoir qui leur était conféré pour aider les patients à guérir.

Dans de rares occasions, un mauvais sort médical peut motiver un patient exceptionnel qui s’acharne à guérir pour contredire les prédictions de son médecin. Je me souviens d’une très vieille dame qui avait survécu à un cancer utérin des années plus tôt, et qui me racontait avec un sourire édenté : « Mon médecin m’avait dit que j’avais moins d’un an à vivre. Il est mort aujourd’hui, et moi je suis toujours là ! » Malheureusement, c’est une exception. Le mauvais sort médical conduit généralement au désespoir et je ne pense pas que le désespoir ait des effets positifs sur la guérison. Je vous déconseille de continuer à voir un médecin qui ne pense pas que vous puissiez aller mieux.

Il semble tout à fait étrange que des pratiquants du prétendu art de guérir aient si peu de foi en la guérison. Quelles sont les racines de ce pessimisme médical ? L'une, que j'ai déjà identifiée, tient au déséquilibre des études médicales qui concernent presque exclusivement les maladies et leurs traitements plutôt que la santé et la prévention. Une proportion massive du cursus médical est consacrée à la théorie, à l'étude détaillée des maladies. Dans ces cours, le mot « guérison » est rarement, voire jamais, utilisé ; quant au terme de « système réparateur », il est complètement ignoré. Comme je l'expliquerai dans le chapitre suivant, nous connaissons certains des mécanismes de guérison, mais, sans le concept global de système réparateur, nous ne pouvons pas nous servir de ce savoir de manière constructive.

Le modèle biomédical, dont dérivent la théorie et la pratique de la médecine moderne, rend extrêmement difficile la prise en compte de ce système réparateur lors de la formation des médecins. En effet, le matérialisme de ce modèle fait privilégier la forme sur la fonction. Or, le système réparateur est un système fonctionnel, pas un assemblage de structures qu'on peut représenter par un diagramme comme le système digestif ou circulatoire. De nouveau, la médecine orientale a l'avantage sur son analogue occidental. En privilégiant la fonction sur la structure, la médecine chinoise traditionnelle a pu comprendre que l'organisme humain a une sphère de fonctions défensives qui peut être stimulée, bien avant que les médecins occidentaux se rendent compte que des organes « sans fonction » – tels que les amygdales, les végétations, le thymus et l'appendice – sont des composants du système immunitaire.

Pis encore, le modèle biomédical fait peu de cas de l'importance du psychisme, ou l'élimine entièrement, s'attachant uniquement aux causes physiques de l'évolution de la maladie. Mes expériences et mes observations sur la guérison suggèrent que le domaine psychique est souvent la véritable origine du problème. En dépit d'un intérêt accru du grand public pour les interactions du corps et de l'esprit, l'intérêt médical reste extrêmement faible.

Et ce n'est pas seulement l'enseignement qui souffre des conséquences de ces limitations, mais aussi la recherche, productrice des informations qui entrent dans le cursus médical, car, sans recherche, il n'y a que des « témoignages anecdotiques ». L'orientation de la recherche médicale est manifeste. Regardez les instituts nationaux de santé. En fait, ce sont des instituts nationaux de la maladie : l'institut contre le cancer, l'institut d'allergologie et des maladies infectieuses, l'institut de rhumatologie et de dermatologie, l'institut de diabétologie et des maladies métaboliques, l'institut de neurologie et des accidents vasculaires, et ainsi de suite. Où est l'institut national de la santé et de la guérison ?

Il y a très peu de recherches sur la santé, et ce qui a été fait se limite à un domaine trop restreint. Les chercheurs se sont penchés uniquement sur un phénomène spectaculaire, la rémission spontanée, mais rémission n'est pas synonyme de guérison. Le mot « rémission » implique un arrêt temporaire de la maladie qui peut très bien reprendre. De plus, la rémission est fortement associée au cancer, et le cancer est, à mon avis, un cas particulier. Si nous étudions seulement ou essentiellement les rémissions spontanées du cancer, nous avons une image déformée du système réparateur qui ne révèle absolument pas le plein éventail de ses activités et de ses potentialités.

La première étude de synthèse réalisée sur les cas de rémissions spontanées a été publiée en 1933, une énorme bibliographie, contenant des centaines de références. Plus de soixante-quinze pour cent d'entre elles concernent le cancer et les auteurs remarquent qu'« une étude des rapports médicaux révèle que presque tous, si ce n'est tous, traitent de la rémission du cancer ». Une première conférence mondiale sur la rémission spontanée a eu lieu en 1974 à l'École de médecine de John Hopkins University, une expérience qui, d'ailleurs, n'a pas été renouvelée. Elle était consacrée uniquement au cancer.

La guérison est un phénomène remarquable. Depuis des années, je demande à mes collègues d'étudier et d'analyser les cures populaires contre les verrues comme des exemples de réactions de guérison. Ces cures sont des phénomènes courants, spectaculaires ; le système réparateur, stimulé par la croyance du malade, débarrasse le corps d'un tissu infecté par un virus et d'une manière telle qu'en comparaison les traitements allopathiques contre les verrues ont l'air maladroits et barbares. Pourtant, les scientifiques considèrent cette réalité thérapeutique plus comme un sujet d'amusement que comme un champ de recherches sérieux.

Lorsque les étudiants en médecine terminent leurs études théoriques et se mettent à travailler dans les services hospitaliers, leur expérience de la maladie renforce le déséquilibre de leur formation. Les étudiants de troisième et quatrième années, de même que les internes, les médecins des hôpitaux et leurs confrères sont immergés dans le monde de la médecine hospitalière. Les patients qu'ils soignent ne sont pas représentatifs de l'éventail de la maladie. Ils constituent au contraire une catégorie biaisée – les malades graves. Dans ce groupe, les réactions de guérison sont moins fréquentes que chez la majorité des gens. Si vous traitez essentiellement des malades qui sortent d'une pathologie aiguë ou sont au stade terminal de maladies chroniques, vous allez naturellement être pessimiste quant à leurs chances de survie.

Ces réalités de l'enseignement médical – c'est-à-dire, l'accent mis sur la maladie plutôt que sur la santé ; les limites du modèle conceptuel ; les carences de la recherche ; l'expérience biaisée de la maladie dans ses pires manifestations – suffisent à elles seules à expliquer le pessimisme des médecins. Pourtant, existent aussi des motivations sous-jacentes plus profondes qui ne sont jamais discutées et rarement prises en compte, et qui concernent les raisons pour lesquelles les gens deviennent médecins en premier lieu.

Lorsque je demande aux étudiants pourquoi ils ont choisi la médecine, ils invoquent le fait d'aider les autres, de jouir du prestige et du pouvoir que leur confère leur profession, ou de bénéficier d'une sécurité financière ainsi que d'une sécurité de l'emploi. Je pense qu'il y a aussi une autre raison, moins consciente : la pratique de la médecine donne l'illusion de maîtriser la vie et la mort. C'est une manière d'apaiser les angoisses suscitées par la peur de la mort que de se réconforter avec cette illusion. Mais chaque fois qu'un patient ne réussit pas à guérir ou, plus grave encore, meurt, les médecins sont confrontés au fait que cette maîtrise est illusoire. Prédire une issue négative peut offrir un réconfort psychologique aux médecins : si le patient guérit, le médecin peut être agréablement surpris et se sentir responsable de cette guérison, et s'il va plus mal ou meurt, le médecin qui l'avait prédit peut avoir l'impression de maîtriser la situation. Le pessimisme médical serait donc une défense psychologique face à l'incertitude, ce qui n'excuse ni ne minimise son impact sur les patients. La vérité est que nous vivons dans un univers fait d'incertitudes et que nous n'avons aucune maîtrise sur la vie et la mort. Ce que nous possédons, c'est la capacité de comprendre comment l'organisme humain peut guérir, un sujet intrinsèquement réconfortant qui donne aux médecins comme aux malades des raisons d'être optimistes.

PORTRAIT D'UNE GUÉRISON : JOHN

La seule séquelle que John garde de sa maladie est une tache de 4 cm de peau galeuse sur son mollet droit, et il croit d'ailleurs qu'elle n'est même pas liée à son problème antérieur. Aujourd'hui âgé de soixante-quinze ans, John dirige un cabinet de paysagiste dans les environs de St. Louis. Il dit qu'il ne consulte pas de médecins et a toujours utilisé des remèdes traditionnels, probablement parce qu'il a grandi en Lituanie, dans une culture qui favorisait l'autonomie en matière de santé beaucoup plus que la nôtre.

En 1980, John développa un symptôme anormal : la peau de ses deux mollets devint rouge et commença à le démanger. Quatre semaines plus tard, elle vira « au jaune et ressemblait à de la peau morte ». John consulta alors un médecin qui lui dit que cela ressemblait à une sclérodermie, une maladie auto-immune qui peut être dangereuse. Ce médecin pratiqua une biopsie de peau qui révéla effectivement une sclérodermie. Malgré tout, il envoya John pour une autre biopsie chez un spécialiste qui confirma le diagnostic. « Ils me dirent qu'il n'y avait pas véritablement de traitement, se souvient John. Ils me conseillèrent d'utiliser une crème à la cortisone pour traiter les démangeaisons et de prendre des médicaments à base de corticoïdes pour éviter que la maladie n'atteigne les organes internes. »

John découvrit que la crème à la cortisone avait des effets immédiats sur la peau de ses jambes. « Mais, après deux semaines, elle cessa de faire de l'effet ; au contraire, mon état empira. Je crois que je faisais une réaction allergique. Puis, je trouvai une lotion à la cortisone qui semblait mieux me réussir. » Il commença aussi à prendre de la prednisone. C'est alors que sa peau se mit à durcir et que d'autres zones d'infection se développèrent sur son dos, ses bras et son torse. « Le médecin m'informa que la sclérodermie allait probablement s'étendre aux organes internes et que j'allais en mourir. »

À l'annonce de cette nouvelle, la fille de John et son beau-fils, qui vivaient en Arizona, décidèrent de revenir s'installer dans la région de St. Louis pour être proches de lui. Mike, son beau-fils, raconte qu'à cette époque presque toute la peau de John « avait l'apparence et la consistance du plastique, comme celle d'un mannequin de vitrine. Les médecins avaient dit que sa maladie était fatale et nous acceptions cela comme une vérité. »

Mais John n'accepta jamais ce pronostic des médecins. Il ne croyait pas beaucoup à l'action de la prednisone et arrêta de l'utiliser après six semaines. À la place, il décida de faire des recherches personnelles sur sa maladie. « Je pensais que j'étais atteint de quelque chose qui ressemblait à l'arthrite car j'avais remarqué que les symptômes s'aggravaient par temps d'orage. Trois ou quatre jours avant qu'il ne pleuve, les démangeaisons devenaient intenables. Je pensais aussi que la maladie était liée à la nervosité parce que j'avais beaucoup de problèmes dans mon travail et que j'étais très anxieux au moment de l'apparition des premiers symptômes. Et je soupçonnais aussi que cela avait à voir avec un excès de calcium. »

Alors John commença à lire des ouvrages sur les remèdes traditionnels contre l'arthrite et l'excès de calcium dans l'organisme. Il entreprit un traitement à base de vinaigre et de citron : il devait laver les parties du corps affectées avec du vinaigre et manger beaucoup de citrons. Je lui demandai comment il les prenait. « Je les mangeais simplement nature, répondit-il. Je tentai aussi le jus d'*Aloe vera*. Je l'achetais dans un magasin de produits diététiques et j'en buvais tous les jours. Bientôt les démangeaisons disparurent. Je n'ai plus jamais utilisé la lotion à la cortisone.

» Pourtant, je sentais que quelque chose n'allait pas, que j'avais besoin de stimuler mon organisme et un livre me donna l'idée de prendre des doses massives de vitamine E. J'en pris 5000 unités par jour pendant deux semaines. » C'est réellement une quantité énorme de vitamine E, puisque la dose quotidienne recommandée est de 30 unités internationales et, la mégadose, prônée par les adeptes de la thérapie antioxydante, est de 800 à 1000 unités par jour.

« Je pense que cela déclencha vraiment quelque chose », raconte John.

Il était malade depuis six mois. Deux mois après le début de son traitement personnel, la maladie cessa de se développer, puis la peau qui avait durci commença à se ramollir. « Le médecin était sidéré de mes progrès. Il me dit : " Je ne sais pas quel traitement vous suivez, mais, en tout cas, continuez ! " Après six mois, mon dos et mes bras retrouvèrent progressivement leur apparence normale. Deux ans plus tard, les symptômes avaient disparu et ne se sont plus jamais manifestés depuis. »

J'ai demandé à John ce qu'il avait fait pour calmer l'anxiété qui était impliquée dans sa maladie. « J'ai simplement ralenti mon rythme. Lorsque votre nervosité influe sur votre maladie, vous devez changer votre hygiène de vie, et votre manière de voir les choses. »

Mike pense que l'attitude de son beau-père a été fondamentale dans sa guérison. « Je crois que cela tient à son éducation, à sa culture qui valorise les remèdes de bonne femme plus que les traitements allopathiques. Il ne s'est jamais laissé impressionner par le pessimisme des médecins. Et il croyait vraiment à l'effet de son jus d'*Aloe*. Il en avait toujours une bouteille avec lui et en buvait un verre régulièrement. »

« Aujourd'hui, je suis plutôt en bonne santé, dit John Luja. J'utilise toujours le vinaigre si j'ai des démangeaisons et je mange encore des citrons de temps en temps. Et j'essaie de ne pas consulter de médecin. »

5

Le système réparateur

Si, du point de vue de la médecine moderne, le système réparateur n'existe pas ou semble très difficile à identifier, son existence paraît claire à d'autres points de vue. Par simple nécessité, pour assurer la survie de leur espèce, les organismes doivent posséder des mécanismes réparateurs pour contrer l'action des forces qui créent blessures et maladies. Durant la plus grande partie de l'histoire de notre espèce, nous nous sommes passés de médecins, qu'ils soient allopathiques ou alternatifs. La survie de l'espèce implique à elle seule l'existence d'un système réparateur.

Mon but en écrivant ce livre est de convaincre plus de gens de s'appuyer sur le potentiel inné du corps pour préserver leur santé et vaincre la maladie, mais je ne peux pas donner facilement une image de ce système réparateur. Faute de recherches organisées, nous en savons peu sur ses composants et ses mécanismes. L'organisme humain est aussi d'une incroyable complexité, et sa capacité réparatrice est l'une de ses fonctions les plus subtiles. Par exemple, les interactions entre le corps et l'esprit semblent essentielles dans les phénomènes de guérison, mais il nous manque un modèle qui intègre le psychisme dans la réalité biologique.

Il existe un aphorisme que je trouve utile dans de telles circonstances : « Ce qui est en bas est comme ce qui est en haut. » Il signifie que des schémas vérifiés à n'importe quel niveau de réalité seront vrais à tous les autres niveaux de réalité. Donc, si nous arrivons à identifier le fonctionnement du système réparateur à un niveau de l'organisation biologique, nous devrions pouvoir en déduire la nature de ses fonctionnements à d'autres niveaux. Je vais vous présenter ce que nous savons des mécanismes réparateurs à quelques lieux clés de l'organisme humain, à commencer par l'ADN, la macromolécule où se définit la vie. Le ton de ce chapitre sera un peu plus technique que celui des précédents. Ne vous découragez pas si vous n'arrivez pas à assimiler tous les détails présentés ici : l'important est d'en saisir le principe général.

L'ADN a la même forme dans tous les organismes, des êtres humains aux virus : une énorme molécule structurée en double hélice et composée de deux chaînes nucléotidiques, enroulées l'une dans l'autre et reliées entre elles. Les liaisons se forment entre des bases complémentaires de nucléotides (sous-unités contenant de l'azote), dont les séquences spécifiques différencient l'ADN d'un organisme à un autre. On ne trouve que quatre formes différentes de nucléotides dans l'ADN, ce sont les « lettres » du code génétique qui forment les « messages » d'information permettant la construction et le fonctionnement de toutes les formes de vie. Toute la biologie moléculaire moderne repose sur le fait que l'ADN se *reproduit par réplication* afin de passer son information génétique d'une cellule à l'autre et d'une génération à l'autre ; l'ADN *transcrit* aussi son information dans une autre macromolécule, l'ARN, qui peut voyager hors du noyau de la cellule. L'ARN, à son tour, *traduit* cette information pour la fabrication de protéines spécifiques déterminant la structure et les fonctions des organismes. Ces trois processus – la réplication, la transcription, la traduction – sont les mécanismes fondamentaux de la vie. S'ils sont aussi incroyablement intriqués et aléatoires, c'est qu'il y a de nombreuses occasions d'erreurs.

Par exemple, pour que l'ADN se reproduise ou se transcrive, la longue double hélice doit se dérouler et se séparer afin que chaque brin puisse servir de modèle pour la formation d'un nouveau brin complémentaire. Durant ce processus, l'ADN est susceptible d'être lésé par certaines sources d'énergie (radiations ionisantes et lumière ultraviolette) et des agents mutagènes chimiques. Des erreurs peuvent aussi se produire dans l'assemblage des nouveaux brins, tels que le placement d'un mauvais nucléotide. Les lésions de l'ADN peuvent avoir des conséquences désastreuses pour les organismes. C'est pourquoi, des mécanismes sophistiqués se sont développés pour réparer cette molécule afin d'assurer une transcription presque sans erreur de l'information génétique d'une génération à l'autre, même chez les formes les plus simples de la vie.

Tous les mécanismes de réplication, de transcription et de traduction sont dirigés par un type particulier de protéines appelées les enzymes. Une grande partie du code génétique détermine la fabrication de molécules enzymatiques et celles-ci, à leur tour, interviennent dans les réactions chimiques qui fabriquent le code génétique. On pourrait dire que les enzymes sont les « aides » qui exécutent les ordres de l'ADN. Ce n'est qu'en 1965 que les scientifiques ont été capables, en utilisant une technique appelée cristallographie aux rayons X, de représenter la structure tridimensionnelle d'une enzyme (celle du blanc d'œuf de poule), mais depuis notre connaissance des enzymes a rapidement évolué.

Les enzymes catalysent les réactions chimiques vitales – c'est-à-dire qu'elles accélèrent les vitesses auxquelles ces réactions atteignent un équilibre sans être elles-mêmes modifiées par le processus. Les enzymes sont nécessaires parce que, sans elles, les réactions n'auraient pas lieu suffisamment vite pour maintenir les fonctions vitales. Les chimistes peuvent accélérer des réactions lentes en les soumettant à des températures et à des pressions élevées et en créant des conditions extrêmes d'acidité ou d'alcalinité (pH). Ils peuvent aussi ajouter des catalyseurs chimiques, mais ceux-ci agissent dans des conditions physico-chimiques très éloignées de celles des cellules vivant naturellement à température et à pression atmosphérique relativement basses, et à un pH presque neutre. Par contre, les enzymes des cellules sont capables de catalyser des réactions dans des conditions biologiques ordinaires et le font avec beaucoup plus d'efficacité que leurs analogues inorganiques. On peut les envisager comme des machines moléculaires extrêmement complexes et puissantes.

Comment fonctionnent les enzymes ? La réponse est en rapport avec leur configuration tridimensionnelle qui leur donne la possibilité de se lier avec une grande spécificité à d'autres molécules – les substrats – et d'accélérer leur réaction. La liaison a lieu en un endroit précis de l'enzyme, qui est à la fois géométriquement et électroniquement complémentaire d'une partie du substrat. De nombreuses enzymes se lient à un substrat spécifique et pas à d'autres, même s'ils sont extrêmement proches. Une fois lié à l'enzyme, le substrat peut se trouver physiquement proche d'un autre réactif, ou bien il peut adopter une nouvelle configuration qui favorise des liens chimiques particuliers, les rendant plus susceptibles de se rompre ou de se transformer de manière à faciliter la réaction désirée. Les enzymes possèdent divers mécanismes par lesquels elles amènent les substrats à se transformer. Elles fonctionnent comme des machines ingénieuses qui ont le pouvoir de modifier les substrats : en les divisant, en les assemblant, en leur enlevant des parties spécifiques ou en en ajoutant d'autres, tout ceci avec une précision et une vitesse incroyables.

Un type très intéressant d'enzymes se lie à l'ADN lui-même, afin de contrôler, étape par étape, la réplication de l'information génétique et de s'assurer qu'elle ne comporte pas d'erreurs. Par exemple, les enzymes appelées endonucléases clivent l'ADN dans des séquences spécifiques, tandis que les exonucléases peuvent couper les extrémités des chaînes. (Les noms des enzymes se terminent toujours par « ase ».) La gyrase de l'ADN catalyse le « découplage » et la séparation de la double hélice pour que la transcription puisse commencer. Un type d'enzymes, appelées ADN polymérases, dirige alors l'assemblage des nouveaux brins.

La première ADN polymérase qu'on a pu identifier était la polymérase I, découverte dans la bactérie *E. coli*, très utilisée en recherche génétique. Les scientifiques ont supposé que cette enzyme était la seule à diriger la réplication, mais treize ans après cette découverte, on trouva une séquence mutante de la bactérie qui ne contenait pratiquement pas de polymérase I, bien qu'elle se reproduise à un rythme normal, ce qui suggérait l'existence d'une autre forme d'enzyme. Cette séquence était particulièrement sensible aux effets destructeurs de rayonnements UV et d'agents mutagènes chimiques. La preuve était faite que, en plus de diriger la réplication de l'ADN, la polymérase I jouait un rôle essentiel dans la réparation des lésions de l'ADN.

Si j'oublie de mettre mon chapeau en allant de mon bureau à ma voiture par un après-midi ensoleillé, mon crâne chauve risque d'être frappé par des radiations UV. Si le soleil est à son zénith en plein été, les rayons UV sont encore plus puissants et encore plus nombreux. En l'espace de quelques minutes, de multiples rayons peuvent pénétrer dans les cellules vivantes sous l'épiderme de mon scalp et frapper le noyau de ces cellules. Quelques-uns peuvent atteindre la molécule ADN pendant le processus de réplication ou de transcription, altérant un nucléotide et entraînant une liaison anormale avec son voisin complémentaire. De cette altération d'une des chaînes de la double hélice résultera une erreur génétique. Si vous songez que, sur les 300 milliards de cellules d'un corps normal, environ 10 millions meurent et sont remplacées à chaque seconde, vous avez une idée du nombre de cellules menacées lors d'une exposition, même très brève, à des agents qui peuvent altérer l'ADN.

Qu'arrive-t-il dans le noyau d'une cellule de la peau dont l'ADN a subi ce genre de lésion due aux rayonnements UV ? Très probablement et presque immédiatement, une endonucléase reconnaîtra l'erreur et coupera le brin affecté d'un côté de la lésion. Puis une exonucléase coupera l'autre extrémité, éliminant la partie touchée. La polymérase I comblera alors le vide avec des nucléotides sains et, enfin, l'ADN ligase réassemblera les parties coupées. C'est une version moléculaire très élaborée du couper-coller informatique. (Si actif et efficace que soit ce mécanisme réparateur, cela ne vous dispense pas de porter un chapeau pour vous protéger du soleil.)

Si, durant la réplication, la polymérase I incorpore accidentellement le mauvais nucléotide dans un brin en train de se développer, l'enzyme peut identifier l'erreur, l'éliminer et restaurer la séquence correcte. La polymérase I sait donc relire et corriger son propre travail au fur et à mesure qu'elle dirige la synthèse de nouveaux exemplaires de l'ADN.

Il existe de nombreuses variations sur ces thèmes, avec différentes sortes d'enzymes prêtes à protéger l'ADN d'une myriade de dangers possibles. Nous connaissons en détail certains d'entre eux, d'autres restent encore mystérieux. Un système très élaboré, la « réaction SOS », a été découvert dans *E. Coli.* Les agents qui attaquent l'ADN induisent une série de modifications dans ces bactéries qui empêche les cellules de se diviser et augmente leur capacité à réparer l'ADN endommagé, probablement en accélérant la production d'enzymes réparatrices.

Voici donc quelques mécanismes fondamentaux du système réparateur, perceptibles au niveau des macromolécules qui sont une interface entre la matière vivante et non vivante. À ce niveau, il n'y a pas de système immunitaire ni de nerfs pour transporter les messages du cerveau. Nous sommes bien au-dessous du monde des organes. Même si nous ne connaissons pas tous les détails du mécanisme réparateur de l'ADN, il est déjà possible d'en tirer quelques conclusions :

• La guérison est une capacité inhérente de la vie. L'ADN contient toutes les informations nécessaires pour fabriquer des enzymes afin de se réparer lui-même.

• Le système réparateur opère continuellement et est toujours en alerte.

• Le système réparateur est capable d'établir un diagnostic ; il peut reconnaître les lésions.

• Le système réparateur peut éliminer la structure endommagée et la remplacer par une structure saine.

• Le système réparateur n'a pas seulement comme fonction de neutraliser les effets de lésions sérieuses (comme dans le cas de la réaction SOS de *E. coli*), il contrôle aussi à tout moment les opérations qui maintiennent une structure et une fonction normales (comme dans le cas de l'activité de relecture et de correction de la polymérase I).

• La guérison est spontanée. C'est une tendance naturelle dans la nature même de l'ADN. L'apparition d'une lésion (telle une anomalie induite par une mauvaise liaison résultant d'un rayonnement UV) stimule automatiquement le processus de réparation.

Dans des schémas plus vastes d'organisation biologique de l'être humain, les mêmes caractéristiques prévalent. Ce qui est en bas est comme ce qui est en haut.

Le prochain arrêt de notre visite a lieu au niveau de la cellule, et plus particulièrement de la membrane entourant la cellule, la membrane plasmique, qui sert de frontière et d'interface avec l'environnement extracellulaire. L'ADN se situe à présent bien loin dans un noyau distant, et nous nous trouvons dans un monde d'interactions sur de grandes surfaces.

Il y a trente-cinq ans, lorsque je prenais des cours de biologie au lycée, on considérait la membrane plasmique comme les parois d'un récipient qui empêchait passivement le contenu de la cellule de se répandre. Le temps que j'entre à l'université, elle montrait déjà une structure plus intéressante. Elle était formée de couches caractéristiques composées de lipides (graisses) et de protéines ;

celles-ci étaient enchâssées et liées à une sorte de matrice fluide de lipides. Lorsque j'en arrivai à mes études de médecine, les chercheurs avaient découvert la nature dynamique, active, de la membrane plasmique. Elle est le lieu d'un transport actif de substances, qui pénètrent dans la cellule, et possède des récepteurs sur sa surface extérieure, des structures de protéines spécialisées destinées à se lier avec des hormones et des substances nutritives particulières. En outre, on a découvert que la membrane était en relation avec de vastes systèmes de canaux minuscules à l'intérieur de la cellule, et qu'elle aidait les cellules à absorber les matériaux désirés et à expulser les indésirables. De la nouvelle membrane est constamment synthétisée à l'intérieur de la cellule au fur et à mesure que la vieille membrane, elle, est résorbée.

Un des aspects le plus dynamique de la biologie de la membrane est un processus appelé endocytose – l'invagination de la membrane plasmique à l'intérieur de la cellule pour former des structures creuses appelées vésicules. Ces dernières années, les chercheurs ont éclairci certains détails de l'endocytose et ont ainsi révélé – à moi, du moins – un autre aspect du système réparateur.

L'exemple le plus étudié d'endocytose implique des récepteurs à LDL (lipoprotéine à basse densité), une molécule qui transporte le cholestérol du sang aux cellules. Lié au LDL du sang, le cholestérol se trouve sous sa « mauvaise » forme qui tend à se déposer sur les parois artérielles, causant l'artériosclérose et les maladies cardio-vasculaires. Un taux sérique élevé de LDL cholestérol est un facteur de risque d'accidents cardiaques, mais la plupart des cellules sont équipées de récepteurs à LDL et l'éliminent de la circulation.

Lorsqu'un récepteur à LDL sur la surface externe de la membrane cellulaire se lie à une molécule de LDL, il se rend ensuite dans une autre structure, une poche tapissée d'une paroi de protéines particulières, qu'on appelle « cavité enduite ». Une fois dans cette cavité, le récepteur subit une endocytose et est envoyé dans une vésicule qui fusionne alors avec une autre vésicule similaire. Le contenu des vésicules ayant fusionné est ensuite trié et envoyé dans des directions différentes. Une fois à l'intérieur des cellules, le cholestérol LDL ne peut plus faire de mal à nos artères ; en fait, les cellules ont besoin de cholestérol dans leur métabolisme et peuvent se débarrasser facilement de l'excédent de cholestérol. Durant le processus de triage, le récepteur à LDL est renvoyé à la surface de la membrane tandis que le LDL (et l'excès de cholestérol) est expédié pour être éliminé dans une structure appelée le lysosome. Les lysosomes contiennent des enzymes puissantes qui peuvent réduire les grosses molécules en petits morceaux éliminables.

À la surface extérieure de la membrane plasmique, le récepteur à LDL recyclé est à nouveau prêt à se lier avec du LDL et à faire un nouveau voyage dans la cellule. Les études montrent que les récepteurs à LDL sont recyclés toutes les dix à vingt minutes. Comme leur durée de vie est de dix à trente heures, ils peuvent faire de multiples voyages dans la cellule et transporter de nombreuses molécules de LDL. À un moment, ces récepteurs s'épuisent. Lorsque la structure et la fonction d'un récepteur à LDL se détériorent, il part lui aussi dans un lysosome pour être détruit et il est remplacé par un récepteur qui vient d'être synthétisé.

Tandis que les chercheurs clarifient les mouvements de l'endocytose, émerge une image de la membrane plasmique qui est stupéfiante. Il semble qu'à divers points de la cellule la membrane est continuellement avalée par la cellule (le terme technique est « invaginée »), étudiée, triée et recyclée à la surface. Une phase de ce processus est le repérage et l'élimination des structures défectueuses de la membrane par l'intermédiaire des lysosomes.

Ici, de nouveau, comme à l'étape de l'ADN, nous pouvons observer les mécanismes d'un système réparateur intrinsèque et spontané, en fonctionnement constant, capable de repérer (diagnostiquer), d'éliminer et de remplacer (traiter) les structures et les fonctions défectueuses. À ce niveau cellulaire, nous observons aussi un potentiel de régénération de la structure qui permet au système réparateur d'effectuer un entretien constant. La réparation au niveau de la membrane est particulièrement importante : en effet, les surfaces des cellules subissent des attaques constantes et sont aussi le lieu de communication entre les cellules grâce à l'interaction des récepteurs avec des molécules produites dans des lieux différents.

Montons maintenant à un niveau plus élevé d'organisation. Les agrégats de cellules forment les tissus, les tissus forment les organes, les organes forment les systèmes. Au niveau des tissus, le processus réparateur devient plus complexe, mais présente les mêmes caractéristiques générales. On connaît bien, par exemple, le processus de cicatrisation des plaies ; pourtant, bon nombre d'entre nous ne comprennent pas les implications de ce phénomène. Supposez que vous vous coupiez le doigt avec un couteau, ce qui entraînera immédiatement une douleur et une hémorragie. La douleur diminuera rapidement ; c'est ainsi que vous percevez l'activité des nerfs périphériques prévenant votre cerveau de la blessure. À moins que vous n'ayez des problèmes de coagulation, l'hémorragie s'arrêtera rapidement, elle aussi, avec la formation d'un caillot qui durcira pour former une croûte protectrice. Si vous êtes attentif, vous remarquerez dans les vingt-quatre heures qui suivent l'apparition d'une inflammation autour des bords de la plaie : un amollissement de la peau léger mais perceptible, une rougeur, un gonflement et une sensation de chaleur. C'est une réaction immunitaire, due à la migration de globules blancs dans la zone blessée pour prévenir l'invasion de germes et éliminer les cellules mortes ou mourantes.

La première vague des cellules immunitaires qui envahissent la zone est constituée des neutrophiles, les globules blancs les plus courants, « l'infanterie » des forces défensives du corps. Ils sont rapidement suivis par les macrophages (« les gros mangeurs ») qui peuvent avaler et digérer de grandes quantités de débris cellulaires. Concourant à cette activité immunitaire, commence une prolifération des cellules épidermiques sur les bords de la plaie. Les amorces de ces cellules se développent à partir des bords de la plaie, sous le caillot, pour fusionner en son milieu, formant une couche mince mais continue de ce qui deviendra la nouvelle peau. Puis intervient une prolifération plus vigoureuse de cellules avec l'apparition d'un tissu mou, rose et granuleux, appelé tissu de granulation. Il comblera finalement l'espace de la plaie. Étudié au microscope, le tissu de granulation se révèle plein de fibroblastes, des cellules qui synthétisent les protéines donnant à nos corps leur intégrité architecturale, ainsi que de nouveaux vaisseaux sanguins. Les nouveaux vaisseaux apparaissent comme des bourgeons ou des pousses sur les vaisseaux existants à la lisière de la plaie. Enfin, les cellules immunitaires se retirent, la nouvelle peau se développe et épaissit, rendant la croûte inutile et, à moins que la coupure ne soit exceptionnellement profonde, votre doigt sera comme neuf.

La recherche concernant les mécanismes des diverses phases de la cicatrisation des plaies a démontré le rôle essentiel de régulateurs chimiques appelés facteurs de croissance. Les facteurs de croissance sont de très petites protéines (polypeptides) produites par les cellules ou présentes dans le sang, qui soit stimulent, soit inhibent le développement de la cellule. Par exemple, une famille de polypeptides appelés les facteurs de croissance fibroblastes (FCF) stimulent non seulement les fibroblastes mais induisent aussi toutes les étapes nécessaires à la formation de nouveaux vaisseaux sanguins. Les facteurs de croissance de l'épiderme (FCE) stimulent la division des cellules en se liant à un récepteur particulier sur la membrane cellulaire ; liés à leur récepteur, ils augmentent la synthèse de l'ADN et de l'ARN dans le noyau de la cellule. Les facteurs de croissance transformateurs alpha se lient au même récepteur FCE et stimulent le développement de la cellule mais leur cousin bêta a un effet inverse : il inhibe le développement de la plupart des cellules.

L'équilibre entre ces deux facteurs antagonistes est essentiel à la santé et à la guérison, parce qu'un effet non contrebalancé par son contraire, dans un sens ou dans l'autre sens, serait catastrophique pour les cellules. Les FCE et les FCF, livrés à eux-mêmes, entraîneraient une croissance désordonnée des cellules et peut-être le cancer. (Une prolifération incontrôlée des nouveaux vaisseaux sanguins est un signe distinctif des tumeurs malignes à croissance rapide, par exemple.) Et une inhibition non contrecarrée entraverait la guérison, empêchant la cicatrisation des plaies et les laissant vulnérables à l'infection ou à d'autres blessures.

Ainsi donc, à ce niveau plus compliqué d'organisation biologique, en plus des mécanismes que nous avons observés aux niveaux de l'ADN et de la membrane plasmique, nous voyons aussi que *le système réparateur dépend d'une interaction coordonnée de facteurs stimulants et inhibants affectant le développement et la prolifération des cellules.* En outre, ce genre d'équilibre semble être un principe fondamental de la vie normale du tissu sain, et n'est pas simplement une réaction en cas de blessure. De nouveau, le système réparateur est responsable du maintien constant de la santé, en plus de ses fonctions spécifiques nécessaires à la réparation des blessures et au traitement des maladies.

Un autre processus de guérison souvent étudié au niveau des tissus est la réparation d'une simple fracture de l'os. Le système réparateur est dans ce cas si efficace qu'un radiologue peut ne pas être capable de déceler s'il y a eu fracture une fois la réparation faite. Après une fracture, les premières phases réparatrices sont similaires à celles qui viennent d'être présentées. Un caillot sanguin remplit et entoure le trait de la fracture, l'obturant et fournissant une armature lâche sur laquelle les fibroblastes et les nouveaux vaisseaux sanguins peuvent se développer. Le caillot organisé devient finalement une masse de tissu appelée cal. Arrivé à cette étape, le système réparateur adopte une autre méthode que celle mise en œuvre pour la régénération d'une blessure cutanée. Des débuts de cartilage et d'os apparaissent dans le cal mou dès la fin de la première semaine et vont se transformer progressivement en un grand cal en forme de fuseau qui sert d'attelle. Celui-ci atteint sa taille maximale deux à trois semaines après la blessure, puis devient progressivement plus résistant tandis que la formation de l'os s'intensifie.

La création du nouvel os implique de nouveau l'action de forces antagonistes, médiatisées à la fois par des facteurs de croissance et par des cellules particulières, les ostéoblastes et les ostéoclastes. Les premières construisent l'os tandis que les secondes le détruisent ; la répartition des deux phases d'activité dépend de la disposition des muscles et des pressions exercées sur l'os. En supposant que l'os était bien aligné lorsque le processus de réparation a commencé, la reconstruction est souvent parfaite.

Les scientifiques ont élucidé tous les détails de la reconstruction de l'os au niveau cellulaire. Robert Becker, chercheur et chirurgien orthopédiste, a passé de nombreuses années à prouver que de minuscules courants électriques générés par la blessure amènent les cellules à la périphérie de la fracture à se *dédifférencier* – c'est-à-dire à revenir à un état primitif où elles possèdent une grande capacité de croissance et de régénération. Ces cellules primitives retrouvent des potentiels que les cellules adultes ont perdus ; elles ressemblent aux cellules de l'embryon et sont capables de se redifférencier en tous les types de cellules nécessaires pour créer un nouvel os parfait. Le travail de Becker a conduit à la création de stimulateurs électriques de l'os ; ces instruments, qui stimulent la guérison de blessures compliquées du squelette et des infections des os, sont à présent couramment utilisés. Becker s'est aussi intéressé à d'autres formes de guérison, telles que la faculté spectaculaire qu'ont les salamandres de régénérer leurs membres amputés.

Après avoir mené de nombreuses expériences, Becker en a conclu que la régénération des membres chez les salamandres n'est pas fondamentalement différente de la reconstruction de l'os chez les humains. Elle aussi dépend de minuscules courants électriques qui amènent les cellules à se dédifférencier, puis à se redifférencier en tous les composants du membre régénéré. Il en conclut qu'en théorie les humains pourraient avoir la même faculté de régénération. En d'autres termes, tous les mécanismes nécessaires à cette régénération existent bien chez l'être humain, le problème consiste simplement à découvrir les moyens de stimuler les points qui activent ce processus.

La régénération d'une structure perdue ou blessée, qui est, nous l'avons vu, une capacité du système réparateur à tous les niveaux de l'organisme que nous avons étudiés jusqu'à maintenant, est une activité courante pour certains tissus, particulièrement les tissus des surfaces exposées à une irritation constante. Nos corps perdent constamment les couches supérieures de leur épiderme tandis que les couches inférieures fabriquent de la nouvelle peau. La muqueuse de l'appareil digestif se régénère entièrement chaque jour, un phénomène spectaculaire de régénération.

La capacité du foie – le plus gros organe du corps et l'un des plus actifs – à régénérer les tissus est encore plus impressionnante. Vous pouvez retirer une énorme partie du foie – jusqu'à quatre-vingts pour cent – et, en quelques heures seulement, la partie restante restaurera la substance perdue, tant que le tissu est normal. Une restauration similaire de la structure et de la fonction peut intervenir après une destruction partielle des cellules du foie due à une hépatite virale ou à des toxiques chimiques.

D'autres organes du corps semblent incapables de se régénérer. Un muscle du cœur, perdu à cause d'une interruption du débit sanguin lors d'une attaque cardiaqu. n'est pas remplacé. La guérison intervient sous forme d'une cicatrice fibreuse, mais il n'y a pas régénération du tissu originel. La même chose est vraie pour les neurones du cerveau. Les cellules musculaires du cœur et les cellules nerveuses ont des fonctions si spécifiques – si différenciées – qu'elles semblent avoir perdu la capacité de se régénérer. Pourtant, peut-être que, même dans ces cellules vitales, il y a des stimulateurs qui restent à découvrir, pouvant amener les séquences appropriées d'ADN dans le noyau. Si la science commence à s'intéresser au système réparateur, à isoler et à comprendre les mécanismes, à la fois électriques et chimiques, régulant la croissance et la différenciation des cellules, il n'est pas impossible qu'un jour les médecins deviennent capables de déclencher la régénération des lésions du cœur, du cerveau et de la moelle épinière. Ce sera alors véritablement une ère nouvelle pour une médecine fondée sur l'autoguérison.

Si nous étudions les systèmes du corps, comme les appareils circulatoire, digestif ou immunitaire, la guérison y apparaît tout aussi répandue et efficace, mais plus diffuse et plus mystérieuse. Lorsque je faisais mes études de médecine, on m'a enseigné que l'artériosclérose était irréversible. Une fois que l'artère coronaire et les autres artères avaient été durcies et rétrécies par les dépôts de cholestérol, l'inflammation et la calcification, elles ne pouvaient plus guérir – me disaient les livres et les professeurs –, seulement se détériorer. En fait, cette vue pessimiste ne se fondait pas sur des preuves expérimentales puisque personne n'avait encore essayé de renverser le processus de l'artériosclérose.

Étudiant, j'étais rédacteur du journal de mon université, j'ai interviewé un expert des rivières, bien avant que l'écologie et les problèmes de l'environnement ne deviennent à la mode. Ses propos avaient fait sur moi une forte impression parce qu'ils sonnaient juste et faisaient écho à mon expérience personnelle. Il m'expliqua que les rivières se comparer à des organismes vivants en ce sens s se servent de divers mécanismes pour rester Vous pouvez déverser des déchets dans une rivière et, j squ'à un certain point, la rivière peut se désintoxiquer et se purifier. Par exemple, une turbulence de la rivière mélange l'eau avec l'oxygène, un purificateur et un germicide puissant, au même titre que la lumière ultraviolette du soleil. De nombreuses plantes de rivière, des algues comme des plantes supérieures, peuvent aussi éliminer les contaminants de l'eau. Mais si vous continuez à déverser des déchets, à un certain moment, vous atteindrez le seuil critique où les mécanismes de purification naturelle, submergés, se dérèglent. Les plantes et les micro-organismes bénéfiques meurent, les schémas d'écoulement changent, la rivière est malade.

J'étais très occupé à prendre des notes pour l'article que j'allais écrire, mais ce que l'expert m'expliqua ensuite me fascina tellement que je cessai d'écrire. Il affirma qu'une rivière qui paraît irrémédiablement polluée peut être sauvée. Si l'on arrête simplement de déverser des substances toxiques, les taux de contamination finissent par tomber à un niveau où les mécanismes naturels peuvent reprendre. L'oxygénation augmente, les rayons du soleil pénètrent plus profondément, les organismes bénéfiques se remettent à vivre et la rivière se régénère.

Pourquoi les systèmes artériels ne fonctionneraient-ils pas de la même façon ? En fait, nous avons aujourd'hui des preuves certaines que l'artériosclérose est réversible : si vous cessez simplement de contaminer votre corps avec les substances qui sont la cause de la maladie (essentiellement des graisses saturées) et si votre psychisme ne paralyse pas le système réparateur (en cultivant la colère ou l'isolement émotionnel, par exemple). Nous ne savons pas encore quels mécanismes le système utilise pour lutter contre l'artériosclérose, mais nous pouvons observer une régression des plaques artériosclérotiques dans les artères coronaires, accompagnée d'une augmentation du débit sanguin chez des patients qui ont suivi des programmes pour réduire radicalement leur taux sérique de cholestérol et ont appris à maîtriser différemment leur stress et leurs émotions. En outre, la réaction à ces changements d'hygiène de vie est rapide. Grâce à des tests sophistiqués (comme la scintigraphie au thallium), les médecins ont pu montrer une accélération du débit sanguin dans les artères coronaires moins d'un mois après le début de ce programme.

J'ai vu des réactions tout aussi rapides et spectaculaires chez des patients atteints de toutes sortes de maladies ayant cessé de vivre d'une manière qui alimente leur mal pour adopter une hygiène de vie qui favorise la guérison naturelle. Je ne suis pas chercheur en médecine. Je suis médecin. Les chercheurs et les médecins ont des perspectives et des buts fort différents. En tant que médecin, ma préoccupation essentielle est de maintenir les gens bien portants en bonne santé et d'aider les malades à guérir ; les raisons de ces guérisons me concernent moins. Je suis cependant convaincu que ce n'est pas parce qu'un mécanisme n'a pas été identifié qu'il n'existe pas. Je suis certain que des mécanismes réparateurs aux niveaux complexes de l'organisation biologique seront découverts lorsque les chercheurs commenceront à s'y intéresser.

Je ne veux pas terminer cette analyse du système réparateur sans un bref survol de ses rapports avec le psychisme. Parce que nous savons peu de choses sur le psychisme et que notre science est si mal équipée pour l'étudier, il n'y a aucun moyen d'isoler des mécanismes. Pourtant, il est intéressant d'étudier le processus de guérison des blessures psychiques, par exemple en considérant le problème du deuil. Faire son deuil est une expérience universelle, et le processus reste le même que cette perte concerne un animal, un travail, une relation, un époux ou un enfant. Chaque perte fait écho à toutes les pertes ; chaque mort nous rappelle notre propre mort. Pourtant, la forme que prend ce deuil varie énormément d'un individu à l'autre et dépend aussi de la nature et du symbolisme de la perte en question. Faire son deuil est un travail que nous devons tous accomplir, un processus qui nous mène à accepter la perte et à trouver un nouvel équilibre psychique. Faire son deuil est en lui-même une forme de guérison, un mécanisme du système réparateur.

Les thérapeutes et les psychologues qui travaillent avec des patients ayant à surmonter un deuil distinguent différentes phases de ce processus, qui n'interviennent pas forcément dans un ordre donné (d'ailleurs peut-être serait-il plus juste de les appeler des facettes du deuil plutôt que des phases). L'une, souvent la première, est celle du choc émotionnel et du refus (« Non, ça ne peut pas être vrai ! »). Le refus est un anesthésiant naturel, et bien que cette émotion ait une mauvaise réputation (elle est évidemment dangereuse si elle persiste), elle peut constituer un mécanisme temporaire très utile pour permettre un niveau minimum de fonctionnement là où le plein impact de la douleur serait insoutenable. Alternent ou succèdent des états de rage et de colère (« Comment cela peut-il m'arriver à moi ? »), que je ne peux m'empêcher d'associer à la réaction inflammatoire qui suit la douleur ou le saignement initial d'une blessure. La colère peut faire place au fantasme (« Si seulement j'avais été une meilleure mère, un meilleur père, un meilleur mari, une meilleure femme, un meilleur fils, une meilleure fille, une meilleure personne, ce ne serait pas arrivé ») qui mène souvent à la dépression (« Je ne peux pas continuer »). Bien qu'elle ressemble à une maladie, la dépression est, en réalité, une étape positive du processus de deuil, parce qu'elle signifie qu'inconsciemment on accepte la perte et qu'on renonce au fantasme de récupérer l'objet perdu. Lorsque l'acceptation devient consciente, le deuil peut prendre fin, la perte est intégrée (parfois même elle est vécue comme un cadeau qui ouvre une nouvelle phase de la vie) et l'équilibre émotionnel est à nouveau possible. Conscients des phases de cette guérison émotionnelle, les thérapeutes peuvent aider leurs patients à les surmonter en les encourageant à exprimer leurs émotions pour faciliter ce processus de deuil.

Nous pouvons discuter du bien-fondé de ce phénomène émotionnel par rapport au sujet qui nous occupe. Est-il inférieur ou supérieur aux guérisons des systèmes du corps ? L'esprit est-il la plus haute expression d'informations génétiques codées dans l'ADN ou bien une manifestation d'un champ de conscience sous-jacent à la matière, y compris à l'ADN ? Ce qui est en bas est comme ce qui est en haut. Il n'y a aucune différence. Une seule chose compte : quel que soit le niveau auquel nous observons l'organisme humain, de l'ADN au psychisme, les processus de guérison sont évidents.

Y a-t-il des limites à ce que ce système peut accomplir ? Certains cas répertoriés de guérisons complexes montrent que ce pouvoir réparateur et régénérateur a des potentiels bien au-delà de l'ordinaire. Voici un exemple, pris dans la liste des guérisons miraculeuses de Lourdes et présenté dans un article paru dans le *Journal de l'Association médicale du Canada* en 1974 :

« Pour qu'une guérison soit considérée comme miraculeuse, elle doit remplir cinq critères. D'abord l'existence de la maladie doit être prouvée et le diagnostic établi. Deuxièmement, il doit être prouvé que le pronostic, avec ou sans traitement, était mauvais ; troisièmement, que la maladie était grave et incurable ; quatrièmement, que la guérison a eu lieu sans convalescence, qu'elle était de fait instantanée, et finalement que cette guérison a été définitive. Ces critères doivent être validés par le bureau médical de Lourdes, l'Église et le diocèse dans lequel vit le ou la miraculée.

» À Lourdes, chaque cas présenté est étudié successivement par trois comités de médecins. Depuis 1947, seulement 75 cas ont été retenus par le premier comité. Parmi ceux-ci, 52 ont été acceptés par le deuxième comité, et seulement 27 ont été décrétés inexplicables scientifiquement par le troisième comité. Après que les comités ont rendu leur décision concernant les guérisons miraculeuses, l'Église décide si ces cas inexplicables sont dus à une intervention divine. Le dossier est alors remis au diocèse local, et l'évêque est chargé d'organiser une commission pour étudier les preuves. Ces commissions sont généralement plus sévères que les comités médicaux de Lourdes puisque parmi les 27 cas susmentionnés, seulement 17 ont été décrétés miraculeux par les diocèses locaux. »

L'histoire de Vittorio Micheli, né le 6 février 1940, est l'un de ces 17 cas de guérisons miraculeuses.

« Vittorio Micheli fut incorporé dans l'armée italienne en novembre 1961, déclaré apte au service, bien qu'il ait déjà ressenti de légères douleurs en mars de cette même année. En avril 1962, il se présenta à l'hôpital militaire de Vérone, se plaignant de douleurs dans la région de l'ischion (l'os de la ceinture pelvienne qui supporte le poids du corps en position assise) et de la hanche gauche. Des examens cliniques détaillés, des radios et des biopsies entraînèrent le diagnostic d'un sarcome (cancer primaire des os) du bassin gauche.

» En juin, son état empira et un examen aux rayons X en août révéla " une destruction presque totale du bassin gauche ", selon les dossiers de l'armée. Micheli fut plâtré de la hanche au pied, ce qui lui permit de se lever et de se déplacer. En août, les services médicaux de l'armée prescrivirent un traitement radiologique mais après trois jours conclurent que le patient n'était pas traitable par radiothérapie. Le traitement fut remplacé par une chimiothérapie interrompue après deux mois devant l'absence de résultats. En novembre, un examen aux rayons X révéla un déboîtement de la tête fémorale et, en janvier, le fémur s'était décroché du bassin.

» En mai suivant, Micheli décida de se rendre à Lourdes. Son plâtre fut remplacé par un plus résistant et l'examen montra alors une déformation de la hanche gauche. Le patient avait totalement perdu le contrôle de sa jambe gauche. La douleur était intense et constante, nécessitant des analgésiques. Il ne pouvait plus se lever et souffrait aussi d'un manque d'appétit et de troubles digestifs.

» À Lourdes, Micheli, toujours plâtré, fut plongé dans les bains. Immédiatement, il ressentit l'envie de manger, un phénomène caractéristique des guérisons de Lourdes. Ses douleurs disparurent et il expliqua plus tard, lors de l'entretien détaillé qu'il dut subir, qu'il avait eu la sensation que sa jambe gauche s'était rattachée à son bassin. Il se sentait bien.

» Mais il ne sauta pas hors du bain, ni ne courut à la grotte : son plâtre le maintenait toujours prisonnier. En fait, bien que Micheli fût convaincu d'avoir éprouvé une guérison miraculeuse, les médecins de l'armée ne le croyaient pas. Ils lui firent garder le plâtre. Mais en un mois, Micheli marchait, toujours plâtré. En août, des radiographies montrèrent que le sarcome avait régressé et que l'os du bassin se régénérait. L'amélioration de son état de santé se poursuivit et aujourd'hui (en 1974), bien qu'une déformation persiste, le sarcome a disparu. Micheli travaille en usine, debout huit à dix heures par jour. L'articulation de sa hanche et de sa jambe gauche est "parfaitement normale" selon les dossiers du bureau. »

Si ce genre de guérison peut se produire chez un être humain, je crois qu'elle peut nous arriver à tous. Tous les mécanismes existent bien chez l'être humain. Le défi est de découvrir comment stimuler les points qui activent ce processus.

PORTRAIT D'UNE GUÉRISON : OLIVER

À quatre-vingt-six ans, Oliver Waston, de Pemberville dans l'Ohio, est toujours en pleine forme. Il marche en traînant la jambe, séquelle de la polyarthrite rhumatoïde dont il a souffert pendant presque toute sa vie d'adulte, mais il y a bien longtemps – vingt-deux ans maintenant – que la maladie ne s'est pas manifestée, et à présent il ne ressent plus aucune douleur. Oliver est retraité. Ancien fermier et homme d'affaires, il était président d'une compagnie d'assurances, garde champêtre, et président du conseil de l'école municipale. Il raconte qu'à ce jour aucun médecin n'a manifesté d'intérêt pour l'histoire de sa guérison.

Oliver approchait la quarantaine lorsque ses articulations ont commencé à le faire souffrir. « Les pieds, d'abord, dit-il. Puis j'ai vu mes genoux gonfler ; en peu de temps, tout mon corps a été atteint par la maladie : les articulations de mes doigts, mes coudes et mes épaules, mon cou et ma colonne vertébrale. L'hiver suivant, je ne trouvais pas de gants assez grands pour mes mains déformées et j'ai dû me rabattre sur des moufles. J'ai aussi dû m'acheter des chaussures deux pointures au-dessus de ma taille normale. »

Oliver essaya toutes sortes de médicaments, en vente libre ou sur ordonnance, mais aucun ne donna de résultats durables. Il essaya aussi des traitements par la chaleur et de nombreux remèdes tropicaux, sans succès. Au moment de son aventure, il s'était, à soixante-quatre ans, résigné à sa maladie et supportait la douleur en prenant douze cachets d'aspirine tamponnée par jour, six fortes et six extra-fortes. Voici ce qui est arrivé à Oliver, tel qu'il me l'a raconté :

« Ce jour-là, ma femme avait lavé mon pyjama et l'avait mis à sécher sur la corde à linge. Une fois sec, elle l'avait plié et posé sur mon lit. J'allai me coucher à 22 heures et enfilai mon pyjama. À 1 h 30 du matin environ, je me rendis à la salle de bains et, soudain, je sentis une piqûre au niveau de mon genou gauche. Je donnai un coup sec à l'endroit de la piqûre, secouai la jambe de mon pyjama et une abeille en tomba. Deux jours plus tard, la piqûre d'abeille était toujours enflammée et douloureuse, mais l'inflammation articulaire dans ce genou avait diminué. Le jour suivant, la piqûre cessa de me faire souffrir et j'arrêtai de prendre des aspirines extra-fortes parce que les douleurs et l'inflammation de toutes mes articulations commençaient à s'atténuer. Deux semaines plus tard, je n'avais plus besoin de médicaments. En cinq ou six semaines, toutes mes articulations avaient dégonflé. Depuis, je n'ai plus jamais souffert d'arthrite et j'ai retrouvé ma taille de chaussure normale. »

Je demandai à Oliver Waston ce qui s'était produit, à son avis. « Je n'en ai aucune idée, répondit-il. Mère nature accomplit des choses extraordinaires. Je ne voudrais pas que mon expérience incite des arthritiques à se faire piquer par des abeilles. Cela peut aider certains, mais être dangereux pour d'autres. »

En réalité, la thérapie par piqûres d'abeilles contre la polyarthrite rhumatoïde et d'autres maladies inflammatoires et auto-immunes est bien connue dans l'histoire de la médecine. Certains médecins la pratiquent, généralement sous le nom d'apithérapie ou de thérapie par venin d'abeille. Le venin d'abeille est un mélange d'éléments bioactifs très puissants, dont certains ont des effets anti-inflammatoires remarquables. Par exemple, l'adolapine et la mellitine sont toutes deux plus efficaces que les stéroïdes courants, et un autre composant, l'apamine, actuellement étudié en France, semble très prometteur pour le traitement de la sclérose en plaques, une autre maladie à forte composante auto-immune. On fabrique du venin d'abeille purifié pour des injections sous-cutanées, mais de nombreux apithérapeutes préfèrent utiliser des abeilles vivantes qu'ils appliquent, avec des pinces, sur les parties de la peau qui doivent être traitées. Ils disent que le taux de risques de ce procédé est minime, même en cas de piqûres multiples. En général, il faut répéter régulièrement et fréquemment cette thérapie.

Mais Oliver Waston n'a pas vraiment suivi d'apithérapie. Il n'a été piqué qu'une seule fois, et, pour Dieu sait quelle raison, cela a modifié la dynamique d'un problème auto-immun chronique, stimulant une réaction de guérison complète et définitive. Il n'a pas retrouvé une totale mobilité des articulations là où le cartilage avait été endommagé, mais il n'y a pas eu d'inflammation active ou de progression de la polyarthrite durant les vingt dernières années.

« Aucun des médecins qui vous suivaient n'a cherché à comprendre les causes de cette guérison ? lui ai-je demandé.

– Non, répondit-il. Je pense que certains d'entre eux étaient seulement désolés que je n'achète plus tous ces médicaments ! »

6

Le rôle du psychisme dans la guérison

« Je vais me battre ! »

Combien de fois ai-je entendu des patients déclarer qu'ils étaient décidés à lutter contre une grave maladie ! Ils sont confortés dans cette attitude par la sagesse populaire et les normes de notre société. Le symbolisme et l'imagerie militaires conviennent à notre approche de la maladie. Nous menons des guerres contre le cancer et la drogue. Nous demandons aux chercheurs scientifiques de trouver de nouvelles armes contre les germes et les autres agents de la maladie. Les médecins appellent communément la pharmacopée « l'arsenal thérapeutique ». Il n'est donc guère surprenant que, pour guérir, les patients endossent le costume du guerrier.

Depuis tant d'années que j'interroge des hommes et des femmes qui ont fait l'expérience de la guérison, je me suis rendu compte que « se battre » n'était peut-être pas le meilleur moyen d'arriver au résultat désiré. Bien qu'il n'existe pas une méthode unique permettant d'activer le système de guérison, un thème récurrent revient dans tous les entretiens : c'est celui d'accepter la maladie plutôt que de la combattre. Cette acceptation de la maladie s'intègre souvent à un processus plus vaste d'acceptation totale de soi, un complet bouleversement psychique qui peut entraîner un changement de personnalité et, avec lui, la guérison de la maladie.

Je trouve difficile de parler de cette hypothèse avec les scientifiques parce qu'un gouffre sépare leur approche de la psychosomatique de celle qu'en a le grand public. Tout récemment, j'ai reçu une lettre d'une femme qui avait assisté à l'une de mes conférences sur l'avenir de la médecine. Voici ce qu'elle écrit :

« Je suis technicienne médicale et, après plusieurs années de travail en milieu hospitalier, j'ai perdu toute illusion sur les principes de la médecine moderne. J'ai l'impression que la médecine, telle qu'elle est pratiquée actuellement, est complètement unidirectionnelle. Je me suis intéressée aux rapports entre le corps et l'esprit dans la guérison, et je continue à rechercher tout ce que je peux trouver sur le sujet. J'ai depuis élargi mon concept de " santé " pour y inclure le corps, l'esprit et l'âme. Je crois sincèrement que nous ferons, en tant que société, un saut qualitatif dans la découverte de notre vrai potentiel de guérison lorsque la complémentarité entre le corps, l'esprit et l'âme sera vraiment comprise et acceptée par tous. »

L'enthousiasme de cette correspondante pour une médecine qui prenne en compte le psychisme fait écho à celui de nombreuses personnes aujourd'hui. On a assisté à un déferlement de livres, d'articles, d'émissions de télévision sur la question, dans lesquels interviennent des médecins et des chercheurs qui travaillent activement à comprendre le rôle du psychisme dans la santé et la guérison. Ce que le grand public ne sait pas, c'est que ces recherches qu'on leur présente ne sont pas représentatives de la médecine et de la science. En réalité, relativement peu de représentants du corps médical prennent au sérieux cette approche thérapeutique globale ; et les chercheurs les plus éminents, ceux qui déterminent les priorités et influencent l'attribution des crédits, traitent avec mépris leurs collègues qui s'y consacrent. Le peu de recherches existantes est souvent de qualité médiocre. La psychosomatique n'est pas enseignée dans les écoles de médecine, sauf parfois en option. Pendant ce temps, les adeptes du modèle biomédical se réjouissent de ce qu'ils considèrent comme l'imminente maîtrise du dernier domaine à conquérir : la conscience humaine. La communauté scientifique s'accorde de plus en plus pour dire que l'esprit n'est qu'une production mécanique et chimique du cerveau et que nous sommes sur le point d'en élucider les moindres mécanismes. Dans cette perspective, où le psychisme est toujours envisagé comme un effet plutôt qu'une cause, les scientifiques ne risquent pas d'avoir l'idée d'entreprendre des recherches sur les rapports entre corps et esprit.

De ma position de professeur en médecine dans une université, j'assiste à une régression des perspectives médicales qui tourne le dos à certaines approches progressistes défendues encore récemment et qui contribue donc à élargir le fossé entre les positions scientifiques et les attentes du public. Par exemple, lorsque j'étais étudiant à la fin des années soixante, toute la communauté médicale acceptait l'idée que quatre maladies étaient d'origine psychosomatique : l'asthme bronchique, la polyarthrite rhumatoïde, l'ulcère et la colite ulcéreuse. Aujourd'hui, cette liste déjà courte a été réduite à deux maladies, l'asthme et l'arthrite déformante, dont des chercheurs s'acharnent aussi à contester l'origine.

Il y a neuf ans, j'ai traité un cas difficile et inhabituel, un homme de cinquante ans, gérant d'une entreprise de produits en gros. Excepté une légère hypertension qui n'avait pas nécessité de traitement, il était en bonne santé… jusqu'à ce qu'il arrête de fumer. Il avait fumé deux paquets de cigarettes par jour pendant presque toute sa vie, mais avait fini par capituler devant les pressions de sa famille. « Ça n'a pas été si dur, me dit-il. J'y ai mis toute ma volonté et je n'ai vraiment souffert que les trois premiers jours. » Cependant, deux mois plus tard, du jour au lendemain, il développa une colite ulcéreuse alors qu'il n'avait jamais eu de problèmes gastriques auparavant. Il consulta un gastro-entérologue qui le mit sous traitement, lui dit de ne pas boire de lait et que tout irait bien. Le traitement n'était pas vraiment efficace contre les spasmes et les diarrhées et avait des effets secondaires déplaisants. Après un mois, le patient décida de suivre son intuition, persuadé que sa colite s'arrêterait s'il recommençait à fumer. C'est ce qu'il fit et elle s'arrêta effectivement, presque immédiatement. Au moment où il vint me consulter, ce scénario s'était déjà reproduit trois fois. Mais la colite apparaissait de plus en plus rapidement après chaque arrêt et mettait de plus en plus de temps à se résorber lorsqu'il recommençait à fumer. À présent, il craignait de devenir un fumeur chronique atteint en plus de colite ulcéreuse !

Lorsque je présentai le cas de ce patient à un groupe d'étudiants en médecine de seconde année, je fus stupéfait de constater qu'ils ignoraient tout de la nature psychosomatique de la colite ulcéreuse. Ils connaissaient bien les anormalités cellulaires et biochimiques de cette maladie, mais ne savaient rien de l'influence du psychisme sur son origine et sa possible rémission. Peu de temps après fut publié un article dans le *Journal médical de Nouvelle-Angleterre* qui signalait une progression des cas de colite ulcéreuse chez les ex-fumeurs, mais pas chez les fumeurs. Après avoir rappelé en détail la physiopathologie de la maladie et la pharmacologie de la nicotine, les auteurs concluaient qu'aucun mécanisme ne pouvait expliquer cette corrélation.

Si vous partez du présupposé que la colite ulcéreuse est psychosomatique, vous n'avez pas besoin d'être un génie pour deviner que la cigarette est un exutoire contre le stress et que, si cet exutoire disparaît, le stress va se manifester autrement. Les raisons pour lesquelles chez certains il se reporte sur le côlon, tandis que chez d'autres il entraîne la boulimie ou une envie de se ronger les ongles, doivent correspondre à une affaire de prédisposition personnelle. Je conseillai à mon patient de ne pas tenter d'arrêter de fumer avant d'avoir maîtrisé certaines techniques de relaxation. Je l'envoyai chez un thérapeute pratiquant le biofeedback et chez un hypnothérapeute, et lui suggérai aussi de modifier ses habitudes alimentaires (c'était un gros buveur de café, qui irrite le côlon, et son alimentation n'était pas digeste).

Et c'est ainsi que je découvris que la colite ulcéreuse ne faisait plus partie des maladies psychosomatiques reconnues. Ce concept n'était plus à la mode.

Je connaissais mieux, par contre, les efforts couronnés de succès qu'on avait faits pour éliminer l'ulcère de cette liste. Il est de bon ton aujourd'hui de considérer l'ulcère comme une maladie infectieuse, due à l'activité d'une bactérie, l'*Helicobacter pylori*. Parce qu'on a découvert que cette bactérie causait une irritation chronique de la muqueuse de l'estomac et du duodénum, de nombreux médecins en ont conclu que les ulcères n'avaient rien à voir avec la psychosomatique et se sont rabattus uniquement sur les antibiotiques pour traiter cette maladie. Je ne doute pas que l'*Helicobacter pylori* soit un facteur de la gastrite et de l'ulcère (et, très probablement, du cancer de l'estomac), mais ce fait ne contredit pas l'importance du facteur psychique. Bien des gens porteurs de la bactérie ne développent pas d'ulcères ni d'autres symptômes gastriques, et, par ailleurs, certains patients atteints d'ulcère ne sont pas infectés par elle. Ne peut-on supposer que le stress altère la chimie de l'estomac d'une façon qui stimule l'action agressive de cette bactérie ? Toutes les infections que j'ai traitées montrent que la présence d'un germe pathogène n'est pas seule en cause. La résistance de l'hôte détermine le comportement des agents pathogènes capables soit de vivre en équilibre avec leurs hôtes, soit de les attaquer.

Je me souviens d'avoir entendu un reportage à la radio sur la progression spectaculaire des maladies liées au stress chez les enfants bosniaques dans les zones de combat. Deux des maladies que les médecins ont vu se développer sont l'hypertension et l'ulcère, généralement rares dans cette tranche d'âge. Manifestement, les médecins bosniaques s'accrochent toujours à l'idée démodée que l'ulcère est une maladie psychosomatique.

À vrai dire, ce manque d'intérêt pour les interactions entre le corps et l'esprit contre lequel je m'insurge est spécifiquement américain. Dans d'autres pays, la médecine psychosomatique n'est pas aussi menacée (quoique encore marginale) et les chercheurs travaillent à allonger la liste des maladies psychosomatiques plutôt qu'à la réduire. Au Japon, plus de vingt maladies sont reconnues psychosomatiques. Je suis ravi d'y voir figurer « le déséquilibre du système neurovégétatif », un trouble auquel je suis souvent confronté, mais qui n'existe pas officiellement aux États-Unis. Je le diagnostique après avoir écouté l'histoire médicale du patient et en lui touchant simplement les mains. Des mains froides (dans une pièce à bonne température) indiquent une mauvaise circulation due à une hyperactivité du système nerveux sympathique qui entraîne une constriction des petites artères aux extrémités. Ceux qui ont les mains froides de manière chronique sont généralement sujets à des troubles de la digestion et d'autres fonctions du corps, causés par des tensions émotionnelles. Si cet état persiste, ce déséquilibre des nerfs autonomes peut entraîner des problèmes plus graves. Il vaut mieux soigner cette maladie par des approches psychiques plutôt qu'avec des traitements allopathiques qui se contentent de supprimer les symptômes.

Un collègue allemand m'a récemment étonné en m'expliquant comment dans son hôpital, spécialisé dans la médecine psychosomatique, on arrive à soigner l'acouphène (le tintement d'oreilles), un trouble auditif courant qui peut être extrêmement gênant. La médecine américaine n'a pas de traitement particulier contre l'acouphène, aucune explication quant à ses causes et peu de résultats positifs de guérison. Mon ami allemand pense que le tintement d'oreilles résulte d'une tension musculaire chronique de la tête et du cou, souvent due au stress et à une mauvaise posture. Il prescrit des cours de yoga et de relaxation, ainsi qu'un travail sur le corps, et il affirme qu'il arrive très souvent à en débarrasser les patients.

N'étant pas chercheur, je ne me perdrai pas en spéculations sur les mécanismes pouvant expliquer le rôle du psychisme dans la guérison. De nombreuses pistes sont possibles, concernant non seulement le fonctionnement du système neurovégétatif, mais aussi les multiples interactions entre les récepteurs et les divers neuropeptides – neurotransmetteurs, hormones et régulateurs de croissance. Candace Pert, pionnière en matière de recherches sur ces substances régulatrices, remarque que chacune peut être associée à un état émotionnel et peut affecter non seulement le fonctionnement du corps, mais aussi le comportement. Elle souligne que nombre des récepteurs de ces neurotransmetteurs se trouvent dans l'intestin et le cerveau, surtout dans les zones liées à l'émotion. Les récepteurs à endorphine possèdent sans aucun doute ces caractéristiques ; ils affectent la fonction intestinale et stimulent aussi l'euphorie et la résistance à la douleur. Cela donne une vraie résonance biochimique à l'expression « un sentiment viscéral ». Peut-être nos viscères sont-ils aussi un siège de nos émotions. Ce qui se produit dans nos viscères influencerait les centres du cerveau et *vice versa*.

Puisque les cellules du système immunitaire ont des récepteurs pour plusieurs de ces mêmes peptides, il est possible que nos défenses fassent aussi partie de ce réseau ou de cette trame qui lie le système nerveux et le système endocrinien, suggérant des mécanismes qui peuvent expliquer pourquoi la résistance de l'hôte à l'infection dépend de son état émotionnel. Candace Pert en conclut : « La séparation conceptuelle entre les sciences de l'immunologie, de l'endocrinologie et de la psychologie/neurologie apparaît clairement comme une construction historique. L'existence d'un réseau communicant de neuropeptides et de leurs récepteurs constitue un lien entre la défense cellulaire du corps et les mécanismes de réparation, les glandes et le cerveau. » En d'autres termes, des mécanismes attendent d'être découverts, si les chercheurs décident de s'y mettre. Mais, en attendant, les médecins ne devraient pas considérer le manque de recherches comme une raison suffisante pour ne pas s'intéresser à la psychosomatique.

Laissez-moi vous faire partager quelques expériences, qui ont étayé la certitude que j'avais depuis longtemps des interactions entre le corps et l'esprit, et qui m'ont rendu encore plus attentif aux états émotionnels et mentaux des patients qui viennent me consulter pour des problèmes physiques.

En août 1991, alors que ma femme, Sabine, était enceinte de sept mois de son quatrième enfant (pour moi, le premier), nous nous trouvions en Colombie-Britannique où je dirigeais un séminaire sur la santé et la guérison. L'une des participantes était une collègue et amie, Marilyn Ream, une généraliste de Spokane, dans l'État de Washington, qui travaillait dans une clinique pour femmes. Marilyn terminait un stage de visualisation interactive dirigée, une de mes approches psychiques préférées, et je voulais assister à une démonstration de cette méthode. Marilyn demanda à Sabine si elle voulait bien servir de cobaye à la réunion et celle-ci accepta.

Ma femme a toujours souffert de problèmes de dos pendant ses grossesses. Généralement, autour du septième mois, ses reins ne résistent pas – deux vertèbres se déplacent – et elle a l'habitude de se faire soigner toutes les semaines par un chiropracteur. Mais cette fois, nous avions voyagé plusieurs semaines sans qu'elle puisse recevoir de l'aide, et elle souffrait de douleurs constantes. Marilyn lui demanda si elle souhaitait travailler sur son dos pendant la séance de visualisation guidée. Sabine répondit que non ; elle pensait que ce problème mécanique nécessitait une solution mécanique et préférait se concentrer sur la naissance du bébé. Elle voulait que celui-ci naisse à terme, parce que je devais partir en voyage une semaine plus tard, et que l'accouchement soit rapide, parce que les précédents avaient été longs et pénibles.

Marilyn demanda à Sabine de s'allonger par terre, de desserrer ses vêtements et de faire une série de respirations profondes. La visualisation guidée interactive utilise les techniques de l'hypnothérapie pour provoquer un état d'hypnose légère et d'ouverture à l'inconscient ; mais, plus que l'hypnothérapie classique, elle donne les pleins pouvoirs aux patients en les encourageant à déterminer leurs stratégies personnelles pour soigner leurs maladies. Cette méthode présuppose que l'inconscient comprend la nature des maladies et sait comment en venir à bout ; une supposition cohérente avec l'idée que le système réparateur a un pouvoir de diagnostic. Le problème consiste à amener ces informations à la conscience et à inciter les patients à s'en servir. Marilyn commença la séance en demandant à Sabine de s'imaginer dans un lieu familier où elle se sentait parfaitement en sécurité et de le décrire. Sabine décrivit un endroit dans la région des canyons du sud de l'Utah. Marilyn l'encouragea à se concentrer sur des petits détails, à être sensible aux sons et aux odeurs autant qu'aux images. Sabine se prit au jeu et se détendit très rapidement.

Marilyn lui proposa ensuite de déplacer sa concentration sur son utérus et sur le bébé. Très vite, Sabine entra en contact avec l'enfant. Marilyn la guida dans son dialogue avec la petite fille (nous connaissions son sexe à ce moment-là), au cours duquel ma femme lui demanda de venir à terme (le bébé accepta) et de l'aider à faire en sorte que l'accouchement soit rapide et sans complications. Durant ce dialogue, Sabine répétait les mots qu'elle « entendait » le bébé utiliser en réponse à ses questions. Lorsque Sabine sentit qu'elle avait terminé son travail, Marilyn lui suggéra de revenir dans son lieu favori du sud de l'Utah.

« Comment vous sentez-vous ?

– Merveilleusement bien. Tout à fait en paix.

– Y a-t-il autre chose sur laquelle vous aimeriez travailler ? Pourquoi pas votre dos ?

– Mmm. D'accord.

– Bien. Alors dirigez votre attention sur la partie de votre dos qui vous fait souffrir et dites-moi ce que vous voyez. »

Sabine étouffa un cri.

« Que se passe-t-il ? demanda Marilyn.

– C'est… c'est tout noir.

– Allez vers ce noir et voyez s'il a quelque chose à vous dire, suggéra Marilyn.

– Il dit qu'il est très en colère, répondit Sabine sur un ton surpris. Il est très en colère contre *moi.* »

Sabine n'était pas du tout préparée à l'intensité de la colère que son dos manifestait contre elle. Avec l'aide de Marilyn, elle tenta de dialoguer avec lui et découvrit qu'il était furieux parce qu'elle-même était en colère contre lui et n'en prenait pas soin.

« Demandez-lui ce qu'il désire, conseilla Marilyn.

– Il veut que je lui donne des compresses chaudes.

– Le ferez-vous ?

– Oui… Mais, jusqu'à maintenant, je mettais des compresses froides. Je croyais que le froid était meilleur pour lui.

– Dites-lui que vous lui donnerez des compresses chaudes et demandez-lui s'il arrêtera de vous faire souffrir.

– Oui. Il dit que oui.

– Et comment vous sentez-vous à présent ?

– Mieux, répondit Sabine en faisant quelques mouvements au sol pour vérifier l'état de son dos. Définitivement mieux. C'est la première fois que cela se produit depuis des semaines.

– Est-ce que la douleur a complètement disparu ?

– Non.

– Demandez à votre dos s'il peut arrêter de vous faire souffrir.

– Il dit que c'est possible.

– Alors dites-lui de le faire.

– D'accord. Voilà… Je crois qu'il a obéi.

– Et maintenant, comment vous sentez-vous ?

– Mon Dieu ! J'ai l'impression que la douleur a disparu.

– Totalement ? »

Sabine fit quelques mouvements pour vérifier.

« Oui, je ne sens plus rien. »

Lorsque ma femme sortit de son état d'hypnose, elle continua à se sentir bien. La douleur ne se manifesta pas pendant la nuit qui suivit ni le lendemain (néanmoins, Sabine tint sa promesse d'appliquer des compresses chaudes). En fait, la douleur ne réapparut pas durant le reste de la grossesse, bien que Sabine n'eût pas revu son chiropracteur. Jamais elle n'avait passé les deux derniers mois d'une grossesse sans souffrir du dos.

Je vais vous raconter plus loin comment s'est déroulé l'accouchement. Mais, dans l'intervalle, je fis moi aussi l'expérience de cette méthode à mon retour de Colombie-Britannique. Ma femme et moi rentrions en voiture jusqu'à Tucson, en faisant étape dans l'État de Washington chez un ami qui possède un Jacuzzi. Généralement, je suis très prudent avec les Jacuzzi et je n'utilise que certains modèles. Celui-ci ne m'inspirait pas vraiment confiance, mais je m'y baignai quand même. Deux jours plus tard, j'avais une infection cutanée. La folliculite due aux bains bouillonnants est désormais une maladie reconnue, une infection bactérienne des follicules causée par un organisme appelé *Pseudomonas,* notoirement résistant au traitement. Dans ce cas précis, j'avais plusieurs lésions rouges douloureuses sur le mollet et le genou gauche. Je ne pouvais pas me soigner convenablement sur l'autoroute, mais, tous les matins et tous les soirs, j'appliquais des compresses chaudes sur les zones d'infection, j'essayais de presser les plaies et les désinfectais avec de l'eau oxygénée. Elles semblaient contenir du pus, mais rien ne sortait. Puis de nouvelles lésions apparurent sur ma cuisse et mon bras gauches.

L'inquiétude me gagnait à mesure que l'infection s'étendait. Lorsque nous arrivâmes à Tucson une semaine plus tard, elle avait atteint mon visage et je me sentais très affaibli. J'envisageais de consulter un médecin dès le lendemain, lorsque Sabine, encore enthousiasmée par la disparition de ses douleurs de dos, suggéra :

« Pourquoi n'appelles-tu pas Marilyn pour faire une séance de visualisation par téléphone ?

– Oh, allons ! répondis-je. Il s'agit d'une infection bactérienne. »

Sabine me jeta un regard entendu.

« Et mon problème était mécanique », me rappela-t-elle.

Je contactai Marilyn, plus pour faire plaisir à Sabine que par conviction personnelle. Mon amie me dit qu'elle n'avait jamais travaillé par téléphone mais qu'elle voulait bien essayer. Je m'installai confortablement sur le canapé, le combiné posé près de mon oreille gauche, et, guidé par Marilyn, me rendis dans mon lieu préféré, Gila Wilderness au Nouveau-Mexique. Lorsque je me sentis détendu, Marilyn me demanda de penser à la lésion qui me gênait le plus. Je choisis celle de mon visage.

« Allez vers elle, ordonna Marilyn, et dites-moi ce que vous voyez. »

J'aperçus alors une masse rouge d'énergie tourbillonnante, qui semblait prisonnière et folle de rage.

« Voyez si elle a quelque chose à vous dire. »

Je concentrai toute mon attention et « écoutai ». Immédiatement, des mots me vinrent à l'esprit.

« Elle dit qu'elle ne peut pas sortir de mon corps, expliquai-je, très excité. Je le voulais, mais elle n'y arrive pas. Sa seule façon de disparaître est de se résorber à l'intérieur.

– Et que devez-vous faire pour cela ? » demanda Marilyn.

C'est mon esprit conscient qui me donna la réponse.

« Eh bien, je suppose que je dois arrêter de presser les lésions. Par contre, je peux continuer à appliquer des compresses chaudes et je dois aussi me reposer.

– Est-ce qu'elle a autre chose à vous dire ?

– Je ne reçois rien d'autre, sauf l'idée que je devrais manger des piments pour stimuler ma circulation.

– Alors retournons dans cet endroit sauvage d'où nous sommes partis. »

Lorsque je raccrochai le téléphone, Sabine me dit que les lésions avaient changé d'aspect. D'après elle, elles étaient moins violacées. Je ne voyais, quant à moi, aucune différence, mais je me couchai détendu et certain que mon corps était capable de se soigner lui-même. Le lendemain matin, sans que j'aie mangé de piments ou tenté quoi que ce soit, l'infection avait clairement commencé à se résorber. Dans les vingt-quatre heures qui suivirent, toutes les zones infectées étaient en voie de cicatrisation, à mon grand soulagement.

Si une méthode purement psychique comme la visualisation interactive guidée peut guérir des douleurs de dos, associées à un déplacement de vertèbres, et une infection bactérienne de la peau, pourquoi ne serait-elle pas capable d'agir sur tous les phénomènes physiques ? Ces expériences m'ont convaincu qu'il n'y a pas un seul problème physique qui ne puisse être traité par intervention psychique. Cela est d'autant plus à encourager que les approches psychiques permettent d'économiser du temps et de l'argent, et ne présentent pratiquement aucun danger.

Trois semaines avant le terme de l'accouchement de Sabine, je demandai à un ami et collègue, le Dr Steve Gurgevich, qui pratique l'hypnothérapie, de faire une séance de travail avec elle, de nouveau pour faciliter une naissance dans les temps et sans complications. À ce moment-là, le bébé se présentait par le siège, ce qui nous inquiétait. Le dernier enfant de Sabine s'était présenté par le siège et cela avait entraîné un accouchement long et difficile. Steve fit une séance d'une heure avec ma femme en fin d'après-midi, l'incitant à parler au bébé, à lui demander de se retourner avant les premières contractions et de l'aider à accoucher facilement. Lorsqu'il sortit Sabine de son état d'hypnose, elle avait l'air suprêmement détendue. Après le départ de Steve, nous attaquâmes tous deux la préparation du dîner. Brusquement, Sabine se plia en deux, tenant son ventre à deux mains.

« Qu'est-ce qu'il y a ? demandai-je.

– Je crois que le bébé se retourne », dit-elle avec étonnement.

Par hasard, nous avions invité notre sage-femme à dîner ce soir-là. Elle examina Sabine et confirma que le bébé se présentait maintenant par la tête, s'étant retourné vingt minutes après qu'on le lui avait demandé. Le bébé naquit à son terme, le 4 octobre. L'accouchement dura seulement deux heures et six minutes ce qui était même un peu trop court, car cela nous laissa à peine le temps de nous préparer. Inutile de dire que Sabine et moi croyons dur comme fer à l'efficacité des thérapies psychiques et lorsque nous entendons des médecins et des chercheurs exclure le rôle du psychisme dans la santé et la guérison, nous échangeons des sourires entendus.

Lorsque je rédige le dossier médical d'un nouveau patient, je lui pose de nombreuses questions sur son hygiène de vie, ses relations, ses loisirs, ses moments de détente, ses habitudes alimentaires et sportives, sa vie sexuelle et ses intérêts spirituels. Dans un dossier médical classique, toutes ces questions sont regroupées dans la section « Histoire personnelle » ; de nombreux médecins l'omettent car ils la jugent inutile. La première fois qu'un étudiant en médecine s'assied avec un patient pour compléter son dossier médical, l'entretien dure plus d'une heure. Les étudiants suivent la procédure à la lettre, posent toutes les questions apprises par cœur, puis consignent méthodiquement les longues réponses qui leur sont faites. Au bout de la troisième année, soumis à la pression des hôpitaux, les étudiants apprennent qu'ils doivent accélérer la procédure s'ils veulent gérer leur travail. Au niveau des internes ou des médecins des hôpitaux, les dossiers se trouvent réduits à leur plus simple expression, surtout par l'élimination de différentes questions. Malheureusement, les questions d'ordre privé sont les premières à disparaître, puisque les médecins jugent primordiales les questions concernant les symptômes, les problèmes de santé antérieurs et les traitements que suit actuellement le malade. Je dis « malheureusement » parce que, d'après mon expérience, l'histoire personnelle donne bien souvent des indices sur l'origine de la maladie ainsi que des pistes de solution.

Je suis convaincu que le stress est une cause première ou un facteur aggravant de nombreux troubles qui conduisent les patients chez les médecins. Supposons qu'un patient vienne me consulter pour des migraines chroniques, et que l'examen médical et les analyses de sang soient normaux. Je peux généralement déterminer si les maux de tête sont liés au stress par une simple question : « Qu'arrive-t-il à vos migraines lorsque vous êtes en vacances ? » Les symptômes qui disparaissent pendant les vacances se manifestent généralement dans les circonstances stressantes de la vie quotidienne du patient. Déterminer quelle circonstance exactement constitue le problème – travail, mariage, enfants, absence de relations ou autre chose – demande une recherche un peu plus poussée.

Parce que je m'intéresse aux détails de l'histoire personnelle des patients et que je travaille à partir d'un modèle qui fait intervenir le psychisme dans la guérison, je connais extrêmement bien les corrélations qui existent entre les états émotionnels et les réactions de guérison. Ces corrélations sont fondamentales puisqu'elles permettent de déterminer des méthodes grâce auxquelles les patients peuvent protéger leur système réparateur et utiliser leur psychisme pour favoriser la guérison plutôt que la bloquer. Ces méthodes sont exposées en détail dans la seconde partie de ce livre.

Quelques réserves, cependant. La guérison s'accomplit parfois sans qu'il y ait eu un profond changement spirituel ou mental. Des salauds guérissent de maladies graves tandis que des saints vivent de longues agonies. Au niveau de la répartition de l'ADN par les enzymes, l'influence du psychisme est peut-être négligeable, et elle peut l'être aussi à d'autres niveaux. Néanmoins, j'ai observé son importance dans la guérison, et les liens manifestes qui existent entre les réactions de guérison et les changements émotionnels.

Par exemple, la résolution d'une situation intolérable, telle que mettre un terme à un mariage raté, quitter un emploi déprimant ou faire la paix avec un membre de la famille, peut entraîner une réaction de guérison immédiate. Un collègue m'a écrit que le cas le plus spectaculaire de guérison auquel il ait assisté était celui d'un « président de banque atteint d'une hypertension chronique dont la tension artérielle redevint normale dès que sa femme eut demandé le divorce. Elle tomba à 120/80 et ne bougea plus ».

Le fait de tomber amoureux peut aussi entraîner la disparition d'une maladie grave. Je l'ai observé pour des maladies auto-immunes – particulièrement, dans des cas de polyarthrite rhumatoïde et de lupus – et aussi pour des douleurs musculo-squelettiques et des fatigues chroniques. J'aimerais découvrir une méthode pour que mes patients tombent plus souvent amoureux. Si je pouvais y parvenir, je serais réellement un excellent médecin.

J'ai aussi observé que l'expression de la colère peut stimuler la guérison. Les thérapeutes New Age qui enseignent qu'il faut lutter contre ses émotions négatives n'apprécieront sans doute pas cette affirmation, mais c'est un fait. Par exemple, j'ai longtemps suivi un patient dans la trentaine, atteint d'une maladie auto-immune chronique qui attaquait ses plaquettes et ses globules rouges. Grâce à une totale modification de son hygiène de vie et à l'utilisation de plusieurs techniques psychiques, dont la visualisation, il fut capable d'arrêter les stéroïdes et les autres médicaments suppressifs qu'il utilisait depuis des années. Le moment où il prit conscience de sa colère contre ses médecins et fut capable de l'exprimer joua aussi un rôle déterminant dans ce processus de guérison. Finalement, sa santé s'était tellement améliorée qu'il se sentit capable de réaliser son rêve le plus cher : partir à l'aventure en Australie et en Nouvelle-Zélande. Un jour, je reçus un appel urgent du pays des kangourous. Mon patient était tombé de cheval et s'était cassé deux vertèbres (encore fragilisées par le long traitement aux stéroïdes) ; le choc avait entraîné une crise de destruction auto-immune des globules et il allait être évacué par avion vers un hôpital d'Arizona.

En dépit de l'accident et de la réactivation de la maladie, je ne l'avais jamais vu aussi en forme et il me raconta que sa santé n'avait jamais été meilleure que pendant cette année-là. Tandis qu'on l'admettait à l'hôpital, je lui dis de ne pas se décourager, qu'il fallait s'attendre à des rechutes. Le but, lui expliquai-je, était que celles-ci deviennent de moins en moins fréquentes et de plus en plus courtes, pour limiter au maximum les interventions médicales agressives. Le patient fut mis sous stéroïdes, mais sa numération globulaire tomba si bas que les médecins voulaient lui donner des transfusions. Il refusa et je le soutins dans sa décision. Par le passé, il avait été capable de modifier sa numération globulaire en travaillant sur ses émotions et en visualisant des globules blancs qui protégeaient ses plaquettes et ses globules rouges de l'attaque immunitaire. Les médecins accentuèrent leur pression, insistant pour qu'il accepte les transfusions. Finalement, une nuit à l'hôpital, alors qu'il n'arrivait pas à dormir, le patient sentit un flot de rage l'envahir en songeant qu'il était de nouveau malade et dépendant du système hospitalier. Cette expérience fut autant physique qu'émotionnelle et dirigée contre tout le personnel de l'hôpital. Dans les heures qui suivirent, ses numérations de plaquettes et de globules rouges commencèrent à remonter, rendant toute transfusion inutile, et il sortit de l'hôpital quelques jours plus tard. Il arrêta aussi son traitement de stéroïdes plus vite qu'il ne l'avait jamais fait auparavant. Je suis donc certain qu'une colère bien canalisée, dans des circonstances précises, peut parfois stimuler le système réparateur, n'en déplaise aux thérapeutes New Age.

Croire qu'une personne, un lieu ou une chose a le pouvoir de guérir peut être aussi la clé du succès. Nous entrons ici dans le domaine des effets placebo et des miracles. Il semble que nous ne soyons pas capables de déclencher la guérison par la seule force de notre volonté parce que celle-ci n'est pas en liaison directe avec notre système neurovégétatif ni avec les autres mécanismes contrôlant le système réparateur. Pourtant, nous pouvons contourner cet obstacle en projetant notre croyance sur quelque chose d'extérieur avec quoi nous entrons en relation. J'ai déjà expliqué que si les médecins avaient conscience de ce processus et étaient formés à travailler sur cette forme positive de transfert, ils rempliraient mieux leur fonction de chaman ou de prêtre et aideraient bien plus efficacement les malades à guérir.

Finalement, la corrélation la plus courante que j'ai constatée entre psychisme et guérison chez les gens atteints de maladies chroniques a lieu lorsqu'ils assument la pleine responsabilité de leur vie, y compris la maladie. Ce bouleversement permet d'atteindre une profonde paix intérieure, si bien que les gens n'ont plus besoin d'adopter une attitude défensive face à la vie. Cela intervient souvent dans le cadre d'un éveil spirituel ou de l'acceptation d'un ordre supérieur.

Je citerai un seul cas en exemple. Un de mes amis japonais, Shin-Ichiro Terayama, directeur général de la Société de médecine holistique du Japon, est un survivant du cancer. De par sa formation, Shin est spécialiste de la physique des solides et conseiller en management. Aujourd'hui, à cinquante-huit ans, rayonnant de santé, il défend dans le monde entier la cause de la médecine holistique, conseille des malades, surtout des cancéreux, et est un violoncelliste accompli. Je ne pense pas que je l'aurais aimé si je l'avais rencontré dix ans plus tôt, avant que son cancer ne se déclare. Sur les photographies datant de cette époque, il paraît sombre et maussade, sans aucun rapport avec l'homme chaleureux, éveillé spirituellement, que je connais.

À l'époque, c'était un travailleur acharné, sur la brèche vingt-quatre heures sur vingt-quatre. Il dormait peu, buvait dix à vingt cafés par jour, adorait les biftecks et les sucreries et n'avait pas de temps à consacrer à la musique. À l'automne 1983, il eut un accès de fièvre qui dura un mois et ne put ni se lever ni marcher, mais les analyses médicales ne présentaient rien d'anormal. En ce temps-là, dit Shin, il avait une confiance absolue dans les médecins et les hôpitaux. Quelques mois plus tard, il trouva trois fois du sang dans ses urines et développa une fatigue chronique. Un de ses amis, praticien autodidacte de médecine orientale et de macrobiotique, lui dit qu'il avait un problème rénal, un diagnostic fondé sur l'observation et l'étude de ses méridiens d'acupuncture. Il lui conseilla de changer radicalement son alimentation, mais Shin ne voulut pas l'écouter et les médecins réaffirmèrent que tout allait bien.

Au début de l'automne 1984, son état de fatigue devint tel qu'il dut cesser de travailler. Il n'avait plus qu'un seul désir : se reposer. Lorsqu'il retourna à la clinique pour des analyses complémentaires, on découvrit une masse abdominale, et, ultérieurement, un scanner révéla que le rein droit s'était dilaté de trente pour cent. Pourtant Shin ne prit aucune mesure. En novembre 1984, sur les indications de sa femme qui était médecin, Shin se rendit à l'hôpital. Des radios révélèrent une tumeur et les médecins le poussèrent à subir l'ablation du rein. Shin demanda si la tumeur était maligne ou bénigne et on lui répondit qu'elle « était entre les deux ». En fait, il s'agissait d'un cancer du rein qui s'était déjà métastasé dans les poumons.

Au Japon, on cache encore systématiquement aux malades qu'ils sont atteints de cancer pour qu'ils ne sombrent pas dans la dépression. Cela conduit inévitablement à des subterfuges. Après l'opération, le médecin de Shin lui dit qu'il voulait lui faire subir un traitement de piqûres comme « mesure préventive ». En fait, il s'agissait d'un traitement au cis-platinum, un puissant agent de chimiothérapie, mais Shin ne le savait pas. Il ne savait pas que les piqûres le feraient vomir, que sa barbe deviendrait blanche et qu'il perdrait ses cheveux, et il refusa de terminer le traitement. Son docteur ordonna ensuite un « traitement de rayons » qui, dit-il, ressemblait à « la lampe à bronzer ». Après quelques séances de rayons, Shin devint très fatigué, perdit son appétit et fut obligé de rester tout le temps couché. Une nuit, il rêva qu'il assistait à ses propres funérailles ; ce terrible cauchemar lui fit prendre conscience pour la première fois qu'il était très malade, risquait de mourir et s'était illusionné sur la nature de son mal. Il développa aussi un étrange symptôme : une hyperacuité de l'odorat.

« J'étais au second étage de l'hôpital, se rappelle-t-il, mais je pouvais sentir les repas qu'on préparait au quatrième, et je pouvais distinguer les odeurs corporelles de toutes les infirmières. Je me trouvais dans une salle avec six autres malades et leurs odeurs m'étaient devenues intolérables. Je ne pouvais plus rester à côté d'eux ; ils sentaient la mort. » Shin attendit la tombée de la nuit, sortit en catimini de son lit et alla où le guidait son nez. Le seul endroit dont l'odeur lui semblait supportable était le toit de l'hôpital où il se remplit les poumons d'air frais. Pendant ce temps, une infirmière remarqua son absence et déclencha l'alarme. Lorsque le groupe lancé à sa recherche le retrouva sur le toit, on pensa qu'il était sur le point de se suicider, ce qui aurait constitué une mauvaise publicité pour l'hôpital. Finalement, cinq infirmières intervinrent pour le ramener de force dans sa chambre. Le lendemain matin, son médecin lui fit la leçon en disant : « Vous avez mis tout l'hôpital aux abois, hier soir. Si vous voulez rester ici, obéissez aux règles, sinon, rentrez chez vous. » C'était exactement ce qu'attendait Shin. Il quitta immédiatement l'hôpital et rentra chez lui. Il consulta ensuite son ami macrobioticien qui lui conseilla d'adopter un régime de riz complet. « Cela me semblait inimaginable », raconte Shin.

Lorsqu'il se réveilla le lendemain matin, Shin fut émerveillé d'être encore en vie. Ce matin lui sembla d'une beauté insoutenable et il ressentit un profond désir de voir le soleil se lever. Il se rendit sur le toit de son immeuble, au huitième étage, d'où il pouvait contempler Tokyo. Il récita des mantras et des poèmes bouddhistes, joignit les mains en prière et attendit l'arrivée du soleil. Lorsque celui-ci se leva, il sentit un rayon de soleil pénétrer dans sa poitrine, irradiant de l'énergie dans tout son corps. « J'ai eu l'impression que quelque chose de merveilleux se produisait et je me suis mis à pleurer, dit-il. J'étais tellement heureux d'être vivant ! Pour moi, le soleil était devenu un dieu. Et, lorsque je suis redescendu dans mon appartement, j'ai vu des auras nimber les corps de tous les membres de ma famille. Je croyais que tout le monde était dieu. »

Au cours des semaines suivantes, Shin suivit strictement son régime macrobiotique et, chaque jour, monta sur le toit regarder le soleil se lever – un rituel essentiel qui donnait un sens à toute sa journée. Son état était fluctuant. Son médecin voulut lui faire cesser son régime, le sommant de manger plus de viande et de poisson, et il essaya aussi de lui faire prendre un traitement oral de chimiothérapie. Shin refusa. Puis, il décida de se rendre dans une maison de repos qu'un ami venait d'ouvrir dans les Alpes japonaises, qui offrait des bains de source thermale et d'excellents repas diététiques. Il se reposa, fit des promenades quotidiennes dans les forêts et les montagnes et recommença à jouer du violoncelle, ce qu'il n'avait plus fait depuis des années.

« L'eau et l'air pur me redonnèrent de l'énergie, se rappelle-t-il. Et je pris conscience du pouvoir naturel de guérison qui était en moi et autour de moi. Progressivement, je commençai à me rendre compte que j'avais créé mon cancer. Je l'avais créé par ma façon de vivre. Et, lorsque j'en arrivai à cette conclusion, je compris que je devais aimer mon cancer, pas le combattre comme un ennemi. Il faisait partie de moi et je devais m'aimer totalement. »

Aujourd'hui, Shin Terayama n'est pas seulement un survivant du cancer. C'est un être métamorphosé qui ne ressemble, n'agit, ni ne pense plus comme son ancienne incarnation. J'ai eu le privilège de faire en sa compagnie des randonnées dans les montagnes japonaises et américaines et de me baigner avec lui dans des sources naturelles ; j'ai assisté à ses concerts et à ses conférences et je l'ai écouté conseiller des malades qui venaient d'apprendre qu'ils avaient un cancer. « Vous devez aimer votre cancer, dit-il toujours à ses patients. Votre cancer est un don. C'est la voie de votre métamorphose et de votre nouvelle vie. »

De nombreux médecins n'admettraient peut-être pas que le cas de Shin est une guérison spontanée. Après tout, il a subi trois traitements classiques contre le cancer : une chirurgie, une chimiothérapie et une radiothérapie, même s'il n'a pas terminé les deux derniers traitements. Le cancer du rein est un cas fascinant : pour un cancer du rein avec des métastases aux poumons, les chances de survie après cinq ans sont de cinq pour cent, pourtant il s'agit d'une des formes de cancer la plus associée à la guérison spontanée. Le point que je trouve le plus impressionnant dans l'histoire de Shin est sa métamorphose spirituelle, symbolisée par le rayon du soleil pénétrant sa poitrine sur un toit de Tokyo, et résumée dans sa déclaration : « J'ai compris que je devais aimer mon cancer, pas le combattre comme un ennemi. » L'absolue acceptation de soi…

La plupart des gens ne vivent pas sur le mode de l'acceptation. Ils sont au contraire dans un état de perpétuelle confrontation, essayant par la force de leur volonté de modeler les événements et de contrôler les situations. Si l'on en croit Lao-Tseu, le philosophe chinois antique, une telle attitude est en complète opposition avec le chemin de la vie (le Tao) et ceux qui s'y accrochent sont condamnés :

Ainsi que le passage léger du ruisseau soumet la pierre inflexible,
Se soumettre à la vie résout l'insoluble.

« Vouloir, c'est pouvoir », dit-on,
Mais laissons la vie croître et se défaire,
Vouloir ne fait rien à l'affaire :
Déniez le chemin de la vie et vous voilà mort.

Acceptation, soumission, abandon… quel que soit le nom qu'on choisisse de lui donner, ce bouleversement psychique est peut-être la véritable clé de la guérison.

PORTRAIT D'UNE GUÉRISON :
MARI JEAN

En 1978, Mari Jean Ferguson, à trente-huit ans, apprit qu'elle faisait de l'hypertension – sa tension artérielle était supérieure à la normale. Elle venait de donner naissance à son premier enfant après une grossesse difficile, durant laquelle elle avait eu des accélérations cardiaques et de graves allergies respiratoires. Ses médecins voulaient qu'elle suive un traitement pour soigner ces trois problèmes, mais elle refusa.

« Mon beau-père d'alors était un pharmacologue qui avait travaillé dans l'industrie pharmaceutique, explique-t-elle, et je n'ai jamais pris un médicament sans le consulter en premier lieu. Dans ce cas, il me dit que les médicaments qu'on voulait me prescrire étaient extrêmement puissants, me déconseilla de les prendre et suggéra d'attendre un an et de voir comment les choses évoluaient. Je continuai mon traitement de piqûres antiallergiques que je suivais depuis longtemps. J'avais enrichi plusieurs allergologues depuis que j'étais adolescente, et les allergies restaient mon plus gros problème médical. En pratiquant des techniques de relaxation, des exercices respiratoires et en surveillant mon poids, je réussis à conserver une tension au seuil maximal de la normale pendant plusieurs années sans utiliser de médicament. »

Des techniques de relaxation, Mari Jean en avait bien besoin. Elle était en pleine crise professionnelle, ayant demandé sa titularisation de professeur dans une éminente université du Middle West. Mais, le conseil de la faculté n'avait pas vu d'un bon œil qu'elle devienne mère à trente-huit ans, et avait finalement refusé sa titularisation. Son mariage allait aussi à vau-l'eau. Après la naissance de leur fille, son mari était devenu « ouvertement violent », rejetant la responsabilité de l'enfant dont il prétendait ne pas être le père.

C'était le second mariage de Mari Jean. Le premier s'était terminé par un divorce lorsque son mari était entré dans un cycle infernal d'alcoolisme et d'hospitalisations psychiatriques. Cela se passait à Berkeley, en Californie, où Mari Jean avait obtenu son doctorat en sociologie à la fin des années soixante. Elle avait fait un long chemin depuis son enfance en Alberta du Nord : « Je gaspillais mon énergie à me rebeller contre ma famille. Je cultivai l'absentéisme au lycée, puis commençai des études de commerce et me mariai jeune ; je prenais toujours la mauvaise décision. Mon frère était le héros de la famille, celui qui recueillait tous les suffrages. » En 1970, son père mourut d'un cancer à soixante ans, au grand désespoir de sa femme.

Lorsque Mari Jean perdit son poste à l'université en 1981, elle entreprit une formation de thérapeute familiale et suivit elle-même une thérapie pendant deux ans. « Je pris conscience de la gravité de mes problèmes familiaux et commençai à changer. Mais, paradoxalement, cela créa encore plus de problèmes dans mon second mariage, parce que mon mari, lui, refusait de bouger. Du jour au lendemain, il demanda le divorce et vida notre compte en banque. »

Un autre coup la frappa en 1984 lorsque son frère mourut subitement de myocardite, une infection virale cardiaque. Brisée par la douleur, sa mère eut une série d'attaques qui obligèrent Mari Jean à faire de nombreux voyages en Alberta pour s'occuper d'elle jusqu'à sa mort en 1986. La tension artérielle de Mari Jean s'éleva doucement jusqu'à atteindre un seuil où la médication devenait inévitable ; elle commença son traitement juste avant la mort de sa mère. Mari Jean, qui avait grossi et fumait beaucoup, était désormais en pleine dépression clinique. Elle fut sous antidépresseurs un certain temps et reprit sa psychothérapie. En 1989, elle s'installa à Pittsburgh pour démarrer une nouvelle vie, ayant accepté un poste de maître-assistant en sociologie dans une petite université.

« J'étais trop qualifiée pour ce poste, dit-elle, et je savais que je n'étais pas à ma place, mais j'avais décidé de me faire toute petite et d'essayer. » Elle était désormais suivie par le Dr Amy Stine qui la maintenait sous deux antihypertensifs combinés. « En dépit de mes bonnes intentions, j'avais à nouveau des problèmes, raconte Mari Jean. Le directeur de mon département avait lancé une vendetta pour se débarrasser de moi au moment du renouvellement de mon contrat et j'avais dû prendre un avocat. »

En octobre 1993, Mari Jean se rendit chez le Dr Stine pour un *check-up,* et cette dernière eut la surprise de constater que la tension de sa patiente avait chuté de manière spectaculaire : 90/60. « Vous êtes surmédicamentée », conclut-elle et elle supprima l'un des deux antihypertensifs. Lorsque Mari Jean retourna voir le Dr Stine au début de 1994, sa tension se maintenait toujours à 90/60. « Mais comment faites-vous ? » demanda le Dr Stine. Mari Jean ne jugea pas utile de l'éclairer. « J'ai découvert avec les années que la plupart des médecins se fichent complètement de vous », dit-elle. Le Dr Stine lui fit arrêter tous les médicaments.

Lors de la visite suivante, la tension de Mari Jean était toujours à 90/60, un taux extrêmement bas et, cette fois, le Dr Stine exigea une explication.

« Vous n'avez pas perdu de poids. Vous n'avez pas modifié votre régime alimentaire. Vous n'avez pas arrêté de fumer. Vous ne pratiquez pas de sport. Bref, vous ne faites rien qui puisse justifier cette baisse de tension. Alors que s'est-il passé ?

– Vous voulez vraiment le savoir ? répondit Mari Jean. Eh bien, je vais vous l'expliquer en deux mots. Je me suis vue engluée dans les schémas que j'avais répétés toute ma vie. Je me croyais plus forte que Dieu, je me disais toujours : “*Je* vais faire ci, *je* vais faire ça.” L'automne dernier, pour la première fois de ma vie, j'ai pensé :

“ Laisse les choses se faire – ce qui doit arriver arrivera.” Et c’est tout. »

Le Dr Stine dit qu’elle n’a jamais vu de cas similaire. La tension de Mari Jean Ferguson est toujours normale et stable. « Je suis stupéfaite que mon esprit seul ait accompli ce miracle. »

7

Le Tao de la guérison

Si le corps sait si bien se guérir, pourquoi tombons-nous malade ?

Le système réparateur est toujours sur la brèche, toujours actif, toujours prêt à rétablir l'équilibre en cas de crise ; mais, à certains moments, ses pouvoirs réparateurs peuvent ne pas être adaptés à la tâche requise. Prenons l'exemple d'une lésion de l'ADN causée par les ultraviolets. Si une seule des chaînes de la double hélice est touchée, l'intervention des enzymes s'effectue normalement. Dans ce processus de réparation, la polymérase I se sert du brin intact comme modèle pour remplacer les nucléotides abîmés. Mais que se passe-t-il si les deux chaînes sont touchées ? Si deux rayons UV frappent simultanément les deux chaînes au même endroit, la polymérase I n'a pas alors les capacités suffisantes pour effectuer la réparation. La modification se perpétue dans la réplication de l'ADN – une mutation qui aura, plus que probablement, des conséquences néfastes.

Ou prenons l'exemple du LDL cholestérol et de la capacité du corps à l'éliminer du sang grâce aux récepteurs à LDL. Tant que la production de cholestérol par le foie ne dépasse pas un certain seuil, le taux de LDL cholestérol reste dans des limites inoffensives, mais si le propriétaire de ce foie se nourrit régulièrement de hamburgers, la production de cholestérol excédera probablement la capacité du système à le résorber et le taux de cholestérol atteindra des niveaux où ont lieu des problèmes artériels.

Certaines personnes n'ont pas assez de récepteurs à LDL. Dans le cas de troubles génétiques du métabolisme du cholestérol, une insuffisance de récepteurs à LDL entraîne un taux de cholestérol dangereusement haut, quel que soit le régime alimentaire. À moins que les personnes atteintes par cette maladie ne prennent des médicaments pour contrôler leur cholestérol, elles développeront très jeunes des maladies cardio-vasculaires.

Dans d'autres cas, les activités du système réparateur peuvent être entravées par des complications. Une plaie peut ne pas cicatriser s'il s'y introduit un corps étranger ou si une infection se développe. Si vous avez des problèmes de malnutrition ou un métabolisme anormalement bas, ou bien si vous êtes affaibli par une maladie chronique, le système réparateur n'aura peut-être pas assez d'énergie pour soigner les plaies ou les fractures des os.

Il y a quelques années, j'ai traité une jeune femme qui se plaignait de fatigue et de problèmes de concentration. Les médecins n'avaient rien trouvé et elle avait consulté une kyrielle de médecins parallèles, sans obtenir de résultat. Elle avait essayé plusieurs traitements homéopathiques qui s'étaient révélés inefficaces. Sur les conseils d'un naturopathe, elle avait éliminé tous les sucres de son alimentation. Des acupuncteurs et des phytothérapeutes s'étaient penchés sur son cas, en vain. Elle avait dépensé une petite fortune en psychothérapie sans pouvoir découvrir une raison émotionnelle à ce manque d'énergie. Lorsque je la rencontrai, elle semblait abattue, apathique et déprimée ; elle fut plusieurs fois au bord des larmes en me décrivant ses symptômes et ses échecs répétés dans ses tentatives de traitement. Ses symptômes incluaient des troubles digestifs et menstruels ainsi qu'une détérioration marquée de sa capacité à cicatriser. Un an plus tôt, elle s'était cassé la jambe dans un accident de voiture, et, en dépit d'un suivi médical, sa fracture ne s'était pas remise en place ; en termes médicaux, on appelle cela « une absence d'ossification du cal ». Elle me montra son gros orteil droit qui était décoloré et meurtri. « Il est dans cet état depuis que je me suis cognée il y a quatre mois, me dit-elle. Lorsque je me coupe ou que je me blesse, je ne cicatrise plus normalement. »

Cette femme avait une grave hypothyroïdie, que les médecins n'avaient pas décelée car ses analyses thyroïdiennes étaient normales. Les analyses thyroïdiennes ne sont pas toujours fiables, surtout chez les jeunes femmes. Je suspectai que le système immunitaire de cette patiente fabriquait des anticorps à l'hormone thyroïdienne, la neutralisant avant qu'elle puisse agir. En conséquence, son métabolisme était extrêmement ralenti, bien que les analyses de sang indiquent que la thyroïde fonctionnait normalement. Son système réparateur n'avait pas assez d'énergie métabolique pour accomplir le travail nécessaire. Lorsque la patiente commença à suivre une hormonothérapie thyroïdienne substitutive, son métabolisme se régularisa progressivement, et elle se remit à cicatriser normalement.

Ainsi la réponse en deux mots à la question : « Pourquoi tombons-nous malade ? » est que la capacité du système réparateur à rétablir l'équilibre peut être débordée par les forces de déséquilibre. Une réponse plus longue devrait inclure les raisons pour lesquelles ces forces de déséquilibre existent, et cela nous entraînerait dans les profondeurs d'un débat philosophique. Pour mon compte, je crois que la santé et la maladie sont des forces antagonistes complémentaires, que l'une ne peut exister sans l'autre, de même que le bien et le mal ne peuvent être séparés. Le défi est d'utiliser la maladie comme une opportunité de changement.

La guérison signifie-t-elle nécessairement une totale disparition de la maladie au niveau physique ?

Non. La signification littérale du terme anglais *healing* est « devenir un ». Il est possible d'avoir un sentiment d'unité, de perfection, d'équilibre et de paix, même si le corps physique n'est pas parfait. J'ai connu des amputés qui semblaient plus harmonieux que des hommes qui possèdent leurs deux bras et leurs deux jambes. (Voir aussi l'histoire de Jan, page 155.) Bien sûr, il est souhaitable de restaurer une harmonie physique et le système réparateur fera tout son possible pour y parvenir, mais lorsque le problème physique est irréversible, la guérison peut intervenir d'autres manières, y compris par l'adaptation et la compensation de toute perte de structure ou de fonction.

Est-il possible de mourir lorsqu'on est guéri ?

Pourquoi pas ? Mort et guérison ne sont pas incompatibles. Pour une personne guérie, mourir signifie être capable d'envisager sa vie comme un tout et d'accepter la désintégration physique du corps. Les récits des derniers jours de la vie de grands sages, particulièrement dans les religions bouddhiques qui perpétuent ces traditions, illustrent les possibilités de guérison dans la mort. Cette approche spirituelle n'a que peu de rapport avec ce qui se passe dans nos hôpitaux modernes où les médecins considèrent souvent la mort comme l'ennemi ultime qui doit être combattu avec toutes les armes technologiques de la médecine moderne. Pris au milieu de ce champ de bataille, les patients n'ont généralement pas la possibilité de l'ultime guérison, de même que, dans nos cultures, on ne nous apprend pas à utiliser la vie pour préparer la mort. En d'autres temps et dans d'autres cultures, « l'art de mourir » était un sujet essentiel de réflexion. J'aimerais voir évoluer notre société.

Quelle est la relation entre traitement et guérison ? Si je veux rechercher la guérison, dois-je renoncer au traitement conventionnel ?

Supposons que j'attrape une pneumonie bactérienne, une infection grave des poumons qui peut être mortelle. Je vais à l'hôpital, je suis un traitement aux antibiotiques par intraveineuses, je me rétablis et je sors de l'hôpital, guéri. Quelle est la cause de cette guérison ? La plupart des gens, patients comme médecins, diront qu'elle est l'effet du traitement. Mais je veux que vous envisagiez une autre interprétation : les antibiotiques réduisent le nombre des germes pathogènes jusqu'au moment où le système réparateur peut prendre la relève et achever le travail. Le vrai responsable de la guérison est le système immunitaire, qui, à un moment, peut être incapable d'endiguer une infection parce qu'il est dépassé par le nombre des bactéries, et les produits toxiques qu'elles fabriquent. Et le système immunitaire fait évidemment partie du système réparateur.

J'affirme que l'origine de toutes les guérisons est le système réparateur, qu'il y ait ou non traitement. Lorsqu'un traitement réussit, c'est parce qu'il stimule des mécanismes internes de guérison. Les traitements – y compris les médicaments et la chirurgie – peuvent faciliter le processus de guérison et éliminer les obstacles qui l'entravent, mais ils ne sont pas équivalents à la guérison. Le traitement est extérieur ; la guérison vient de l'intérieur. Néanmoins, refuser un traitement parce qu'on attend que la guérison se manifeste d'elle-même est absurde.

Cela me rappelle l'histoire d'un homme très pieux pris dans une inondation. Tandis que les eaux montent autour de sa maison, il se réfugie dans la prière, certain que le Seigneur viendra à son secours. L'inondation prend de telles proportions qu'il doit monter sur son toit, mais il continue à prier. Deux hommes en barque s'approchent de sa maison inondée et lui proposent leur aide. L'homme refuse. « Le Seigneur va venir me sauver », leur répond-il. Un peu plus tard, alors que l'eau tourbillonne à ses genoux, un canot à moteur passe à son tour, offrant de le secourir. « Non merci, réplique l'homme. Je crois en l'aide du Seigneur. » Finalement, un hélicoptère militaire survole la maison et jette une échelle de corde. Bien qu'il ait maintenant de l'eau jusqu'au cou, l'homme fait signe à l'hélicoptère de s'éloigner. « Dieu me sauvera », crie-t-il. Mais quelques instants plus tard, il est emporté par les flots et, après avoir résisté quelques instants, il se noie. Lorsqu'il reprend conscience, il est au paradis devant son Créateur.

« Seigneur, pourquoi n'êtes-vous pas venu à mon secours ? Ma foi n'a jamais failli. Comment avez-vous pu m'abandonner ?

– T'abandonner ? tonne Dieu. Je t'ai envoyé une barque. Je t'ai envoyé un canot. Je t'ai envoyé un hélicoptère. Qu'est-ce que tu attendais ? »

Comment puis-je être sûr que mon traitement est adapté ?

Vous devez savoir ce que la médecine moderne peut ou ne peut pas faire pour vous, quelles maladies réagissent ou ne réagissent pas aux traitements allopathiques. Parfois il vaut mieux faire confiance au système réparateur qu'à la médecine. C'est le cas, par exemple, des maladies infectieuses. Le plus grand progrès médical du XXe siècle a été la réduction des maladies infectieuses grâce à l'amélioration des conditions sanitaires, l'immunisation et les antibiotiques. Au début de ce siècle, les maladies infectieuses étaient une des principales causes de mortalité chez l'enfant et le jeune adulte. Dans la seconde moitié du XXe siècle, les maladies dégénératives chroniques, surtout chez les personnes âgées, sont devenues la première cause de consultation médicale, prenant la place des maladies infectieuses. Notre société attache désormais moins d'importance aux maladies infectieuses, du moins aux infections bactériennes, croyant que les antibiotiques, ces « médicaments miracles », nous protègent totalement.

Ce point de vue n'est pas partagé par les spécialistes des maladies infectieuses qui assistent au développement constant de micro-organismes résistants aux médicaments les plus puissants. Des maladies qu'on croyait maîtrisées, comme la tuberculose, réapparaissent. Des micro-organismes qu'on croyait incapables de résistance, comme celui qui cause la gonorrhée, sont devenus résistants. Pis encore, la résistance se développe de plus en plus vite, et se propage de plus en plus vite. Aujourd'hui, un nouvel antibiotique peut n'avoir qu'une durée d'action de quelques mois avant que les germes n'apprennent à le neutraliser ; et lorsque des courants de résistance apparaissent à Chicago, on les retrouve à Pékin quelques semaines plus tard. La triste vérité, c'est que nous perdons notre course à l'armement face aux bactéries.

Ces évolutions alarmantes soulèvent une question essentielle : vaut-il mieux mettre notre espoir dans des armes contre les agents externes de la maladie ou dans nos ressources internes qui peuvent nous rendre moins vulnérables ? L'expérience des antibiotiques et des bactéries montre bien que dépendre exclusivement des armes chimiques, quelle que soit leur efficacité première, peut nous mener, au bout du compte, à des problèmes plus graves encore. Les armes elles-mêmes influencent l'évolution de la bactérie, la rendant plus virulente, décuplant ses forces pathogènes. Au contraire, si nous améliorons la résistance du terrain, les germes n'évoluent pas, et nous sommes protégés. Il est donc probablement plus sage de faire confiance au système réparateur plutôt qu'aux médecins et aux médicaments.

Si je n'arrive pas à guérir, est-ce ma faute ?

J'ai toujours trouvé intéressant de demander aux patients les raisons qu'ils donnaient à leur maladie. Lorsque j'étais étudiant en médecine, j'ai posé cette question à un certain nombre de vieilles dames qui avaient un cancer du sein, des femmes de la génération de ma grand-mère. Leurs réponses concernaient toujours des vieux traumatismes : « Il y a vingt ans, je suis tombée contre une table et j'ai pris un grand coup sur la poitrine. » « À quarante ans, j'ai eu un accident et j'ai été blessée à la poitrine. » Lorsque je pose, aujourd'hui, la même question à mes patientes, il n'est plus jamais question d'accident ; leurs réponses sont du genre : « J'ai refoulé ma colère contre mon mari pendant toutes ces années », ou : « Je n'ai jamais pu exprimer ma souffrance », ou : « Je n'ai jamais été en contact avec mes émotions. » Manifestement, il y a un changement significatif, mais que signifie-t-il exactement ?

Notre fascination culturelle pour les interactions du corps et de l'esprit, ainsi que la popularité que connaissent les manuels de psychologie et les philosophies New Age, ont nourri un sens de la responsabilité personnelle face à la maladie : nous nous rendons malades parce que nous cultivons certains états émotionnels, parce que nous refoulons nos émotions négatives, parce que notre vie spirituelle n'est pas assez riche. Les gens qui défendent ces idées sont bien intentionnés. Ils désirent que nous soyons plus responsables de notre santé et que nous comprenions comment utiliser notre psychisme pour faciliter le processus de guérison, et tout cela est parfaitement honorable. Mais une conséquence involontaire de leur message est d'augmenter la culpabilité. « Je suis responsable de mon cancer. » « Si mon état ne s'améliore pas, c'est que je dois être quelqu'un de négatif. » Or, la culpabilité face à la maladie est destructrice ; elle ne peut en aucun cas stimuler le système réparateur.

Autrefois, on pensait que le cancer du sein résultait d'un traumatisme passé, une croyance dont on a démontré qu'elle n'avait pas de fondement scientifique. Et, peut-être que les nouvelles hypothèses qu'on avance aujourd'hui concernant les émotions refoulées n'ont pas plus de valeur. À mon avis, le cancer du sein résulte d'une interaction complexe de facteurs génétiques et de facteurs environnementaux, dans lesquels l'hygiène de vie, telle que le régime alimentaire, la consommation d'alcool et l'exposition à des toxines œstrogènes, peuvent avoir beaucoup plus d'importance que les émotions. Je crois que la douleur et la dépression peuvent affaiblir l'immunité, donnant à des cellules malignes l'occasion de se transformer en tumeurs ; mais je rejette l'idée que les gens se donnent eux-mêmes le cancer en refoulant leur colère ou d'autres émotions. Et je rejette résolument l'idée qu'une incapacité à guérir puisse servir d'indicateur sur l'état émotionnel ou spirituel du malade. Le docteur Larry Dossey, l'un des rares médecins à avoir étudié la corrélation entre la prière et la guérison, a dressé un catalogue impressionnant de saints, occidentaux et orientaux, morts du cancer ; ils sont si nombreux que le cancer semble presque être un des risques de la pratique de la sainteté. Ne l'oubliez pas si vous êtes tentés de croire que la guérison dépend de la spiritualité et de la transcendance des émotions négatives.

Est-ce que la rémission spontanée du cancer constitue le meilleur exemple de l'activité du système réparateur ?

Parce qu'elles sont rares et spectaculaires, et parce que le cancer est une maladie redoutée qui résiste à presque toutes les formes de traitement, les rémissions spontanées attirent l'attention et font de bons sujets pour les médias. Selon moi, ce ne sont pas les meilleurs exemples de réactions de guérison. Le cancer est un cas particulier, contrairement à d'autres maladies (voir chapitre 19), et ces cas nous empêchent de voir les activités moins spectaculaires mais beaucoup plus importantes du système réparateur. Les rémissions spontanées du cancer représentent une activité exceptionnelle de ce système, alors que son activité normale est beaucoup plus remarquable.

Le bouddhisme zen encourage ses disciples à sentir l'extraordinaire dans l'ordinaire, à se débarrasser des filtres ternes des modes de perception habituels et à percevoir la nature miraculeuse du quotidien. Ceux qui débutent la méditation s'imaginent souvent qu'il s'agit d'atteindre des états exceptionnels de conscience : expériences de dédoublement, visions, chœurs célestes entendus par l'oreille de l'esprit, pouvoirs psychiques et autres choses de ce genre. Les maîtres zen enseignent que de telles expériences sont sans rapport avec le développement spirituel et qu'on ne devrait pas y attacher d'importance si elles se produisent. Ils encouragent les élèves à s'asseoir simplement et à être attentifs aux aspects les plus ordinaires de l'existence, tels que le mouvement de leur respiration.

Nous remarquons à peine – sans même parler de les apprécier – les activités ordinaires du système réparateur du corps humain. Étant donné tous les agents potentiels de blessure ou de maladie qui nous entourent, tous les changements qui interviennent à l'intérieur et à l'extérieur de nous à chaque instant, il est miraculeux que nous puissions tout simplement survivre. Pensez un moment à tous les accidents qui peuvent se produire : un constant bombardement de radiations qui peut endommager l'ADN ; des millions de divisions cellulaires à chaque seconde, d'où peut résulter un accident génétique ; d'innombrables molécules de substances irritantes et de toxiques qui pénètrent notre système par toutes les ouvertures de notre corps ; des forces de destruction qui abrasent nos tissus ; les pressions du vieillissement ; la mer de virus, de bactéries et d'autres agents potentiels de maladie dans laquelle nous vivons ; sans mentionner les attaques émotionnelles qui fatiguent nos nerfs et menacent l'équilibre entre notre psychisme et notre corps. Arriver à survivre d'un jour à l'autre sans sérieux incident tient presque du miracle.

Chaque jour que nous passons en relativement bonne santé témoigne de l'activité de notre système réparateur.

Sa valeur inestimable tient non pas à sa capacité de produire des rémissions en cas de maladie, mais plutôt à celle de préserver notre santé à travers les vicissitudes de la vie. Nous avons là une réelle occasion d'apprécier l'extraordinaire de l'ordinaire.

Est-il possible d'améliorer l'activité du système réparateur pour protéger notre santé ?

Oui. Comment y parvenir est le sujet de la seconde partie de ce livre.

PORTRAIT D'UNE GUÉRISON :
JAN

Jan Barnett a une rate hypertrophiée, si grosse qu'elle a toujours des problèmes en achetant ses vêtements. « J'ai l'air d'être enceinte de cinq mois », dit-elle en riant. Excepté cela et une difficulté respiratoire en cas d'effort (un symptôme de l'anémie), elle mène une vie normale... mieux que normale, en réalité, parce que Jan se considère comme une femme très heureuse, qui a eu beaucoup de chance. « Si je devais mourir aujourd'hui, je n'aurais aucun regret. J'ai eu une vie pleine, merveilleuse, et j'ai un profond sentiment de paix intérieure. »

Dix ans plus tôt, Jan, à quarante ans, se fit faire un examen médical de routine. Le médecin sentit une hypertrophie de la rate, et les résultats des analyses de sang n'étaient pas très bons. Il recommanda une splénectomie, une opération autrefois banale puisque la rate était considérée comme un organe inutile, et il envoya Jan chez un chirurgien. Heureusement, les vues du chirurgien étaient un peu plus modernes. « Nous ne pratiquons plus ce genre d'opération, dit-il à la patiente. Du moins pas avant d'avoir découvert les raisons de l'hypertrophie. » Et il envoya Jan chez un hématologue.

On découvrit que Jan Barnett était atteinte d'une maladie rare, mal comprise, appelée la myélosclérose aiguë ou splénomégalie myéloïde chronique idiopathique ; l'ablation de la rate lui aurait été fatale. « Splénomégalie myéloïde chronique » signifie que du tissu de la moelle se développe ailleurs que dans la moelle – dans ce cas, la rate. « Idiopathique » est un mot rare signifiant « d'origne inconnue » (ou, plus exactement : « Nous n'avons aucune idée des causes de cette maladie ni aucun moyen de la soigner »). La source de ce problème est le remplacement de la moelle par des fibroblastes, des cellules qui fabriquent des tissus conjonctifs. Afin de contrebalancer ce processus mortellement dangereux, la rate assume la fabrication des globules ; son hypertrophie est une réaction pour compenser – ou une réaction de guérison – la maladie et, pour cette raison, une splénectomie aurait été désastreuse.

Le pronostic en cas de myélosclérose aiguë est incertain. La plupart des gens qui en sont atteints sont plus vieux que Jan, ayant souvent dépassé la soixantaine, donc susceptibles de mourir pour d'autres raisons. Chez certains, ce désordre de la moelle entraîne la leucémie. « Les médecins me dirent que cette maladie était extrêmement rare dans ma classe d'âge et que l'espérance de vie était généralement de dix ans, se rappelle Jan. Mais ils me donnèrent aussi d'autres statistiques plus encourageantes ; par exemple, vingt-cinq pour cent des malades n'avaient pas développé de problèmes ultérieurs. Je me suis dit : " Ça n'est pas si mal. Je peux faire partie de ces vingt-cinq pour cent. " » Aucun traitement ne lui fut proposé ou recommandé. « En fait, je considère cela comme une chance. Puisque je n'avais rien à attendre de la chirurgie ni des médicaments, je n'ai pu compter que sur moi. » Elle devait faire contrôler régulièrement ses numérations globulaires pour surveiller l'évolution de la maladie.

Dans les mois qui suivirent le diagnostic, Jan modifia considérablement son style de vie. « J'avais toujours eu une alimentation saine, donc je n'avais pas grand-chose à changer de ce côté-là, mais je me suis astreinte à un programme sportif qui devint une part importante de ma vie. Au début, je nageais, et maintenant je fais de la marche sur tapis roulant. En plus des bénéfices attendus, le sport m'a ouvert une merveilleuse possibilité que je n'avais pas envisagée. Il m'a donné le temps de commencer à réfléchir sur moi-même, de penser à ma vie intérieure. »

Jan dit que les changements les plus significatifs ont été d'ordre psychologique. « D'abord, je me suis donné le droit de m'occuper de moi. J'ai décidé de ne plus jamais me sentir coupable en me faisant plaisir. J'ai arrêté mes études dans une école d'infirmières trop chère et, à la place, j'ai commencé une maîtrise d'enseignement fondé sur l'expérience (la mienne était de vivre avec la maladie et d'en avoir tiré une philosophie holistique de la santé). Je faisais en sorte de beaucoup me reposer et dormir. Et puis j'ai commencé à me pencher sur mes troubles intérieurs.

» J'ai grandi dans une famille extrêmement perturbée. Ma mère est devenue maniaco-dépressive lorsque j'avais neuf ans et mon beau-père était alcoolique. Je me souviens d'avoir consulté un médecin de la clinique Mayo pour un second avis sur ma maladie. Il m'a demandé si j'avais été exposée à des substances toxiques particulières qui pourraient expliquer que j'ai contracté cette maladie rare, et je me suis mise à rire parce que la première idée qui m'avait traversé l'esprit était la toxicité émotionnelle de ma famille. C'était ma mère, mon plus gros problème. Je refusais complètement de la voir. Il me suffisait de dire ou de penser le mot « mère » pour que se déclenche aussitôt une tempête intérieure. Je ne savais pas encore que faire la paix avec elle était la clé de ma sérénité.

» Cinq mois après le diagnostic, je compris que la seule façon de changer ma relation avec ma mère était de l'envisager d'une manière différente. Je me souviens du moment précis où j'y suis parvenue. C'était comme une renaissance, l'amorce de l'équilibre. Vous ne pouvez pas imaginer comme la vie se transforme lorsqu'on se débarrasse de ce genre de poison. Depuis, je ressens une grande paix intérieure au lieu d'être perpétuellement tourmentée et je ne m'inquiète plus de l'évolution de ma maladie. Ma famille m'a soutenue de manière extraordinaire ; nous avons tous mûri pendant cette épreuve. Désormais, nous avons compris qu'il faut apprécier chaque instant de la vie et résoudre les problèmes au fur et à mesure qu'ils se présentent. Comme tout le monde, nous avons nos difficultés, mais nous les prenons à bras le corps. »

Aujourd'hui, Jan travaille dans un hospice de Mankato dans le Minnesota, elle s'occupe des familles des malades en cas de décès. Ses numérations globulaires ont été remarquablement stables au cours de ces dix dernières années. Les hématologues qu'elle rencontre ne font généralement pas de commentaires sur la stabilité de son état, mais, récemment, l'un a bien voulu concéder qu'elle « avait incroyablement bien réagi ». Jan dit qu'elle se sent essoufflée si elle monte trop de marches d'escalier, mais que c'est sa seule limitation. « Mes proches m'ont fait des commentaires intéressants. Ils disent que j'ai changé, qu'ils ressentent un grand sentiment de paix en ma compagnie. »

PORTRAIT D'UNE GUÉRISON : ETHAN

La première fois qu'Ethan Nadelmann eut des problèmes de dos, c'était durant l'été 1980; il avait alors vingt-quatre ans. Sans raison précise, du jour au lendemain, il ressentit de violentes douleurs dans les reins. Ethan, un jeune homme en pleine forme qui aimait jouer au basket, se réveilla soudain invalide ; en fait, il pouvait à peine marcher. Cependant, dix jours plus tard, la douleur s'atténua pour disparaître finalement aussi mystérieusement qu'elle était venue.

Ethan est un expert en sciences politiques, un spécialiste internationalement connu en matière pharmaceutique. En 1981, au moment de sa première crise, il préparait sa série préliminaire d'examens pour son doctorat en administration politique à Harvard et envisageait de commencer son droit dans la même université à l'automne suivant. Deux ans plus tard, alors soumis à d'énormes pressions de travail – il était en seconde année de droit et en troisième année de doctorat –, Ethan eut une seconde crise déclenchée, selon lui, par une séance trop intensive de musculation. Cette fois, la douleur gagna sa jambe droite et elle était si violente qu'Ethan dut consulter un chirurgien orthopédiste. Un scanner révéla un disque hernié dans le bas des lombaires. Le médecin lui prescrivit de l'indométacine, un puissant anti-inflammatoire. Mais la douleur persista plusieurs mois. Finalement, l'orthopédiste conseilla à Ethan de demander l'avis d'un second chirurgien qui affirma : « Si dans un mois, il n'y a pas d'amélioration, il faudra opérer. » Ethan se rétablit dans le mois qui suivit et réussit même à arrêter l'indométacine. Mais cette expérience l'avait marqué. « Je réduisis mon entraînement de basket, cessai certains exercices de musculation et devins plus prudent en général », dit-il.

Les années suivantes, le dos d'Ethan ne lui causa pas de problèmes majeurs. « Après avoir joué au basket, au squash ou soulevé des poids trop lourds en musculation, se rappelle-t-il, j'avais parfois de petites crises qui duraient généralement quelques jours, une semaine tout au plus. » Il se maria en 1986 et devint père deux ans plus tard. C'est à cette époque que je le rencontrai pour la première fois alors que, maître-assistant à Princeton, il menait une vie professionnelle trépidante.

En juin 1989, quand Ethan rentra d'un voyage en Europe, son dos se remit à le gêner « légèrement », mais l'élancement persista et s'aggrava au cours de l'été. Fin août, à la suite d'un match de basket, il ressentit de « violentes douleurs qui ne voulaient pas s'en aller ». Une semaine plus tard, début septembre, son état empira, et il chercha de l'aide auprès de kinésithérapeutes, y compris une spécialiste des massages shiatsu. Celle-ci lui dit qu'il risquait de se sentir mal après les séances et ce fut effectivement le cas. Quelques jours plus tard, il se réveilla à l'aube, ce qui ne lui arrivait jamais, dans un état de grande agitation. Il alla faire une promenade et, peu de temps après être rentré chez lui, eut un accès de fièvre qui monta jusqu'à 40 °C, accompagné de frissons. Le lendemain matin, la fièvre et les douleurs de dos avaient disparu, mais avaient été remplacées par une sciatique du côté droit.

Il devait alors diriger une réunion de trois jours où devait être discuté un projet de réforme de la politique pharmaceutique. Je me trouvais faire partie de ce comité et j'étais désolé de voir Ethan souffrir visiblement autant. Le matin du deuxième jour, il me dit qu'il s'était réveillé avec une terrible douleur dans le mollet droit et que celle-ci allait en s'intensifiant. « Je me réveille en larmes au milieu de la nuit », m'avoua Ethan. Quelques jours plus tard, il se rendit à l'hôpital où on lui fit une piqûre de Demerol, ce qui lui permit de passer une bonne nuit.

La kinésithérapie ne lui donnait plus qu'un répit temporaire et Ethan consulta un orthopédiste pour se faire faire des radios et une IRM. À ce moment-là, il ne pouvait même plus se tenir droit. Le scanner révéla la rupture de deux disques dont « l'un était brisé en multiples fragments ». L'orthopédiste conseilla une opération immédiate et lui prescrivit des analgésiques narcotiques et du Valium.

Ethan m'appela pour avoir un avis, mais il souffrait tellement et avait pris de telles doses d'analgésiques et de Valium que j'eus du mal à dialoguer avec lui. Il dit lui-même qu'il ne se rappelle pas certaines des conversations qu'il eut à cette période. Je lui conseillai de prendre un second avis avant d'accepter l'opération, et je l'incitai aussi à lire *Guérir les douleurs de dos,* de John Sarno, un médecin new-yorkais qui montre de manière convaincante que la plupart des douleurs de dos sont la conséquence d'une interférence du psychisme avec le fonctionnement normal des nerfs et de la circulation du sang vers les muscles, un état qu'il appelle le syndrome de la tension myosite, ou STM. Dans son état semi-comateux, Ethan réussit quand même à me dire clairement qu'il ne voulait pas entendre parler de psychosomatique.

Peu de temps après, il m'appela pour m'annoncer qu'il avait pris un second avis qui confirmait le premier : il fallait immédiatement opérer pour retirer les disques abîmés et soulager la pression exercée sur les nerfs. Il me dit que la douleur était telle qu'il envisageait de se faire opérer dans les jours qui suivaient. Je lui recommandai d'attendre le plus longtemps possible, de voir s'il pouvait être soulagé temporairement par l'acupuncture et l'hypnothérapie et d'essayer de prendre rendez-vous avec le Dr Sarno.

J'avais des raisons de lui conseiller le livre du Dr Sarno. J'avais connu plusieurs patients qui avaient essayé tous les traitements imaginables contre le mal de dos, avant d'être guéris par le Dr Sarno. Le traitement consistait simplement à lire son livre, à passer un entretien individuel avec lui et à assister à ses conférences du soir dans lesquelles il expliquait comment le psychisme influe sur le mal de dos. Cela semblait trop beau pour être vrai, mais je me souvenais d'une crise terrible de mal de dos qui m'avait frappé : elle était clairement liée à mon état émotionnel – la douleur d'avoir perdu en même temps deux proches – et avait disparu brusquement trois semaines plus tard. Pour ne jamais revenir. Puis j'avais connu deux cas où de violentes douleurs de dos chroniques avaient disparu comme par magie lorsque les patients étaient tombés amoureux. Enfin, je venais juste de participer à la conférence médicale de l'Académie nord-américaine des douleurs musculo-squelettiques où j'avais été invité à parler de la signification de la douleur. Le conférencier qui me succéda traitait d'un thème fascinant : l'absence de corrélation entre l'expérience subjective du mal de dos et les mesures objectives de dysfonctionnement musculo-squelettique telles que les radios et les IRM. Il présenta des radios et des scanners qui étaient si mauvais qu'on avait peine à croire que les patients puissent se tenir debout, pourtant ceux-ci ne souffraient pas et jouissaient d'une parfaite mobilité. Dans d'autres cas, les malades étaient paralysés par la douleur alors que leur colonne semblait parfaitement normale. Pour moi, toutes ces informations corroboraient la thèse du Dr Sarno.

Je savais, en outre, quelles pressions terribles Ethan subissait à ce moment-là. En plus de ses pressions professionnelles, il se débattait dans des difficultés conjugales et son bébé était à un âge qui réclame beaucoup d'attention. Il me semblait être un candidat idéal pour le STM.

Ethan ne consulta pas d'hypnothérapeute ni d'acupuncteur, mais il lut le livre du Dr Sarno. Il explique que celui-ci retint son attention pour plusieurs raisons : « Premièrement, j'avais enfin admis que j'étais soumis à un stress terrible. Deuxièmement, le fait que la douleur se soit brusquement déplacée de mes reins à ma jambe me semblait étrange. Enfin, je me rappelais de ma crise de

1983 : lorsque l'orthopédiste m'avait dit que j'avais un mois pour aller mieux ou qu'il faudrait opérer, j'avais effectivement guéri. Et l'analyse du Dr Sarno était convaincante et argumentée. »

À cette époque, son médecin insistait pour que l'opération ait lieu, s'appuyant sur le résultat des scanners qui montraient un disque en piteux état. Ethan était brisé par la douleur et abruti par les analgésiques et le Valium. Pourtant, il réussit à résister. « Je vis un autre médecin qui me fit une piqûre de cortisone. Cela me soulagea temporairement. Parfois des bains chauds m'aidaient un peu, mais la douleur dans le mollet, surtout, était insupportable. » Il avait lu dans le livre du Dr Sarno qu'un disque hernié ne cause pas intrinsèquement de douleur. Il peut entraîner une faiblesse musculaire ou d'autres symptômes de dysfonctionnement des nerfs, mais pas la souffrance ; celle-ci est due au STM, causé par le psychisme, même s'il se greffe sur une blessure mécanique. Ethan prit rendez-vous avec le Dr Sarno et se traîna jusqu'à New York.

« Sarno n'était pas très intéressé par le scanner, se rappelle Ethan, seulement par le résultat des tests musculaires de la jambe qui ne révélaient pas de dysfonctionnement nerveux. Il procéda à un rapide examen médical et me dit que j'étais un cas manifeste de STM, que je devais arrêter les analgésiques parce que je n'en avais pas besoin. Il m'assura que j'allais me remettre et que je pourrais à nouveau jouer au basket. Tout ce que j'avais à faire, c'était d'accepter son diagnostic. Par hasard, sa conférence du soir tombait ce jour-là, et je pus y assister. Il y avait à peu près quarante participants, essentiellement des cadres supérieurs. Plusieurs personnes parlèrent de leur guérison. Un homme raconta comment ses douleurs de dos s'étaient déplacées dans son doigt. En tout cas, pendant que j'étais assis à les écouter, la douleur disparut. Ensuite, j'allai dîner chez un ami. Je ne souffrais plus.

» Sarno m'avait dit que je n'aurais pas besoin de faire une quelconque rééducation. Selon lui, toute manipulation du dos vous conforte dans l'idée fausse que celui-ci est à l'origine de la douleur. À la place, il veut que vous réfléchissiez sur le type de douleur psychologique qui se manifeste à travers le corps. Eh bien, je n'étais pas tout à fait prêt à renoncer aux méthodes physiques, et je maintins un rendez-vous le lendemain matin avec un ostéopathe. Celui-ci me dit que Sarno avait en partie raison, mais que je pouvais tout de même bénéficier d'un léger traitement. La douleur commença à réapparaître ce jour-là. Pendant la nuit, je rêvai que Sarno se disputait avec l'ostéopathe au sujet des traitements physiques. Lorsque je me levai, la douleur avait diminué et je décidai de ne pas entreprendre de thérapie physique. J'eus une légère réaction de manque quand j'arrêtai les analgésiques. »

Ethan dit que la douleur adopta alors une autre forme. « Elle s'insinuait dans mon corps au lever du jour et me réveillait, puis s'atténuait jusqu'à devenir insignifiante pendant la journée. Au cours des six semaines suivantes, elle disparut complètement. » Il commença alors à réfléchir sérieusement à son mariage et à envisager une séparation, se donnant une date limite pour essayer de sauver son couple.

Un mois plus tard, Ethan reprit ses exercices de musculation et le basket-ball sans inquiétude. Le mois suivant, il eut « une importante révélation personnelle » d'où il émergea avec un regain d'énergie et de forme. Un an plus tard, lui et sa femme se séparèrent, et il se sentit satisfait d'avoir pu aboutir à une décision. « Ma douleur et mon expérience de la guérison m'avaient donné le courage d'agir », se rappelle-t-il.

Le frère d'Ethan, un médecin, n'accepte pas son interprétation des événements. « Il prétend que la piqûre de cortisone est responsable de tout. Mais, d'après mes informations, les effets de cette piqûre durent entre trois et six mois au mieux, et je ne souffre plus depuis trois ans, à l'exception de quelques courbatures quand je fais des exercices sportifs. À un moment, j'ai eu une douleur de côté qui m'a fait craindre un ulcère. Alors j'ai décidé que c'était mon psychisme qui cherchait un autre exutoire et, aussitôt que je l'ai admis, la douleur a disparu. J'ai rencontré plusieurs personnes qui avaient obtenu des résultats aussi positifs que les miens avec la méthode de Sarno, des gens de toute origine. Sarno est un mélange de scientifique et de guérisseur spirituel. Ses arguments intellectuels me semblaient très convaincants ; ils sonnaient vrais. Et puis, je n'avais pas une grande confiance dans les interventions chirurgicales, ayant vu trop de malades dont les douleurs de dos étaient réapparues quelques années après l'opération. »

J'ai demandé à Ethan ce qu'il souhaiterait dire à ceux qui souffrent du dos. « Lisez le livre de Sarno et voyez s'il sonne juste pour vous, répondit-il. Les gens semblent avoir du mal à accepter sa théorie jusqu'à ce qu'ils aient épuisé tous les autres remèdes possibles, ou que, comme moi, ils soient menacés du scalpel. »

PORTRAIT D'UNE GUÉRISON : EVA

« Cela fait quinze ans, dit fièrement Eva Forrester. Quinze ans. Et regardez-moi ! Si j'ai pu le faire, tout le monde peut y arriver. » Eva est employée dans le plus grand magasin diététique de Tucson, et c'est le discours qu'elle tient à bon nombre des clients qui lui demandent conseil. Eva a eu un cancer du sein il y a quatorze ans. Aujourd'hui, guérie, elle essaie d'inspirer d'autres personnes à surmonter leurs maladies graves.

En 1979, à cinquante ans, Eva Forrester découvrit une boule dans son sein gauche. Les radios étaient rassurantes et le premier médecin qu'elle consulta lui dit que la grosseur était bénigne. Mais, quand un autre médecin ne réussit pas à faire une ponction du nodule, on programma une biopsie. « Avant même que l'infirmière ne me donne le résultat, je savais, se rappelle Eva. Je savais que c'était un cancer. Ils voulaient me faire une mammectomie. J'ai refusé. J'ai paniqué. Je leur ai dit que je voulais attendre, sans savoir du tout ce que j'attendais. J'avais confiance en mon médecin, un chirurgien ostéopathe. Il m'a dit : " Nous devons faire quelque chose. " Alors j'ai décidé de consulter ma famille au Mexique. »

Eva est une mexicaine-américaine, née à Chihuahua, la fille d'une mère mexicaine et d'un père libanais. « Mon père est dentiste et mon neveu généraliste, je viens donc d'un milieu médical. J'appartiens à une famille nombreuse, ce que je considère comme une bénédiction. Lorsque j'ai annoncé la nouvelle à mes proches, ils étaient tous terrifiés. Mais je suis chrétienne… Je crois en Dieu et j'ai étudié d'autres religions. Je crois que ce qui doit arriver arrive. Alors, finalement, j'ai accepté de me faire opérer. » En 1980, Eva subit une mammectomie globale. La tumeur était grosse et avait déjà atteint les ganglions lymphatiques du sein, plaçant Eva dans une catégorie à haut risque. Elle fut envoyée chez un cancérologue qui voulait commencer une chimiothérapie.

« Je ne pouvais pas, raconte Eva. Quelque chose en moi résistait. La manière dont ils m'ont traitée était affligeante. D'abord ils m'ont envoyé une femme médecin qui a essayé de me convaincre. Ensuite, ils m'ont dit : "Vous serez de retour en moins de temps qu'il ne faut pour le dire et alors nous devrons utiliser des doses encore plus massives !" Pourtant, j'ai tenu bon. Mon médecin a finalement accepté de respecter mon choix. Il n'y aurait ni chimio, ni rayons. »

À la place, Eva entreprit un traitement naturel sous l'égide d'un chiropracteur naturopathe. « J'ai pris toutes les plantes qui avaient des vertus anticancéreuses, mais je savais que l'essentiel était de transformer complètement ma personnalité et je suppose que je continue toujours ce travail. J'ai changé ma façon de penser, en essayant de voir les bons côtés des gens, en me rapprochant du Christ et en adoptant un style de vie indien (vous savez, j'ai du sang aztèque dans les veines). J'ai travaillé à rendre mon expérience positive et il y a eu beaucoup de bons résultats. Par exemple, j'ai de bien meilleurs rapports avec les autres. »

Sept ans après son opération, Eva divorça. Son mariage, qui battait de l'aile à l'époque de la découverte de la tumeur, ne résista pas à la mammectomie. « Mon mari n'arrivait plus à me voir comme une personne complète, dit-elle. Certains hommes ne peuvent pas surmonter ça. Mais cette expérience aussi m'a permis de grandir. Je suis reconnaissante au Grand Esprit pour ma destinée, je n'ai aucune amertume. Je suis très proche de mes trois enfants, qui sont tous à présent dans la quarantaine, et très proches des autres membres de ma famille. »

J'ai demandé à Eva si elle était retournée voir des médecins pour des analyses. « J'ai fait certaines analyses, mais à dose modérée, répond-elle. Je n'aime pas les radios et j'essaie de les éviter. Les premières analyses de sang étaient plutôt inquiétantes, mais j'ai redoublé d'efforts et je m'en suis tenue à un traitement exclusivement naturel. À présent, les résultats sont parfaitement normaux.

» Pourtant, j'ai encore des jours difficiles – tout le monde connaît ça. Mais je vais au magasin et le Grand Esprit m'envoie quelqu'un qui me dit : " Eva, ce que vous m'avez donné fait de l'effet ", et alors tout prend un sens. Il y a tellement de jeunes clientes qui ont la même chose que moi. Elles ont si peur. Beaucoup sont mortes, beaucoup trop. À chaque fois, cela me touche personnellement. Je m'investis dans chacune d'elles. »

Aux États-Unis, c'est un fait de société que, dans nos années 90, les employés des magasins de diététique ont remplacé les pharmaciens comme conseillers auprès des malades, particulièrement ceux atteints de problèmes difficiles ou de troubles qui ne réagissent pas aux traitements conventionnels. Ce changement est un autre signe d'un rejet généralisé de la médecine moderne. J'ai souvent observé Eva Forrester jouer son rôle dans son magasin. Elle se tient devant les rayons de vitamines et de compléments vitaminés et s'entretient avec les clients d'une manière chaleureuse, ouverte, sans préjugés. Elle explique patiemment les fondements de la guérison naturelle, l'importance de se servir des ressources internes du corps. Et, très souvent, elle se penche vers le patient et lui dit : « Regardez-moi ! Quinze ans ! Si j'ai pu le faire, vous pouvez y arriver. »

« Je viens d'une culture qui respecte les guérisseurs, explique Eva. Tout le monde sait où trouver ces hommes et ces femmes qui possèdent le savoir : les *curanderos* et les *curanderas*. C'est la voie que je suis. Je veux devenir une très bonne *curandera*. »

II

OPTIMISER VOTRE SYSTÈME RÉPARATEUR

8

Optimiser votre système réparateur : une vue d'ensemble

Comment pourriez-vous savoir que votre système réparateur fonctionne au maximum de ses possibilités ? Très vraisemblablement, vous n'en auriez pas conscience car nous nous inquiétons généralement peu de notre santé lorsqu'elle est bonne. Vous guéririez de vos maladies rapidement et vos blessures cicatriseraient sans complication. Le stress de la vie quotidienne pourrait vous ennuyer mais ne perturberait ni votre digestion, ni votre tension. Vous dormiriez du sommeil du juste et apprécieriez votre sexualité. Votre corps vieillirait de manière progressive, vous permettant de modérer graduellement vos activités et de vivre jusqu'à un âge avancé sans souffrir de problèmes majeurs. Vous ne contracteriez pas de maladie cardiaque, ni de cancer à la cinquantaine, vous ne seriez pas paralysé par l'arthrite en vieillissant, et vous ne perdriez pas la tête, atteint de sénilité précoce.

Ces perspectives sont réalistes et, à mon avis, suffisamment alléchantes pour qu'on se donne le mal de faire des efforts. En réalité, le corps désire être en bonne santé, parce que la santé implique le fonctionnement efficace de tous ses systèmes. La meilleure comparaison pour l'expliquer est celle d'un moteur de voiture. Lorsque tous les composants du moteur fonctionnent normalement, l'efficacité est maximale et le moteur est silencieux, émettant un ronronnement de « contentement » que vous entendez à peine. Si le moteur grippe, fait du bruit, cogne et qu'en sort une fumée noire, il n'est pas efficace. Puisque l'efficacité se calcule à partir du rapport entre travail fourni et énergie produite, le moteur grippé travaille plus pour accomplir moins. De même, il faut dépenser moins d'énergie pour être en forme que pour être malade, et, semblable au conducteur qui ne remarque pas le bruit de son moteur bien huilé, l'homme peut ne pas être conscient de sa bonne santé jusqu'à ce qu'elle se détériore. Un programme pour stimuler l'efficacité du système réparateur ne produira pas forcément des changements notables immédiats. C'est un investissement à long terme pour l'avenir de votre corps. Si vous êtes à la recherche d'une énergie illimitée, du bonheur perpétuel et de l'éternelle jeunesse ou de l'immortalité, alors cet ouvrage ne vous sera d'aucune utilité. Je ne traite ici que des possibilités réalistes, s'appuyant sur les découvertes de la médecine.

Je souhaite commencer cette étude en vous demandant d'envisager les obstacles à la guérison. Si vous comprenez les grandes catégories de problèmes qui entravent le système réparateur, vous saurez quels genres d'action préventive et corrective entreprendre.

LE MANQUE D'ÉNERGIE

La guérison requiert de l'énergie. Celle-ci est fournie par le métabolisme, le processus de conversion de l'énergie calorique des aliments en énergie chimique que votre corps utilise pour ses diverses fonctions. Les gens sous-alimentés ou affamés ne sont pas de bons candidats pour la guérison spontanée. Et même certaines personnes qui ont une bonne alimentation peuvent ne pas métaboliser correctement pour une raison ou pour une autre ; en dépit de l'apport de calories, elles souffrent d'un manque d'énergie qui affaiblit leur système réparateur.

Rappelez-vous l'histoire de la jeune femme qui est venue me consulter, se plaignant d'anémie et qui avait souffert d'une « absence d'ossification du cal » après une fracture de la jambe (voir page 145). Pendant des années, un certain nombre de médecins (hommes) l'avaient cataloguée comme une femelle hystérique, mais, à mes yeux, l'absence de soudure d'un os fracturé et une contusion persistante du gros orteil indiquaient un problème physiologique ; et étant donné ses autres symptômes et son histoire médicale, je diagnostiquai un hypothyroïdisme bien que les analyses thyroïdiennes n'aient rien présenté d'anormal. La patiente habitait à l'autre bout des États-Unis et j'eus beaucoup de mal à lui trouver un médecin qui accepte d'essayer une hormonothérapie thyroïdienne substitutive. Lorsqu'elle commença son traitement, son état resta stationnaire un certain temps. Mais, finalement, après dix semaines, ses symptômes s'atténuèrent. Elle sortit de son état dépressif, retrouva de l'énergie ; ses menstruations et sa digestion s'améliorèrent au fur et à mesure que son métabolisme se rééquilibrait, et elle se remit à cicatriser normalement.

Le cas de l'hypothyroïdisme montre clairement que le système réparateur est dépendant des ressources d'énergie du métabolisme. Une alimentation déséquilibrée, une mauvaise digestion et une respiration insuffisante sont les raisons les plus courantes d'une insuffisance d'énergie métabolique, et il est à votre portée de corriger tous ces troubles.

Un régime équilibré se définit comme celui qui fournit non seulement assez de calories mais aussi tous les nutriments nécessaires à un métabolisme efficace, sans excès alimentaire qui favoriserait la maladie. Les bases d'un régime sain sont un sujet de controverse, une controverse plutôt fondée sur des arguments émotionnels que rationnels. Dans le chapitre suivant, je résumerai mes perspectives sur les recherches de pointe en matière de nutrition pour vous expliquer comment modifier votre alimentation afin de stimuler votre potentiel réparateur.

Le terme « mauvaise digestion » couvre une vaste quantité de problèmes, du reflux intestinal aux hémorroïdes, en passant par toute une variété de troubles intestinaux et gastriques. Mais, jusqu'à ce qu'on fasse la preuve du contraire, on peut considérer que la plupart des problèmes digestifs sont liés au stress, parce que le psychisme a une capacité illimitée d'interférer avec le fonctionnement du système gastro-intestinal en perturbant l'équilibre des nerfs autonomes qui le régulent. Je vous donnerai des conseils pour neutraliser le stress et harmoniser le fonctionnement du système neurovégétatif afin d'éviter ces problèmes gastriques.

Lorsque je dis qu'une respiration insuffisante peut entraîner des déficiences de l'énergie métabolique, je songe à un cas limite : je connais un homme de quarante ans qui souffre d'emphysème, ainsi que de bronchite et d'asthme chroniques. En dépit d'un bon appétit, il n'a que la peau sur les os, étant incapable d'accumuler des réserves d'énergie métabolique simplement parce qu'il ne produit pas assez d'oxygène pour brûler le carburant qu'il consomme. Même sans aller jusqu'à une maladie pulmonaire chronique, une mauvaise respiration peut affaiblir le métabolisme et les ressources d'énergie nécessaires à la guérison. On peut corriger une mauvaise respiration et je vous expliquerai de quelle manière.

Enfin, je dois préciser qu'un manque d'énergie peut aussi résulter d'une trop grande dépense d'énergie, due à un excès de travail, de sport, à un manque de sommeil ou de repos, et à la dépendance à des drogues stimulantes. Manifestement, ces problèmes sont eux aussi rectifiables.

LA MAUVAISE CIRCULATION

Le système réparateur a besoin du sang pour apporter l'énergie et les matériaux aux zones blessées ou déficientes. Les diabétiques, dont les artères sont soumises à une évolution prématurée et rapide de l'artériosclérose, résultant des modifications de leur métabolisme, illustrent parfaitement les problèmes que peut entraîner une mauvaise circulation du sang : ils doivent faire attention à ne pas se couper puisque même une légère entaille peut se transformer en un ulcère qui refuse de cicatriser. Leur organisme, ralenti par une insuffisance circulatoire, est tout simplement incapable de fournir assez de nourriture, d'oxygène et d'activité immunitaire à la partie blessée.

Vous pouvez maintenir le bon fonctionnement de votre appareil circulatoire en suivant un régime diététique, en ne fumant pas et en faisant du sport. Je vous donnerai aussi des conseils plus précis dans les chapitres suivants.

L'INSUFFISANCE RESPIRATOIRE

J'ai déjà signalé qu'une respiration insuffisante peut réduire l'efficacité du système réparateur en affaiblissant le métabolisme, mais je pense qu'elle peut aussi avoir d'autres effets nocifs. Le fonctionnement du cerveau et du système nerveux dépend d'un bon échange d'oxygène et de gaz carbonique, comme en dépend celui du cœur, de l'appareil circulatoire et de tous les organes du corps. La respiration est peut-être la fonction clé de l'organisme, affectant toutes les autres. Les restrictions respiratoires peuvent résulter d'un traumatisme passé, physique ou émotionnel. La plupart d'entre nous n'ont jamais appris à respirer correctement ni à se servir de leur respiration pour harmoniser le corps et l'esprit. C'est pourquoi je consacre une grande partie du chapitre 13 à la respiration.

La guérison spontanée a peu de chances de se produire si les défenses du corps sont affaiblies. La défense est assurée par le système immunitaire qui a pour principale fonction d'identifier les éléments étrangers à l'organisme, et de les combattre. Lorsque l'immunité est déficiente, comme dans le cas du sida, on peut facilement se rendre compte des multiples problèmes que cela pose au système réparateur. Lorsque l'immunité est affaiblie de manière plus subtile, le déséquilibre du système immunitaire est parfois moins apparent.

Trois grandes catégories de causes sont responsables d'un affaiblissement du système immunitaire : 1) les infections graves ou persistantes ; 2) une blessure toxique provoquée par certaines formes de matière ou d'énergie ; et 3) des troubles émotionnels. Vous pouvez vous protéger contre tous ces dangers et améliorer aussi votre immunité grâce à un bon régime alimentaire, du sport et une utilisation judicieuse de vitamines, d'oligo-éléments et de plantes médicinales. Vous trouverez toutes ces informations dans cette partie du livre.

LES SUBSTANCES TOXIQUES

Une surcharge de toxines est la raison la plus courante d'un affaiblissement des réactions de guérison, mais cette question est extrêmement complexe parce qu'elle a des ramifications émotionnelles et politiques. Nous assimilons des substances toxiques avec la nourriture que nous mangeons, l'eau que nous buvons et l'air que nous respirons, ainsi qu'avec les drogues occasionnelles et les médicaments que nous prenons. Les toxiques énergétiques m'inquiètent tout autant que les substances toxiques : la pollution électromagnétique est peut-être la forme la plus significative de pollution que l'activité humaine ait produite au cours de ce siècle, d'autant plus dangereuse qu'elle est invisible et imperceptible.

Quelle que soit leur forme, les toxiques peuvent endommager l'ADN qui contient les informations nécessaires à la guérison spontanée, bouleverser les contrôles biologiques dont dépend le système réparateur, affaiblir les défenses et favoriser le développement du cancer et d'autres maladies qui, lorsqu'elles se manifestent, indiquent déjà une défaillance du système immunitaire. Une surcharge de toxines peut être une cause déterminante d'allergie, de maladies auto-immunes et d'une série de maladies dégénératives (comme la maladie de Parkinson et la sclérose latérale amyotrophique) dont les causes ne sont pas encore clairement déterminées.

Le corps médical et les chercheurs scientifiques ont mis beaucoup de temps à s'intéresser à ce problème, que je considère comme l'une des plus grandes menaces pour la santé et le bien-être du monde aujourd'hui. Vous avez probablement lu des articles sur les conjonctions de cas de leucémie dans le voisinage des centrales, sur la multiplication des cas de lymphome chez les agriculteurs qui utilisent des engrais chimiques, et sur l'augmentation mondiale des cas d'asthme et de bronchite à mesure que s'aggrave la pollution de l'air. Récemment, j'ai suivi un fait divers concernant une conjonction mystérieuse de cas de lupus dans une ville frontière de Nogales en Arizona, non loin de l'endroit où j'habite près de Tucson. Le lupus érythémateux aigu disséminé est une maladie auto-immune potentiellement sérieuse, qui n'est pas connue pour être transmissible ou pour avoir des causes environnementales. Pourtant, le nombre de cas reportés à Nogales équivaut à plusieurs fois la moyenne nationale. En 1994, les journalistes découvrirent, au cours de leur enquête, que des éleveurs du côté mexicain de la frontière avaient déversé en masse des pesticides, puis brûlé du fumier contaminé par ces pesticides parce qu'ils n'avaient pas les moyens de s'offrir une installation d'évacuation dans les normes. Aucun lien n'a encore été établi, mais je suis prêt à parier qu'on en trouvera un.

Si vous voulez augmenter vos chances de guérison spontanée, il est impératif que vous appreniez à vous protéger des dangers toxiques. Ce qui signifie limiter votre exposition toxique, protéger votre corps des effets de la pollution, et aider votre organisme à éliminer les substances toxiques que vous assimilez.

ÂGE

Nous supposons que l'âge est un obstacle à la guérison, que les personnes âgées ne guérissent pas aussi facilement que les jeunes et ont généralement une résistance et une immunité amoindries. En fait, il existe peu de recherches pour étayer ces thèses, mais la simple observation des faits semble les confirmer. La vitesse à laquelle les enfants se rétablissent d'opérations simples, comme celle d'une hernie ou de l'appendice, est impressionnante. Cela ne signifie pas que les personnes âgées sont incapables de guérison spontanée, simplement qu'il leur faut plus de temps. En outre, il existe des méthodes pour protéger le système réparateur des effets du vieillissement ainsi que pour stimuler la résistance générale et la vitalité du troisième âge.

La médecine traditionnelle chinoise a identifié un certain nombre de substances naturelles qui agissent comme des toniques. Ce type de médicaments semble efficace et atoxique et un certain nombre sont aujourd'hui disponibles en Occident. J'ai étudié les données existantes sur ces substances, en ai expérimenté quelques-unes, moi-même ou avec mes patients, et je vous donnerai des conseils pour les utiliser. Vous ne pouvez pas arrêter les effets du vieillissement, mais vous pouvez modifier votre hygiène de vie et vos activités en vieillissant, et il est bon de savoir qu'il existe des remèdes qui peuvent vous aider à maintenir l'efficacité de votre système réparateur.

LE BARRAGE DU PSYCHISME

Après avoir lu la première partie de ce livre et découvert les cas qui y sont présentés, vous devriez maintenant avoir la ferme conviction que le psychisme joue un rôle déterminant dans la guérison, pour le meilleur ou pour le pire. La guérison spontanée peut être déclenchée par des états émotionnels ; elle peut être aussi freinée par nos mécanismes de pensée. J'ai déjà signalé que le psychisme peut affaiblir le système immunitaire et déséquilibrer le système neurovégétatif, entraînant des troubles de la digestion, de la circulation et d'autres fonctions internes. Vous devez apprendre à utiliser votre psychisme au service de la guérison.

PROBLÈMES SPIRITUELS

Au cours de mes voyages à travers le monde, j'ai rencontré plusieurs guérisseurs qui croient que les origines de la santé et de la maladie ne sont pas physiques mais spirituelles. Pour eux, tout dépend d'un monde invisible existant par-delà notre monde ordinaire des sens. Ils y cherchent les causes de la maladie et les moyens de la guérir. Certains croient aux causes karmiques de la maladie (des actes accomplis dans le passé ou dans des vies antérieures) ; d'autres au pouvoir qu'ont des ancêtres décédés d'affecter la vie et la santé de leur descendance ; d'autres en la possession par les esprits ; et d'autres encore à la possibilité d'une agression psychique par des chamans malveillants. Il est impossible d'évoquer l'hypothèse d'un monde invisible avec la plupart des scientifiques puisque le matérialisme scientifique envisage seulement les causes physiques des phénomènes physiques. J'ai donc appris à ne pas discuter avec des médecins des origines spirituelles de la maladie, mais j'en parle avec certains de mes patients et réfléchis beaucoup sur la question. Je ne considérerais donc pas cette partie comme complète s'il n'y était inclus des informations sur la dimension spirituelle de la guérison et sur les moyens de vous assurer de votre équilibre spirituel.

Ainsi se clôt mon inventaire des obstacles à la guérison spontanée, délimitant les domaines que je vais aborder. Commençons par le régime alimentaire.

9

Un régime alimentaire réparateur

Récemment, au cours d'un de mes séminaires, un participant arborait un T-shirt sur lequel on pouvait lire : « Mangez bio, faites du sport, vous mourrez de toute façon. » Il y a du vrai dans cette boutade. Nous mourrons tous et notre espérance de vie est peut-être génétiquement programmée. Néanmoins, notre façon de vivre peut influencer nos déterminations génétiques et nous préparer une vieillesse plus ou moins heureuse. Je pense que notre hygiène de vie joue un rôle essentiel dans nos risques de contracter des maladies courantes et affecte sans aucun doute nos pouvoirs réparateurs. De tous les choix que nous faisons, ceux concernant l'alimentation sont particulièrement importants, parce que nous avons les moyens de contrôler notre régime. Mais, vous le savez probablement déjà, la définition de ce qui constitue une alimentation saine suscite bien des polémiques.

J'ai vu trop de gens qui avaient atteint un âge respectable en mangeant « mal » pour croire que l'alimentation est l'unique facteur, ou même un facteur déterminant, de la santé. Elle n'est qu'une source d'influence parmi d'autres, mais une sur laquelle nous pouvons agir. Des livres sur la diététique et la santé paraissent constamment et la plupart se contredisent mutuellement. Même sur les « grandes questions », telles que les risques des graisses, les spécialistes sont en profond désaccord. Certains médecins prétendent qu'une alimentation à faible teneur en graisses est la clé de la santé et de la longévité, tandis que d'autres soutiennent que réduire les graisses ajoute au mieux quelques semaines à notre espérance de vie. Les bienfaits du végétarisme sont sujets à des controverses similaires. De nombreuses statistiques montrent que les végétariens sont moins sujets aux maladies cardio-vasculaires et au cancer, mais les médecins avancent des raisons différentes pour expliquer ces pourcentages : certains pensent que les végétariens, plus attentifs aux problèmes de santé, adoptent une meilleure hygiène de vie en général ; d'autres y voient la confirmation du risque des aliments d'origine animale et d'autres encore croient que si les non-végétariens mangeaient la même quantité de graisse (moins) et de fibres (plus) que les végétariens, il n'y aurait aucune différence dans leur espérance de vie.

Je n'ai ni le temps ni la place nécessaires pour entrer dans ce genre de polémique et je ne souhaite pas ajouter encore à votre confusion. Je préfère simplement vous donner quelques conseils simples et pratiques pour modifier votre régime alimentaire de manière, selon moi, à favoriser les réactions de guérison. Vous avez dû entendre déjà certains d'entre eux, mais on ne répète jamais assez les vérités essentielles. Je ne m'intéresse pas aux différentes vogues de régimes et je me contenterai seulement de vous présenter les points qui me semblent essentiels et qui ont été confirmés par les recherches sur l'alimentation et la santé. Ces découvertes concernent 1) le total des calories, 2) les graisses, 3) les sources de protéines, 4) les fruits et légumes, et 5) les fibres.

TOTAL DES CALORIES

Une découverte inattendue qui peut avoir d'importantes conséquences pratiques est que les animaux de laboratoire vivent plus vieux et sont moins touchés par la maladie, lorsqu'ils consomment moins de calories que la dose quotidienne recommandée. Les bénéfices pour la santé et la longévité d'une « sous-alimentation » sont clairement établis pour les rats et les souris de laboratoire, mais n'ont pas encore été prouvés pour les humains, bien qu'on ait toutes les raisons de croire que les mêmes conclusions s'appliquent. Cette découverte paraît surprenante parce que nous associons une alimentation réduite à des problèmes de croissance et de santé, et que la sagesse populaire nous enseigne que nous nous portons mieux si nous sommes bien nourris. En fait, la plupart d'entre nous sont peut-être suralimentés et même les meilleurs aliments, consommés à hautes doses, peuvent être dangereux pour notre santé.

Si nous vivions tous dans un environnement contrôlé et si nous recevions, à intervalles réguliers, des portions limitées de nourriture uniformisée, il est certain que nous n'aurions plus de problème de poids et je soupçonne que la plupart d'entre nous vivraient plus vieux et connaîtraient des expériences de guérison spontanée plus souvent qu'aujourd'hui. Heureusement ou malheureusement, notre civilisation nous soumet à la tentation de mets aussi abondants que variés, et bon nombre d'entre nous mangent non seulement pour satisfaire un besoin physique mais aussi pour lutter contre l'anxiété, la dépression et l'ennui, pour obtenir un substitut de nourriture émotionnelle ou essayer de combler un vide intérieur. Les volontaires pour des programmes de sous-nutrition ne risquent pas de se bousculer, et je me demande s'il n'y a pas d'autres moyens de tirer profit de cette découverte.

Deux possibilités sont envisageables. La première est de modifier notre régime alimentaire pour réduire son contenu calorique sans limiter pour autant la quantité ou la qualité de notre alimentation. La seconde est de réduire l'apport calorique, soit en jeûnant, soit en suivant un régime strict à intervalles réguliers – par exemple, un jour par semaine. J'ai fait l'expérience de ces deux méthodes et je crois qu'elles sont toutes les deux utiles.

La façon la plus simple de limiter les calories des plats que vous aimez est de réduire leur taux de matières grasses. Les graisses donnent presque deux fois plus de calories que les protéines et les glucides pour un même nombre de grammes ; c'est d'elles que vient donc le plus gros apport calorique de notre alimentation. Il est extrêmement simple de réduire les graisses de moitié ou des trois quarts, voire plus, dans les plats que nous mitonnons dans notre cuisine, et cela devient d'autant plus facile que paraissent constamment des livres de cuisine minceur et des versions allégées ou à zéro pour cent de produits alimentaires courants, comme les chips, la mayonnaise ou la crème fraîche. Bien sûr, les graisses contribuent au goût des aliments et à la saveur des plats, et vous ne voulez pas sacrifier ces plaisirs, ni en arriver à manger de telles quantités de produits allégés que vous finirez par absorber encore plus de calories que vous ne le faisiez précédemment. (Je connais des gens qui mangeaient de temps à autre de la glace, mais avalent à présent tous les jours des monceaux de glace au yoghourt allégé. À mon avis, ce changement alimentaire, loin de réduire leur apport calorique, l'a augmenté ; ce genre de comportement alimentaire et d'autres du même style peuvent expliquer pourquoi l'obésité continue à augmenter aux États-Unis alors que le nombre total des graisses de l'alimentation américaine est en baisse.) En résumé, il est possible de réduire notre apport calorique et de continuer à faire des repas agréables sans se priver, mais en limitant les matières grasses, ce qui est une façon de récolter certains des bienfaits de la sous-nutrition.

À différents moments de ma vie, j'ai fait l'expérience du jeûne un jour par semaine, généralement le lundi. Lorsque je jeûne, je ne consomme que de l'eau ou de la tisane, parfois agrémentée d'un peu de citron, et je trouve que c'est une forme de discipline physique et psychologique utile. Vous ressentirez ses effets bénéfiques pour la santé. Si vous êtes maigre et sensible au froid, je ne vous recommande pas de pratiquer cette forme de jeûne. À la place, essayez de vous nourrir exclusivement de jus de fruits et de bouillons clairs un jour par semaine. Non seulement ces pratiques permettent à votre appareil digestif de se reposer, mais elles diminuent le total de votre apport calorique et, de nouveau, peuvent vous apporter les bénéfices de la sous-nutrition sans que vous ayez à renoncer aux plaisirs de la table. Il y a également d'autres bénéfices annexes : c'est avec encore plus de délectation qu'on apprécie un repas après un jeûne et cela vous permet aussi de prendre conscience de ce que vous mangez.

En tout cas, soyez attentifs aux études qui paraîtront sur la corrélation entre santé et sous-nutrition. Si les recherches confirment les premiers résultats et continuent à sembler applicables aux humains, cela vaudra la peine de réduire votre apport de calories pour développer vos pouvoirs de guérison.

LES GRAISSES

Si ce sujet occupe la plus grande partie dans ce chapitre, ce n'est pas par hasard. Je crois, en effet, que les implications des recherches sur l'effet des graisses sur l'organisme sont essentielles. Consommer trop de matières grasses de mauvaise qualité peut sérieusement affaiblir vos pouvoirs de guérison et devenir votre plus grosse erreur diététique.

Les graisses sont un mélange d'acides gras, composés de chaînes d'atomes de carbone, auxquelles sont attachés des atomes d'hydrogène et qui sont terminées à une de leur extrémité par un groupe acide distinctif. Les acides gras peuvent être classés suivant la longueur de leur chaîne et selon que toutes les liaisons chimiques des atomes de carbone sont occupées ou saturées par des atomes d'hydrogène. Les acides gras non saturés ont un (mono-) ou plusieurs (poly-) liens dans leur chaîne constituant une double ou triple liaison entre les carbones adjacents. Les points d'insaturation altèrent la configuration de la molécule, et ses caractéristiques physiques et chimiques.

Les graisses composées d'acides gras saturés sont solides à température ambiante. Plus la teneur en graisse saturée est importante, plus le point de fusion sera élevé. Les graisses animales sont hautement saturées, comme le sont aussi deux graisses végétales : l'huile de coco et l'huile de palme. À l'autre bout de ce spectre chimique, on trouve les huiles végétales poly-insaturées qui restent liquides à basse température. Plus basse est la température à laquelle intervient la solidification, plus le degré d'insaturation est important. Les huiles de maïs, de soja, de sésame, de tournesol et de carthame sont des exemples de graisses poly-insaturées. Au centre du spectre se trouvent les huiles végétales composées essentiellement d'acides gras mono-insaturés, celles qui ont seulement une double ou triple liaison dans la chaîne d'atomes de carbone, par exemple les huiles d'olive, de colza, d'arachide ou d'avocat.

Pour l'instant, les nutritionnistes nous donnent deux types de conseils : ils nous disent de diminuer considérablement notre apport total de matières grasses, ainsi que le pourcentage de graisses saturées. Mais, selon moi, ceci ne couvre qu'un aspect du problème.

Les risques que présentent pour la santé les graisses saturées sont amplement prouvés. Pour une grande majorité d'entre nous, un pourcentage élevé de graisses saturées dans l'alimentation incite le foie à produire plus de LDL cholestérol (le « mauvais » cholestérol) que le corps ne peut en éliminer. Il en résulte une altération des parois artérielles (artériosclérose), un déséquilibre du système cardio-vasculaire, une augmentation des risques de mort prématurée et un affaiblissement du pouvoir de guérison dû à la restriction du débit sanguin.

Les risques pour la santé de l'apport total de matières grasses sont beaucoup moins convaincants. Comme la graisse a mauvaise presse dans nos sociétés, beaucoup de gens aimeraient croire que des régimes maigres augmentent notre espérance de vie, empêchent le cancer et stimulent notre immunité, mais nous n'avons pas de données sérieuses pour étayer cette thèse. Des régimes maigres – où les matières grasses représentent environ dix pour cent de l'apport calorique contre quarante pour cent dans le régime moyen américain – ont un effet thérapeutique significatif pour les gens atteints de maladies cardio-vasculaires, mais ils sont difficiles à suivre et peuvent ne pas être aussi utiles pour le reste d'entre nous. Je pense que cela vaut la peine de réduire les graisses de manière modérée – disons, limiter à vingt ou trente pour cent l'apport des matières grasses au total des calories – mais qu'il est beaucoup plus important de réduire les graisses saturées et les autres graisses malsaines que je vais vous présenter.

Les principales sources de graisses saturées sont le bœuf, le porc, l'agneau, le poulet cuit avec la peau, le canard, le lait entier et les produits à base de lait entier (particulièrement le fromage, le beurre et la crème), ainsi que les aliments industriels fabriqués à base d'huiles tropicales (celles de palme et de coco). De tous ces aliments, la graisse de bœuf est peut-être la plus grande menace pour notre santé. En outre, il faut inclure les sources artificielles de graisses saturées : la margarine, les matières grasses végétales solides et tous les produits industriels fabriqués avec des huiles partiellement hydrogénées, constituées d'huiles végétales liquides qui ont été artificiellement saturées avec de l'hydrogène pour les rendre solides ou semi-solides à température ambiante et les empêcher de rancir. Peu importe la qualité des huiles entrant dans cette fabrication, le résultat est saturé et dangereux pour le fonctionnement cardio-vasculaire.

Manifestement, la meilleure manière de réduire les graisses saturées de l'alimentation est de limiter les aliments d'origine animale, particulièrement la viande et les produits laitiers – une stratégie que je vous recommande. En outre, vous devez éliminer les sources d'huiles tropicales et les huiles artificiellement solidifiées qui sont dangereuses pour d'autres raisons, expliquées ci-dessous.

Il n'y a pas très longtemps, les médecins conseillaient de remplacer les graisses saturées comme le beurre par des huiles végétales poly-insaturées telles que l'huile de maïs ou de carthame, croyant que celles-ci faisaient baisser le taux de cholestérol et favorisaient le système cardio-vasculaire. Durant cette période, la margarine, qui, au début de ce siècle, n'avait comme seule vertu que son prix économique, se transforma, aux yeux du public, de substitut bon marché en une solution de remplacement diététique du beurre. Parallèlement, les ventes d'huile de carthame, la plus insaturée des huiles végétales, explosèrent. J'espère que cette vogue est définitivement terminée. Les huiles poly-insaturées peuvent, à d'autres titres, être mauvaises pour la santé. Elles sont instables chimiquement par leur contenu d'acides gras à doubles ou triples liaisons énergétiques tendant à réagir à l'oxygène ; il en résulte des composés toxiques qui peuvent endommager l'ADN et les membranes cellulaires, favorisant le cancer, l'inflammation et les transformations dégénératives des tissus. Je vous incite vivement à les éliminer de votre alimentation.

En outre, lorsque les acides gras insaturés sont chauffés ou traités avec des solvants et des décolorants chimiques, ils ont tendance à perdre leur forme courbe naturelle (dite forme cis-cis) pour prendre une forme anormale articulée (dite forme cis-trans). On sait à présent que les acides gras cis-trans peuvent être extrêmement toxiques, bien que les chercheurs scientifiques mettent du temps à l'admettre. Même aujourd'hui, alors qu'ils commencent à reconnaître que la margarine peut être plus dangereuse pour le cœur que le beurre, ils accusent toujours son contenu en graisses saturées plutôt que sa haute teneur en acides gras cis-trans. Le corps développe des membranes cellulaires à partir des acides gras cis-cis et les utilise aussi dans les voies de transmission synthétique pour les hormones. Nous ne savons pas ce que le corps fait des acides gras cis-trans, mais s'il essaie de les utiliser comme les acides gras cis-cis, cela pourrait entraîner des anormalités dans les membranes et les hormones. Je crois que les acides gras cis-trans dans l'alimentation endommagent le mécanisme régulateur du corps, compromettant de manière significative le système réparateur. Souvenez-vous qu'on ne trouve pas d'acides gras cis-trans dans la nature, seulement dans des graisses qui ont été soumises à des traitements chimiques et physiques artificiels. Certains chercheurs les appellent « les drôles de graisses », mais leur effet n'a rien de drôle. Vous pouvez éviter ce danger en éliminant de votre alimentation la margarine et toutes les formes de graisses végétales solides, ainsi que les produits qui en contiennent, repérables lorsque figure dans la liste de leurs ingrédients n'importe quel type d'huile « partiellement hydrogénée », et toutes les marques commerciales d'huiles végétales poly-insaturées (maïs, soja, sésame, tournesol, carthame) puisqu'elles ont été extraites à chaud et avec des solvants qui favorisent la formation d'acides gras cis-trans. (Je refuse de considérer l'huile de coton comme alimentaire. Elle a une haute teneur en graisses saturées, peut contenir des toxines qui se sont formées naturellement et a de grandes chances d'être contaminée par des résidus de pesticides.)

Dans ces conditions que *pouvons-nous* manger ? Les huiles végétales essentiellement mono-insaturées – olive, colza, arachide, avocat – ne présentent pas les mêmes risques cardio-vasculaires que les graisses saturées ou les risques de cancer des huiles poly-insaturées. Ces huiles mono-insaturées ont chacune leur spécificité et il est important de connaître leurs avantages et leurs inconvénients respectifs.

L'huile d'olive semble être la meilleure et la plus inoffensive de toutes les huiles alimentaires. Le corps paraît assimiler plus facilement son acide gras dominant, l'acide oléique, que toute autre forme d'acide gras. Remplacer les graisses saturées par de l'huile d'olive conduit à une réduction du LDL cholestérol (tandis que les remplacer par des huiles végétales poly-insaturées réduit aussi le taux de bon cholestérol). L'huile d'olive est délicieuse et a été utilisée en cuisine depuis des millénaires. La meilleure qualité, l'huile d'olive extra-vierge, est extraite par une pression douce à froid, et non pas à chaud avec des solvants, vous pouvez en trouver dans pratiquement tous les supermarchés à un prix raisonnable. Les oliviers sont des arbres magnifiques à l'extraordinaire longévité, vénérés par les civilisations qui les cultivaient ; ils ont un bon rendement sans nécessiter l'utilisation de pesticides ou d'engrais chimiques. De plus, chez les populations qui utilisent l'huile d'olive comme principale matière grasse, le pourcentage de maladies cardio-vasculaires est bien moins élevé que ne devrait l'impliquer le total des graisses consommées, et le pourcentage de cancers et de maladies dégénératives est aussi plus faible que dans beaucoup d'autres pays. L'huile d'olive est l'ingrédient fondamental de la cuisine méditerranéenne à laquelle les chercheurs se sont intéressés ces dernières années. Les peuples méditerranéens consomment beaucoup de fruits et de légumes, du pain complet, des quantités substantielles de poissons et peu d'aliments d'origine animale, mais, tous ces facteurs pris en compte, il semble que l'huile d'olive soit déterminante pour la santé.

En conséquence de mes recherches, j'ai adopté l'huile d'olive comme principale matière grasse dans mon alimentation, l'utilisant dans presque tous les plats que je prépare, pour toutes mes sauces de salade et, parfois, pour tremper mon pain (quoique je mange généralement mon pain nature). Si vous n'aimez pas le goût de l'huile d'olive, vous pouvez trouver des variétés « légères » qui n'ont pas son odeur et son goût distinctifs ; bien que celles-ci puissent être utiles dans certaines recettes, comme les légumes sautés ou les plats cuits au four, elles sont probablement moins bonnes pour la santé parce qu'elles ont été traitées. Si le seul changement alimentaire que vous décidiez d'adopter est de remplacer le beurre et la margarine par de l'huile d'olive, vous aurez déjà fait un pas énorme vers la santé et la guérison.

L'huile de colza (dite « canola » aux États-Unis, une contraction de « canadian oil », parce qu'une forme particulière de cette huile a été créée au Canada) est une version moderne d'une huile alimentaire de l'Inde et du sud de la Chine extraite de la graine de colza. La graine de colza, de la même famille que la moutarde, contient une huile à faible teneur en graisses saturées et riche en acides gras mono-insaturés. Elle contient aussi un acide gras toxique, l'acide érucique. Les agriculteurs ont réduit le taux d'acide érucique de l'huile de colza et lui ont apporté d'autres améliorations ; mais en dépit de sa popularité actuelle – elle a détrôné l'huile de carthame dans les productions diététiques américaines – elle suscite beaucoup moins mon enthousiasme que l'huile d'olive. Nous n'avons pas de données épidémiologiques pour l'huile de colza comparables à celles que nous possédons pour l'huile d'olive, suggérant que les peuples qui l'utilisent sont en meilleure santé. L'huile de colza en vente dans les supermarchés a été extraite d'une manière qui déforme les acides gras, et le colza est soumis à des hautes doses de pesticides qui contaminent probablement l'huile. Vous pouvez acheter de l'huile de colza biologique, pressée à froid, dans les magasins diététiques à un prix bien plus élevé, et c'est la seule que je vous conseille d'utiliser. J'en ai toujours une bouteille dans mon réfrigérateur pour certaines recettes où j'ai besoin d'une huile au goût parfaitement neutre, mais j'ai constaté que j'en usais très rarement. À mon avis, elle se place bien loin derrière l'huile d'olive.

L'huile d'arachide, autrefois la favorite des cuisiniers chinois, a un taux d'acides gras poly-insaturés beaucoup plus élevé que l'huile d'olive et peut aussi contenir des toxines, naturelles et artificielles. Je ne vois aucune raison de l'utiliser. L'huile d'avocat, en vente dans les magasins de diététique, est trop chère et n'a pas de spécificité particulière qui justifie son usage culinaire. L'avocat peut être un complément intéressant de votre alimentation, mais étant donné sa teneur en graisses, il vaut mieux le consommer avec modération. Si vous ne pouvez pas renoncer à l'idée de tartiner votre pain avec une matière grasse, essayez donc une purée d'avocats bien assaisonnée, ce qui vous permettra de remplacer une graisse hautement saturée par une graisse mono-insaturée.

Il y a trois autres huiles dans mon réfrigérateur que j'utilise en petites quantités pour leur parfum : l'huile de sésame, l'huile de noix et l'huile de noisette. Ce sont des huiles poly-insaturées qui doivent être utilisées crues et non pas dans des plats chauffés à haute température. Elles ont des parfums prononcés que j'apprécie dans les soupes, les sauces de salade et les marinades ; à petites doses, elles sont délicieuses et inoffensives pour la santé.

Avant de quitter le sujet des graisses, il me faut toutefois parler d'une autre catégorie importante puisqu'elle semble être l'alliée de la santé et de la guérison. Ce sont les acides gras oméga-3 qu'on trouve dans certains poissons et dans quelques plantes. Ils réduiraient les inflammations, protégeraient le corps d'une coagulation anormale et, peut-être, du cancer et des processus dégénératifs des cellules et des tissus. Un grand nombre d'études suggèrent qu'une alimentation optimale devrait inclure des aliments contenant ce composant rare. Voici vos choix possibles :

Vous pouvez manger du poisson qui contient dans sa graisse de l'oméga-3, essentiellement des poissons gras provenant des mers froides : la sardine, le hareng, le maquereau, le thon rouge, le saumon, et, à un degré moindre, le thon blanc (je parlerai plus longuement du poisson dans la prochaine partie de ce chapitre). Ou vous pouvez prendre des compléments d'oméga-3 en capsules d'huile de chair ou de foie de poisson. L'huile de colza et l'huile de soja en contiennent des doses infimes, mais deux huiles végétales moins courantes, l'huile de lin et l'huile de chanvre, en sont très riches : les graines de ces plantes ont une haute teneur en oméga-3. Les magasins diététiques vous offrent toute une gamme de produits à base de lin (des graines, de la farine et de l'huile), et certains vendent aujourd'hui aussi de l'huile de chanvre. Enfin, une plante verte sauvage – le pourpier – est une source d'oméga-3. Les peuples méditerranéens en agrémentent leurs soupes et on peut facilement en faire pousser dans son jardin ; en fait, c'est une herbe folle très résistante.

Je ne recommande pas les capsules d'huiles de chair ou de foie de poisson. Elles risquent d'être contaminées par des substances toxiques et n'ont peut-être pas les mêmes effets bénéfiques que le poisson à l'état naturel. Personnellement, j'aime manger du saumon, des sardines ou du hareng deux à trois fois par semaine (le maquereau est plus difficile à trouver, le thon rouge est souvent contaminé par le mercure et le thon blanc n'est pas assez riche en oméga-3). Si vous préférez éviter le poisson, la meilleure solution est d'utiliser de l'huile de lin ou de chanvre, le pourpier n'étant pas très courant. L'huile de chanvre a une teinte verte et un goût de noisette, et elle s'allie bien avec l'huile d'olive dans les sauces de salade. L'huile de lin a elle aussi une légère saveur noisette lorsqu'elle est fraîche, mais elle rancit facilement et a souvent un arrière-goût déplaisant de peinture à l'huile (pour laquelle on l'utilise comme base). Si vous trouvez une huile de lin au goût agréable et que vous l'appréciez, surtout n'hésitez pas à l'utiliser. Dans le cas contraire, je vous suggère d'inclure de la farine de lin à votre alimentation. Mon conseil est d'acheter les graines de lin, dont le prix est raisonnable, de les conserver au réfrigérateur et d'en moudre une quantité suffisante pour quelques jours ou une semaine, avec un mixer ou un moulin à café. Vous pouvez saupoudrer cette farine au goût agréable sur vos céréales et vos salades ou l'ajouter dans la fabrication de vos pains ou de vos gâteaux. Une cuillère à soupe d'huile de lin ou de chanvre par jour ou deux cuillères à café de farine de lin vous procurent une bonne quantité de ces précieux acides oméga-3.

En conclusion, voici mes recommandations concernant l'apport de graisses dans votre alimentation :

• ***Diminuez le total de corps gras, alimentaires*** en éliminant les fritures, en consommant avec modération les chips, les noix, l'avocat, le beurre, le fromage et les autres aliments riches en graisses, et en modifiant vos recettes pour diminuer la quantité de matières grasses dans vos plats favoris. Étudiez la liste des ingrédients des produits que vous achetez, et essayez de stabiliser l'apport des matières grasses autour de vingt à trente pour cent de votre total calorique.

• ***Faites un effort particulier pour limiter les graisses saturées dans votre alimentation*** en réduisant votre consommation de viande, de poulet avec la peau, de lait entier et de produits laitiers, de beurre, de margarine, de graisses végétales solides et tous les produits à base d'huiles tropicales ou partiellement hydrogénées.

• ***Éliminez les huiles végétales poly-insaturées de votre alimentation*** en évitant l'huile de carthame, de tournesol, de maïs, d'arachide et de coton, et les produits qui en contiennent.

• ***Adoptez l'huile d'olive comme base de votre cuisine,*** de préférence une huile d'olive extra-vierge au goût prononcé.

• ***Apprenez à identifier et à éviter tous les aliments contenant les dangereux acides gras cis-trans :*** margarine, graisses végétales solides et tous les produits fabriqués à base de toute huile partiellement hydrogénée.

• ***Augmentez votre consommation d'acides gras oméga-3*** en consommant régulièrement des poissons qui en contiennent, de l'huile de lin ou de chanvre, ou de la farine de lin.

Notre corps a besoin de protéines pour fabriquer de nouveaux tissus, pour assurer la croissance, le maintien et la réparation de nos tissus. Les protéines sont des molécules compliquées, faites d'une variété d'acides aminés, dont certains sont des nutriments essentiels que notre corps ne peut fabriquer lui-même et doit absorber dans l'alimentation. Une carence en protéines entraîne des arrêts de croissance et un grave déséquilibre des forces de guérison ; mais, dans nos sociétés, la carence en protéines est pratiquement inexistante. Au contraire, la plupart des gens consomment trop de protéines, ce qui peut avoir un effet inverse sur la santé, et bon nombre d'entre nous reçoivent cet apport de protéines de sources douteuses.

La plupart des gens tirent leurs protéines d'aliments d'origine animale : viande, volaille, poisson, lait et produits laitiers. Les sources végétales de protéines sont les légumineuses, les céréales et certaines noix. Une différence importante entre les protéines animales et végétales est que les secondes sont moins concentrées. Par exemple, la protéine dans les légumineuses est diluée par de l'amidon comestible et des fibres indigestes, si bien qu'il faut manger beaucoup plus de protéines végétales pour absorber l'équivalent d'une portion de protéines animales.

Lorsque vous assimilez plus de protéines que votre corps n'en a besoin pour réparer les tissus, il les utilise alors comme source d'énergie, comme combustible. Mais la protéine n'est pas le combustible idéal. Parce que les molécules de protéine sont grosses et compliquées, leur digestion et leur métabolisme requièrent plus de travail que la digestion et le métabolisme des glucides et des graisses. Aussi les protéines sont-elles des combustibles moins efficaces : le rapport entre le travail de digestion et l'énergie produite n'est pas aussi favorable que pour d'autres nutriments. Une conséquence pratique est que si vous mangez une alimentation riche en protéines, votre appareil digestif doit fournir un gros travail et vous avez moins d'énergie disponible pour la guérison.

Un autre problème se pose avec la protéine comme carburant : elle ne brûle pas proprement. Les glucides et les graisses, étant composés seulement de carbone, d'hydrogène et d'oxygène, deviennent en brûlant du gaz carbonique et de l'eau. La protéine contient de l'azote, et durant le processus du métabolisme se dégrade en résidus azotés hautement toxiques. C'est le foie qui est chargé de s'en débarrasser en les transformant en urée, un composé simple lui aussi extrêmement toxique. Les reins prennent alors le relais pour éliminer l'urée. Cette mise à contribution du foie et des reins réduit le soutien que peuvent apporter ces organes au système réparateur. De plus, les produits issus de la dégradation azotée de la protéine peuvent aussi irriter le système immunitaire, augmentant les risques d'allergie et de troubles auto-immuns, c'est-à-dire d'un dérèglement des défenses du corps. Pour toutes ces raisons, il vaut mieux ne pas trop consommer de protéines. Le corps doit en recevoir une quantité suffisante pour assurer la croissance, le maintien et la réparation de l'organisme, mais pas à un point où ces protéines deviennent une source significative d'énergie métabolique.

Mais combien en faut-il pour que ce « trop » soit atteint ? Des quantités remarquablement petites sont suffisantes pour que les besoins minimum d'un adulte moyen soient assurés : à peu près soixante grammes d'aliments protéiniques par jour. La plupart des gens dans nos sociétés en consomment bien plus que cela à chaque repas. Cent vingt grammes de protéines par jour semblent être, en tout cas, plus qu'amplement suffisants. En règle générale, vous n'avez besoin que d'un repas à base de protéines par jour – c'est-à-dire avec un plat principal contenant de la viande, du poisson, des œufs ou du *tofu*. Essayez d'organiser vos autres repas autour des glucides et des légumes : des légumes sautés avec du riz, par exemple, ou des pâtes et des légumes, ou une salade et du pain. Réduire les protéines vous permet de libérer votre énergie, de soulager votre appareil digestif, particulièrement votre foie et vos reins, d'une charge de travail supplémentaire et de protéger votre système immunitaire d'éventuelles irritations.

Vous devez non seulement envisager la question des protéines en général et les façons de les réduire, mais aussi réfléchir aux avantages et aux inconvénients de leurs différentes sources alimentaires, un autre sujet qui me semble important. Les protéines que vous choisissez de consommer peuvent avoir une grande influence sur votre santé à long terme et votre pouvoir de guérison.

L'un des problèmes d'une alimentation riche en protéines animales est qu'elle vous place au sommet de la chaîne alimentaire, ce qui ne représente pas la meilleure place. La chaîne alimentaire est le schéma de dépendance qui existe entre des organismes supérieurs et les organismes inférieurs dont ils tirent leur énergie. Les plantes tirent leur énergie du soleil. Les animaux herbivores trouvent la même énergie en mangeant les plantes. Les animaux carnivores montent un échelon plus haut pour trouver leur énergie, en mangeant la chair des herbivores. Plus l'organisme est gros et carnivore, plus il s'élève dans la chaîne alimentaire. Lorsque votre alimentation se situe en haut de la chaîne alimentaire, vous assimilez plus de substances toxiques, parce que les toxiques environnementaux se concentrent au fur et à mesure que vous montez les échelons. La graisse des animaux domestiques contient souvent d'importantes concentrations de substances toxiques qu'on trouve à une concentration bien moindre dans les graines, par exemple. Un problème annexe vient du fait que nos méthodes d'élevage gavent encore plus les animaux de substances nocives.

Voici un rapide aperçu des sources de protéines alimentaires :

La viande a plusieurs défauts à son actif. C'est une des principales sources de graisse saturée dans l'alimentation, ainsi qu'une forme hautement concentrée de protéines. Étant au sommet de la chaîne alimentaire, elle accumule les substances toxiques environnementales. À moins de provenir d'élevages biologiques, elle est aussi pleine de toxiques supplémentaires : des résidus d'hormones accélératrices de croissance, des antibiotiques et d'autres produits chimiques utilisés par tous les éleveurs et agriculteurs. La « viande blanche » ne vaut pas mieux que la viande rouge, même si le veau est moins gras que le bœuf et que la graisse de porc présente moins de risques pour le système cardio-vasculaire que la graisse de bœuf. Mais, à moins que cette viande blanche ne soit très bien cuite, elle peut transmettre des virus pathogènes et des bactéries aux humains qui la consomment.

Le poulet a un avantage essentiel par rapport à la viande : sa graisse est extérieure au tissu musculaire et on peut s'en débarrasser en enlevant la peau de la volaille. Consommé avec sa peau, le poulet présente les mêmes risques de toxicité que la viande de bœuf, de mouton ou de porc et peut aussi contenir davantage d'hormones ajoutées. De dangereuses bactéries, particulièrement la salmonelle, contaminent souvent le poulet et peuvent entraîner des maladies chez les consommateurs, à moins que la volaille ne soit bien cuite.

De plus en plus, le poisson apparaît comme une source extrêmement saine de protéines. Précisons bien que je ne parle ici que du poisson, pas des crustacés. Les peuples qui mangent le plus de poisson ont la plus grande longévité et le taux le plus bas de maladies, et, dans ces populations, les individus les plus sains sont ceux qui consomment le plus de poisson. Les raisons des effets bénéfiques du poisson pour les humains ne sont pas encore bien déterminées. Les acides gras oméga-3 peuvent être un des éléments de réponse, mais on ne les trouve que dans certains poissons, et l'explication n'a peut-être rien à voir avec les composants du poisson. Est-ce que les mangeurs de poisson sont en meilleure santé à cause du poisson qu'ils mangent ou à cause de ce qu'ils ne mangent pas ? La plupart d'entre eux consomment moins de viande, par exemple. Ajoutons cependant quelques réserves concernant le poisson à l'heure actuelle. Un grand nombre d'entre eux sont contaminés par les produits toxiques déversés dans les rivières et les océans. Les poissons les plus gros et les plus carnivores, ainsi que ceux pêchés dans les eaux côtières, sont les plus dangereux à cet égard. Je déconseille l'espadon, le poisson-épée et le requin parce que leur chair est plus susceptible de contenir des substances toxiques. Il existe de plus en plus d'élevages de poissons partout dans le monde entier, particulièrement de saumon, de truite et de poisson-chat. Les poissons d'élevage n'ont peut-être pas les mêmes effets bénéfiques pour l'organisme que leurs cousins sauvages (les saumons d'élevage ont une teneur plus faible en oméga-3, par exemple), et peuvent contenir des résidus d'antibiotiques utilisés pour contrôler les maladies dans le cadre de l'élevage. Mais, même en tenant compte de ces restrictions, les poissons sont une excellente source de protéines.

Les crustacés sont moins séduisants parce qu'ils sont plus susceptibles de contenir des toxiques. Ils vivent dans les trous d'eau, le long des côtes, et se nourrissent d'une façon qui les expose à des hautes concentrations de déchets. Les crustacés crus peuvent facilement transmettre des maladies aux humains.

Les produits laitiers ont généralement une très haute teneur en graisse saturée, à moins qu'ils ne soient fabriqués à base de lait écrémé. Beaucoup de gens ne peuvent pas digérer le sucre (lactose) contenu dans le lait, et plus encore connaissent probablement une irritation de leur système immunitaire due à la protéine du lait qu'ils consomment (ce problème concerne spécifiquement le lait de vache ; le lait de chèvre ne semble pas gêner autant, loin s'en faut, le système immunitaire). En cas d'allergie, de maladie auto-immune, de sinusite, de bronchite, d'asthme, d'eczéma ou de trouble gastro-intestinal, essayez d'éliminer tout produit laitier de votre alimentation pendant au moins deux mois et constatez les effets. Dans de très nombreux cas, on assiste à une amélioration spectaculaire des symptômes. Les produits laitiers industriels contiennent eux aussi des substances toxiques environnementales, des antibiotiques et des hormones.

L'œuf, le blanc d'œuf du moins, est une excellente source de protéine de haute qualité, mais le jaune contient de la graisse et du cholestérol que la plupart d'entre nous devraient éviter. Les conditions industrielles de production des œufs sont terribles, et ceux-ci peuvent contenir des résidus toxiques d'antibiotiques et d'hormones, et même être contaminés par la salmonelle. Évitez les œufs crus ou peu cuits et essayez de trouver des œufs de poules élevées en liberté, sans antibiotiques ni hormones.

Les céréales et les légumineuses contiennent des glucides et des fibres en même temps que des protéines, donc vous pouvez en manger davantage sans souffrir d'un excès de protéines. Puisqu'elles sont souvent traitées avec des engrais chimiques, je vous conseille d'utiliser des produits issus de l'agriculture biologique.

Les noix et les graines, comme les amandes et les graines de tournesol, sont des sources de protéines vegétales, mais il vaut mieux les consommer avec modération puisqu'elles ont une haute teneur en graisses (essentiellement poly-insaturées).

Le soja contient plus de protéines que les autres légumineuses, ainsi que des quantités importantes de graisses poly-insaturées. La protéine de soja peut être isolée et transformée en une variété étonnante de produits, y compris des substituts de produits d'origine animale. Vous en trouverez dans les rayons frigorifiques des magasins diététiques, mais vous pouvez aussi les obtenir dans les épiceries chinoises. Différentes formes de *tofu* et de lait de soja sont maintenant disponibles, ainsi que des substituts de viande ou de saucisse dont la qualité s'améliore sans cesse, y compris d'excellentes versions à faible teneur en matières grasses ou sans matières grasses. Les effets bénéfiques des produits à base de soja commencent simplement à être révélés. Ils contiennent un groupe de produits chimiques, les phyto-œstrogènes, qui peuvent protéger efficacement les hommes contre le cancer de la prostate et les femmes contre les maladies liées aux œstrogènes, y compris le cancer du sein, l'endométriose, la mastose sclérokystique et les fibromes utérins, ainsi que des troubles de la ménopause. Le faible pourcentage de ces maladies chez les Japonaises peut être dû à leur importante consommation de produits à base de soja, et particulièrement de *tofu*. Deux des phyto-œstrogènes les plus connus du soja – le *genistein* et le *daidzen* – sont maintenant étudiés pour leur capacité à modérer les déséquilibres hormonaux humains.

Ces principales sources de protéines identifiées, je vais vous donner des conseils tout simples qui vous permettront, si vous en tenez compte, de changer votre alimentation d'une manière qui favorise la guérison spontanée.

• ***Mangez moins de protéines.*** Apprenez à identifier les sources de protéines de votre alimentation et limitez-en votre consommation. Exercez-vous à construire vos repas sans plat principal à base de protéines.

• ***Commencez par remplacer les protéines animales dans votre alimentation par des protéines de poisson ou de soja.*** Cela vous permettra tout à la fois de réduire votre exposition aux substances toxiques et aux autres éléments nuisibles présents dans le lait, la viande, le poulet, et de profiter des éléments bénéfiques contenus dans le poisson et le soja.

FRUITS ET LÉGUMES

Nos mères avaient bien raison de nous pousser à manger nos légumes. Les fruits et les légumes semblent offrir une vraie protection contre le cancer, les maladies cardiaques et contre de nombreuses maladies courantes, ainsi que stimuler l'immunité et la guérison. En outre, des fruits bien mûrs et des légumes du jardin font partie des grands plaisirs de la table. Qu'y a-t-il de meilleur qu'une tranche de melon odorant, qu'une pêche bien juteuse, ou encore qu'une mangue à la chair fondante ? Et que dire d'une salade mélangée aux belles couleurs, assaisonnée d'huile d'olive et de vinaigre balsamique ? des pois gourmands croquants, légèrement passés à la vapeur ? ou de parfaits épis de maïs ? Beaucoup de gens ne connaissent pas ces plaisirs parce que les agriculteurs cultivent des variétés choisies pour leur résistance au transport plutôt que pour leur goût, ou parce que les récoltes ont lieu avant maturation, ou parce que les fruits et légumes souffrent du stockage en magasin. D'autres encore pensent ne pas aimer les légumes parce qu'ils ne savent pas les préparer et n'en ont jamais goûté de bien cuisinés. Les fruits et les légumes frais sont probablement meilleurs pour la santé que ceux en conserve, surgelés ou séchés.

Au fur et à mesure les chercheurs identifient des éléments protecteurs dans les fruits et les légumes, on a tendance dans nos sociétés à isoler ces composants et à les consommer sous forme de compléments. Je ne suis pas certain que ce soit une bonne idée. Le bêta-carotène, par exemple, le précurseur hydrosoluble de la vitamine A (c'est-à-dire que le corps s'en sert pour fabriquer la vitamine A) est maintenant consommé en gélules par des millions de gens qui ont entendu dire que c'était un antioxydant et un anticancéreux. Il y a *bien* de fortes preuves que le bêta-carotène aide à prémunir du cancer lorsque nous le consommons dans notre alimentation, mais les preuves de son efficacité sous forme de complément isolé sont bien moins solides. Le bêta-carotène fait partie d'une grande famille, celle des carotènes, ces pigments jaunes et orange qu'on trouve dans de nombreux fruits (pêche, melon, mangue) et légumes (patate douce, courge, potiron, tomate et légumes vert foncé à larges feuilles). D'autres formes de carotènes, comme l'alpha-carotène et le lycopène (présent dans la tomate), jouent peut-être un rôle plus important que le bêta-carotène dans la protection contre le cancer, ou agissent en synergie avec lui. En attendant qu'un complément multi-carotènes apparaisse sur le marché, les gens dont l'alimentation est pauvre en fruits et légumes ont certes raison de prendre un complément de bêta-carotène, mais ils feraient encore mieux d'augmenter leur consommation d'aliments riches en carotène.

Le réductionnisme – l'idée que les propriétés d'un ensemble peuvent être réduites à un seul de ses composants – est une propension générale de la science et de la médecine occidentales. Lorsque nous découvrons une plante dans la nature qui a d'intéressants effets biologiques, nous voulons identifier et isoler le « principe actif » de la plante et le donner aux patients sous sa forme pure. Les médecins chinois traditionnels ont une approche radicalement différente. Ils ne s'opposent pas à l'étude scientifique des plantes médicinales, mais ils ne croient pas à l'utilisation de composants isolés. Pour eux, les effets bénéfiques de la médecine galénique résultent des interactions en synergie de la totalité des composants de chaque plante et de toutes les plantes (souvent une douzaine ou plus) utilisées dans une prescription type.

Récemment, les scientifiques ont identifié un composant du brocoli, le sulphoraphane, qui est peut-être en partie responsable des puissants effets anticancéreux des légumes. Devez-vous manger des brocolis ou attendre que des capsules de sulphoraphane apparaissent dans les magasins diététiques ? Je vous conseille plutôt les brocolis parce que les parties n'équivalent pas au tout. Si vous croyez ne pas les aimer, essayez des nouvelles manières de les cuisiner. Voici une façon simple de préparer les brocolis qui est si délicieuse que je ne m'en lasse jamais :

Retirer le bout abîmé d'une belle tête de brocoli, couper la queue, en retirer la peau fibreuse et la couper en rondelles. Séparer les fleurs du brocoli et peler légèrement la peau au niveau des queues pour qu'elles soient plus tendres. Laver les morceaux de brocoli et, dans une casserole, les recouvrir de 6 cl d'eau froide, assaisonnée d'une cuillère à soupe d'huile d'olive, de sel à volonté et de plusieurs gousses d'ail émincées ou écrasées. Porter à ébullition, couvrir et faire cuire jusqu'à ce que les morceaux de brocoli soient croquants et d'un beau vert, 5 min tout au plus. Retirer le couvercle et laisser s'évaporer presque tout le liquide restant. Servir immédiatement. Vous pouvez les consommer nature ou avec des pâtes (*penne* ou *rigatoni*), assaisonnées de piment doux et de parmesan. Le brocoli est très décoratif, absolument délicieux, pauvre en graisses, riche en vitamines et en minéraux et aussi bourré de sulphoraphane !

Si vous voulez essayer une recette plus exotique, voici une version améliorée d'une recette orientale à la sauce aux haricots noirs fermentés, sans toutes les graisses (souvent de l'huile de coton) qu'utilisent de nombreux restaurants chinois.

Peler et couper le brocoli comme dans la recette précédente. Le placer dans une casserole avec les ingrédients suivants : 2 cuillères à soupe de haricots noirs fermentés (en vente dans les épiceries chinoises), lavés à l'eau froide et égouttés ; 2 grosses gousses d'ail écrasées ; 2 cuillères à café de gingembre frais émincé ; 1 cuillère à soupe d'huile de sésame ; 2 cuillères à soupe de sauce de soja ; 2 cuillères à café de sucre ; 1 cuillère à café de piment doux ; 2 cuillères à soupe d'échalotes et 6 cl de sherry sec. Porter à ébullition, couvrir et faire cuire, comme dans la recette précédente, jusqu'à ce que le brocoli soit *al dente*. Laisser cuire à découvert jusqu'à évaporation presque complète du liquide et napper bien les morceaux de brocoli avec la sauce aux haricots noirs avant de servir (accompagné de riz éventuellement).

Il faut, bien sûr, être prudent avec les légumes en vente dans les supermarchés : ils peuvent être contaminés par des substances toxiques artificielles dues aux méthodes de culture industrielle. J'aborde ce sujet en détail dans le chapitre suivant et vous expliquerai comment vous protéger. Il est important d'essayer de trouver des produits non traités et de savoir quelles variétés de fruits et de légumes ont le plus de risques d'être contaminées.

FIBRE

La fibre est un résidu indigeste des végétaux que nous mangeons, faite de glucides trop complexes chimiquement pour notre appareil digestif. Sa présence dans notre alimentation favorise la digestion, le transit intestinal et purifie le gros intestin. Les populations qui consomment peu de fibres ont un fort pourcentage de cancer du côlon, et *vice versa.* Si vous ne mangez pas assez de fibres, votre appareil digestif ne fonctionne pas au maximum de ses possibilités, ce qui peut compromettre vos pouvoirs de guérison de différentes façons.

Les sources principales de fibres alimentaires sont les fruits, les légumes et les céréales complètes. Les fibres insolubles, qu'on trouve, par exemple, dans les flocons de blé, sont un important régulateur du transit intestinal. Les fibres solubles, qu'on trouve, par exemple, dans les flocons d'avoine, favorisent l'élimination du cholestérol. Certaines personnes qui ont besoin de fibres pour réguler leur transit prennent des supplémentations de son ou de psyllium (une graine à la coque fibreuse). À mon sens, il vaut mieux manger davantage de fruits et de légumes, des céréales, des céréales complètes et du pain complet qui, en plus de vous apporter des fibres, ont également d'autres effets bénéfiques pour la santé.

Résumons mes conseils pour un régime alimentaire réparateur :

• ***Réduisez votre apport total de calories*** en éliminant les aliments à haute teneur en graisses et en modifiant vos recettes favorites pour limiter les matières grasses.

Essayez aussi de pratiquer périodiquement un jeûne ou un régime maigre.

• ***Réduisez de manière notable les graisses saturées*** en mangeant moins d'aliments d'origine animale et en évitant les produits qui contiennent de l'huile de palme ou de coco, de la margarine, des graisses végétales, ou des huiles partiellement hydrogénées.

• ***N'employez pas d'huiles végétales poly-insaturées pour faire la cuisine. N'utilisez que de l'huile d'olive de qualité.***

• ***Apprenez à identifier et à éviter les sources d'acides gras cis-trans*** (margarine, graisses végétales, huiles partiellement hydrogénées et marques industrielles d'huiles végétales liquides).

• ***Augmentez votre consommation d'acides gras oméga-3*** en mangeant plus de poissons qui en contiennent, ou en ajoutant de l'huile de lin ou de chanvre à votre alimentation.

• ***Mangez moins de protéines en général.***

• ***Essayez de remplacer les protéines animales par du poisson ou des produits à base de soja.***

• ***Mangez plus de fruits et de légumes en tout genre.***

• ***Mangez plus de céréales complètes et des produits à base de céréales complètes.***

Ces conseils sont pratiques, de bon sens, et vous les avez probablement déjà entendus. Mais ils sont suffisamment importants pour mériter d'être répétés car ce sont les points essentiels d'une alimentation saine. Ils ne vous obligent pas à devenir un maniaque de la diététique ni à renoncer aux plats que vous aimez. Et, croyez-en mes recherches et mon expérience, ils aideront le système réparateur de votre organisme à fonctionner plus efficacement.

10

Se protéger des substances toxiques

La guérison spontanée dépend du bon fonctionnement de tous les éléments du système réparateur et de leur efficacité. Si l'un d'entre eux est blessé ou accaparé par d'autres tâches, le processus de guérison est affaibli. L'un des plus grands dangers qui menacent ce système est une surcharge en toxines de l'organisme due à la multitude de substances nocives présentes dans notre environnement. « Toxique » vient du grec *toxon* signifiant « arc, flèche ». Une innombrable quantité de flèches empoisonnées doivent avoir percé le corps des guerriers grecs pour que le mot en vienne à prendre son sens contemporain, et les images guerrières ne sont pas déplacées dans ce débat car, d'une certaine manière, nos corps sont soumis à une agression constante.

Les scientifiques, particulièrement ceux au service du gouvernement et de l'industrie, ont mis beaucoup de temps à admettre la menace que constituent pour la santé des populations les résidus toxiques ; ils en ont souvent plutôt minimisé les effets. Cet extrait d'un article sur l'alimentation biologique, paru dans une revue scientifique de nutrition, illustre bien le type de réponse officielle qu'on donne aux consommateurs concernés par l'utilisation de produits chimiques toxiques en agriculture :

« La substitution d'engrais " biologiques " aux engrais " chimiques " en agriculture n'apporte aucune amélioration aux propriétés nutritionnelles et chimiques des aliments. Tous les aliments sont constitués de "produits chimiques". Des traces de pesticides ont été trouvées dans 20 à 30 % des aliments issus de culture "biologique", soit autant que dans ceux issus de la culture industrielle. Ces traces restent généralement dans les limites des taux de tolérance officielle, qui ont été calculés pour protéger efficacement les consommateurs. La preuve en est qu'on n'a jamais signalé un seul cas d'intoxication due à l'ingestion des pesticides dont l'usage est réglementé. »

Il n'y a pas très longtemps, est parue dans les magazines américains une pleine page en couleurs de publicité pour une grande marque d'engrais chimiques, représentant une orange ornée d'un énorme label sur lequel on pouvait lire le nom de centaines de composants chimiques. La légende disait : « Mère Nature a bien de la chance… elle n'a pas besoin d'apposer un label sur ses produits », et le texte de la publicité nous informait que, puisque tous les fruits et légumes sont composés d'une myriade de produits chimiques, il n'y a aucune raison de s'inquiéter si l'on en rajoute quelques autres. Récemment, un argument encore plus pernicieux a commencé à circuler : les toxines naturelles – présentes dans de nombreux végétaux – seraient une plus grande menace pour la santé que les substances toxiques créées par l'homme.

Les partisans de ces arguments considèrent qu'un « traumatisme », une réaction violente qui soit clairement liée à l'ingestion de pesticides, est la seule preuve irréfutable du danger de ces substances chimiques. Et, en fait, de tels cas existent bel et bien :

« *De l'aldicarbe dans les pastèques, 1985.* L'aldicarbe est un pesticide au carbamate systémique extrêmement toxique. Son utilisation illégale dans la culture des pastèques a causé la plus grande épidémie d'intoxication due à des pesticides agricoles iamais signalée aux États-Unis. Une étude approfondie fait état de 638 cas probables et de 344 cas possibles. 333 autres cas probables et

149 autres cas possibles ont été répertoriés dans d'autres villes de l'Ouest et du Canada. Les troubles vont de légers dérèglements gastro-intestinaux à un empoisonnement grave cholinergique (un effet similaire à celui du gaz neurotoxique). On a relevé dans les pastèques incriminées des taux de sulfoxide d'aldicarbe qui vont de 0,07 à 3 ppm (parts par million). L'épidémie a cessé dès que les chaînes de distribution ont été détruites ; on a imposé un embargo et un système de contrôle a été mis en place. »

Mais mes inquiétudes concernant les pesticides et les autres substances toxiques environnementales sont moins liées aux dangers d'intoxication qu'à leurs effets à long terme sur le système réparateur et qu'à l'augmentation des risques de cancer, de dérèglement immunitaire et d'une variété de maladies chroniques (comme la maladie de Parkinson). Aucune étude de fond n'a été menée sur une corrélation possible entre cette augmentation des maladies et l'accumulation de toxines dans l'organisme, or cette progression alarmante pourrait être la conséquence d'une exposition prolongée aux diverses formes de substances toxiques et de pollutions.

Il est, bien sûr, absurde d'affirmer que l'existence de composants nocifs dans la nature justifie, de quelque manière que ce soit, le fait d'en ajouter d'autres dans l'environnement. Effectivement, le poivre noir, le basilic, l'estragon, les germes d'alfalfa, le céleri, les cacahuètes, les pommes de terre, les tomates et les champignons de Paris contiennent des composants toxiques naturels, mais nos corps ont évolué en même temps que ces espèces végétales et ont probablement acquis des défenses contre les agents nocifs qu'elles contiennent. En outre, si notre système réparateur s'occupe déjà de neutraliser les toxines naturelles, il aura moins de ressources pour lutter contre l'envahissement de substances toxiques artificielles. De même, certains lieux sur cette terre émettent un taux important de radioactivité dû à leur haute altitude ou aux émissions de radioactivité de leurs pierres en surface, mais cela ne signifie pas que nous devions être moins vigilants en ce qui concerne l'exposition aux rayons X ou les déchets nucléaires. Les risques de cancer dus aux radiations sont en corrélation avec le nombre global d'expositions toxiques au cours de la vie ; les effets nocifs d'exposition aux radiations créées par l'homme ajoutés à ceux des radiations naturelles peuvent facilement submerger les capacités défensives du corps. En résumé, ne croyez pas les gens qui essaient d'endormir vos craintes concernant les expositions toxiques. C'est une réelle menace et vous devez apprendre à vous en protéger.

Quatre systèmes sont responsables de l'élimination des toxines de l'organisme : l'appareil urinaire, l'appareil digestif, l'appareil respiratoire et la peau. Le corps peut éliminer les déchets grâce à l'urine, les selles, l'expiration et la sueur. Le foie traite la plupart des composants chimiques étrangers, en les détoxiquant si possible ou en les décomposant en des éléments simples qui peuvent quitter le corps par l'une de ces quatre voies. Si vous voulez préserver vos capacités d'élimination des toxines, ces quatre systèmes doivent bien fonctionner. Vous pouvez les protéger en buvant assez d'eau pure pour aider vos reins à éliminer l'urée, en mangeant assez de fibres pour faciliter votre transit intestinal, en exerçant régulièrement votre appareil respiratoire et en stimulant des poussées de sueur par des exercices sportifs ou une exposition à la chaleur (par exemple, au sauna ou au hammam).

Certaines personnes courent davantage de risques d'être exposées à des substances toxiques sur leur lieu de travail. Si vous travaillez sur un site présentant des risques (tel qu'une fabrique de plastique, de caoutchouc, de cuir, de textiles, de teintures, de produits toxiques ou de papier ; une mine ; une teinturerie ou une ferme qui utilise des engrais chimiques), vous devriez vous renseigner sur les dangers des produits avec lesquels vous êtes en contact (en appelant l'Agence pour la protection de l'environnement ou des groupes de consommateurs écologistes, par exemple), et prendre toutes les précautions nécessaires pour minimiser les expositions. Le reste d'entre nous risque plutôt d'assimiler des substances toxiques avec l'air que nous respirons, l'eau que nous buvons, et la nourriture que nous mangeons, ainsi que dans quelques autres circonstances. Je vais vous donner un aperçu de ces sources de pollution, ainsi que des conseils pour vous en protéger.

LA POLLUTION DE L'AIR

Un air vraiment pur est devenu un phénomène rare en cette fin de siècle. Même dans l'Arctique, une brume due à la pollution industrielle assombrit l'atmosphère, et bon nombre d'entre nous ont vu la qualité de l'air se détériorer au cours des ans dans les lieux que nous habitons. Lorsque je travaillais comme jeune interne à San Francisco en 1968-1969, je n'ai jamais vu de *smog* sur la ville. De mon appartement, en haut d'une colline, je pouvais voir une chape de *smog* flotter au-dessus d'Oakland, de l'autre côté de la baie, où elle était arrêtée par des vents d'ouest dominants. Dix ans plus tard, la pollution s'est aggravée au point d'envahir toute la région et aujourd'hui un *smog* épais pèse constamment sur San Francisco. Dans certains endroits, la pollution est devenue un tel état de fait que les normes concernant la qualité atmosphérique ont changé : je me trouvais récemment à Los Angeles, alors que le taux de pollution était bas après un jour de grand vent, et j'ai entendu les présentateurs de radio dire que « la pollution était nulle ».

Bien sûr, une partie de la pollution est due aux volcans, aux feux de forêt, aux tempêtes de sable, mais l'activité humaine y a ajouté une énorme quantité de pollution industrielle et automobile. Plusieurs des composants du *smog* sont irritants pour les voies respiratoires ; à mes yeux, il ne fait aucun doute que l'aggravation de la pollution est la cause principale de l'augmentation des cas d'asthme et de bronchite dans le monde entier, ainsi qu'un facteur de la multiplication des cas de sinusite chronique, d'allergies respiratoires, d'emphysème et de cancer du poumon. Certains des composants du *smog* sont connus pour être cancérigènes, tandis que d'autres lèsent la membrane cellulaire et les autres structures du système réparateur. Les chercheurs étudient aussi les risques que courent les fumeurs passifs, puisque c'est là un problème majeur dans les bureaux, les magasins, les trains, les avions et les restaurants.

Il est beaucoup plus difficile de se protéger des polluants de l'air que des aliments et de l'eau contaminés. Si vous habitez dans une ville extrêmement polluée, la solution la plus efficace est de déménager, ce que vous n'avez peut-être pas envie de faire ; cependant, vous pouvez envisager d'habiter dans un quartier moins pollué puisque généralement, dans toutes les villes infestées par une chape de *smog*, des variations microclimatiques entraînent une concentration de la pollution à certains endroits. Dans les villes les plus polluées du monde – Mexico remportant la palme – il n'est pas rare que, lors des pics de pollution, les habitants éprouvent des troubles pulmonaires et respiratoires et que le gouvernement fasse fermer les écoles et conseille aux enfants et aux personnes âgées de ne pas sortir. S'il faut y voir un signe avant-coureur de l'avenir de nos villes, on peut être extrêmement inquiets ; mais, même dans une ville polluée, vous pouvez vous protéger de manière significative en fréquentant assidûment les parcs et les jardins. Les arbres ont le merveilleux pouvoir de purifier l'air, et leurs effets sont perceptibles même dans l'agglomération la plus polluée. Lorsque je me rends au Japon, ce qui m'arrive régulièrement, je dois généralement passer quelques jours à Tokyo et je vais toujours chercher refuge au temple Meiji, une oasis boisée au milieu de ce désert de béton et d'acier. En approchant des grands *torii,* ces portes de bois qui marquent l'entrée de ce lieu sacré, je ressens un changement notable dans l'atmosphère ; l'air est plus pur, plus sain, et une seule heure de marche dans le parc me redonne de l'énergie et me permet de supporter le *smog* irritant de Tokyo. N'oubliez pas cette stratégie : lorsque la pollution devient trop forte, cherchez les parcs et les arbres.

Dans votre maison, vous devriez faire tous les efforts possibles pour éliminer les sources de pollution, telles que les produits chimiques ménagers dont émanent des gaz volatiles (placez-les systématiquement à l'extérieur). Les appareils au gaz, comme les cuisinières et les chauffe-eau, peuvent contribuer aussi à la pollution de l'air (les nouveaux modèles de cuisinières à gaz ont un allumage automatique, ce qui permet d'éviter la menace que représente la veilleuse), ainsi que les bombes aérosol. Le corps médical admet de plus en plus qu'il existe des troubles de l'environnement, tels que le « syndrome de l'espace clos » ou le « syndrome de l'espace insalubre », touchant les personnes qui travaillent dans des immeubles mal aérés ou équipés d'air conditionné, et qui peuvent être sujettes à une multitude de symptômes dus à l'inhalation de substances toxiques. Une nouvelle moquette, par exemple, entraîne couramment des réactions allergiques puisque les produits chimiques utilisés dans les adhésifs pour moquette peuvent causer une dépression immunitaire chez les personnes sensibles. Les conditions de vol sont également mauvaises sur les avions de ligne, surtout depuis que les compagnies limitent l'air frais dans la cabine pour économiser le fuel (et cependant les sections fumeurs sont encore autorisées sur la plupart des vols internationaux).

Vous pouvez vous protéger de la pollution particulaire en installant des filtres sur le système de ventilation de votre lieu d'habitation, ou en en plaçant dans la pièce où vous passez le plus de temps. Des ionisateurs sont aujourd'hui en vente à des prix raisonnables ; renseignez-vous auprès des compagnies de chauffage et d'aération. Parce qu'ils peuvent accomplir des miracles en cas de troubles respiratoires, je les recommande fréquemment à mes patients. Vous devriez absolument vous en procurer un si vous habitez dans un quartier très pollué ou si vous êtes forcé de vivre ou de travailler avec des fumeurs.

Vous pouvez aussi aider votre corps à neutraliser les polluants en prenant des antioxydants, des nutriments qui protègent les tissus en bloquant les réactions chimiques par lesquelles agissent de nombreuses substances toxiques. La méthode la plus simple est d'augmenter votre consommation de fruits et de légumes frais. Vous pouvez aussi prendre des antioxydants sous forme de compléments vitaminés ; la vitamine C, E, le sélénium et le bêta-carotène sont les plus efficaces et les plus sûrs.

Le traitement quotidien que je recommande à mes patients, et que je suis moi-même, est celui-ci :

Prenez entre 1 000 et 2 000 milligrammes de vitamine C deux à trois fois par jour. Votre corps l'absorbe plus facilement sous forme de poudre soluble que sous forme de tablette compacte. J'en prends une dose au petit déjeuner, une autre avec mon dîner et une troisième au coucher. Sachant qu'il est plus difficile de faire quelque chose trois fois par jour que deux fois, je n'insiste pas trop sur la dose du soir, mais je vous incite vivement à prendre de la vitamine C plus d'une fois par jour (si vous n'en prenez que deux fois par jour, augmentez les doses). L'acide ascorbique pur risquant d'irriter un estomac sensible, vous devriez la prendre au milieu de vos repas ou chercher des formes tamponnées ou désacidifiées. En cas de flatulence ou de diarrhée, diminuez les doses ; la tolérance intestinale aux vitamines est très variable selon les individus. Une consommation abondante de fruits et de légumes frais suffit à assurer vos besoins essentiels de vitamine C ; cependant, des quantités plus importantes vous assurent une protection supplémentaire contre la surcharge de toxines et, comme l'acide ascorbique est atoxique, il n'y a aucune raison de ne pas l'ajouter à votre régime alimentaire. Ceux qui ne peuvent pas consommer des fruits et des légumes frais en abondance devraient absolument prendre une supplémentation de vitamine C.

La vitamine E est, elle aussi, un puissant antioxydant atoxique. Bien qu'on la trouve, à l'état naturel, dans les céréales et dans les graines, les sources alimentaires ne nous en fournissent pas des quantités suffisantes pour nous protéger des substances toxiques que nous inhalons et assimilons d'autres manières. Les moins de quarante ans devraient prendre 400 unités internationales (UI) de vitamine E par jour ; les plus de quarante ans 800 UI par jour. Puisque la vitamine E est liposoluble, elle doit être prise au milieu des repas. En outre, la vitamine E naturelle (D-alpha-tocophérol) est bien meilleure que la vitamine E synthétique (DL-alpha-tocophérol), surtout lorsqu'elle est associée à d'autres tocophérols normalement présents dans des sources végétales. Vous pouvez facilement trouver de la vitamine E naturelle associée à des tocophérols dans les magasins diététiques. Je la prends généralement avec mon déjeuner.

Le sélénium est un oligo-élément aux propriétés antioxydantes et anticancéreuses. Le sélénium et la vitamine E facilitent leur absorption mutuelle et devraient donc être associés, alors que la vitamine C peut interférer avec l'absorption de certaines formes de sélénium et devrait être prise séparément (c'est d'ailleurs le défaut de certaines formules antioxydantes que je vois en pharmacie ou dans les magasins diététiques : ils associent sélénium, vitamine C et vitamine E dans la même gélule). Auparavant, je recommandais une dose quotidienne de 50-100 microgrammes de sélénium, mais les recherches en cours sur ses propriétés anticancéreuses semblent prouver que des doses plus fortes sont plus efficaces. Je conseille désormais 200-300 microgrammes de sélénium par jour, la dose maximale prescrite aux personnes présentant des risques de cancer (au-dessus de 400 microgrammes par jour, le sélénium peut être nocif pour la santé). Vous pouvez acheter du sélénium dans toutes les pharmacies. Je le prends avec la vitamine E au déjeuner.

J'ai déjà parlé du bêta-carotène dans le chapitre précédent à propos de la différence entre l'absorption des nutriments protecteurs sous forme alimentaire ou sous forme de suppléments vitaminés. J'espère qu'on trouvera bientôt des compléments de multi-carotènes, puisqu'ils seront beaucoup plus efficaces que le bêta-carotène seul. En attendant, essayez d'inclure dans votre alimentation des fruits et des légumes jaunes ou orange, des tomates et des légumes vert foncé à larges feuilles. Je prends aussi 25000 UI de bêta-carotène avec mon petit déjeuner. Je vous conseille le bêta-carotène naturel, comme celui extrait des algues marines, plutôt que les formes synthétiques ; vous le trouverez sans doute plus facilement dans les magasins diététiques.

En résumé, voici donc ma prescription quotidienne qui ne devrait pas être trop difficile à suivre, ni trop onéreuse, et qui aidera de manière significative votre organisme à neutraliser les effets nocifs des substances toxiques, quelle que soit la forme sous laquelle vous les assimilez.

Au petit déjeuner : prendre 1000-2000 milligrammes de vitamine C et 25000 UI de bêta-carotène.

Au déjeuner : prendre 400-800 UI de vitamine E et 200-300 microgrammes de sélénium.

Au dîner : prendre 1000-2000 milligrammes de vitamine C.

Au coucher (si possible) : prendre encore 1000-2000 milligrammes de vitamine C.

POLLUTION DE L'EAU

Il est plus facile de contrôler l'eau que nous buvons que l'air que nous respirons ; on trouve partout de l'eau minérale et il existe des filtres pour purifier l'eau du robinet. Les services de santé s'occupent de désinfecter l'eau pour nous protéger des maladies infectieuses, mais ils se désintéressent de la contamination possible par des produits toxiques, dont le chlore communément utilisé pour la désinfection. Les substances toxiques contenues dans l'eau potable proviennent de plusieurs origines, dont, pour en citer quelques-unes, les rebuts chimiques des usines, les pluies acides, l'infiltration des engrais chimiques dans les niveaux hydrostatiques et la désagrégation des canalisations en plastique ou en métal. Il est important de connaître la source de votre eau potable et sa composition. Vous pouvez la faire analyser, mais vous devrez probablement faire appel à un laboratoire privé parce que les laboratoires publics ne tiendront compte que du contenu bactérien et de quelques grands toxiques inorganiques, tels que le plomb ou l'arsenic.

L'eau minérale en bouteille peut être ou non un plus par rapport à l'eau du robinet, selon sa source et la manière dont elle a été conditionnée. Si vous achetez de l'eau en bouteille, vérifiez sa composition et n'utilisez que celle qui a très bon goût. Choisissez seulement de l'eau conditionnée dans des bouteilles en verre ou en plastique dur (transparentes), les bouteilles en plastique mou (translucides) donnent généralement à l'eau un arrière-goût dû à la désagrégation du plastique.

Filtrer l'eau est bien plus économique que d'acheter de l'eau minérale, parce que vous pouvez installer un système de filtrage pour un prix raisonnable. Le meilleur système, de loin, est la distillation, mais les distillateurs individuels coûtent cher et utilisent de l'énergie. Vient ensuite le système par osmose inverse, dans lequel l'eau passe à travers une membrane semi-perméable qui filtre les molécules contaminantes. Les systèmes par osmose inverse coûtent le cinquième du prix des distillateurs ; ils éliminent plus de substances toxiques que les filtres au charbon actif, mais ils nécessitent que votre eau soit à la bonne pression et impliquent une perte d'eau importante. Ils peuvent être installés sous l'évier ou directement sur le robinet. Si vous désirez acquérir un système par osmose inverse, informez-vous de la fréquence à laquelle vous devez changer les filtres, ainsi que de leur prix et de leurs points de vente.

Les filtres au charbon actif éliminent les odeurs, les goûts et les colorations déplaisantes mais pas les minéraux dissous. Cependant, ils sont efficaces contre le chlore qui est, à mon avis, un risque majeur pour la santé. Puissant agent oxydant, le chlore est extrêmement réactif, tendant à s'associer aux contaminants organiques de l'eau pour former des agents cancérigènes. Le chlore contenu dans l'eau potable peut aussi favoriser les maladies cardiaques et des lésions à long terme des composants du système de guérison. Évitez de boire de l'eau qui a un goût prononcé de chlore. Vous pouvez acheter des filtres au charbon actif bon marché à emporter lorsque vous voyagez. Je les utilise dans les hôtels et les restaurants pour filtrer l'eau chlorée.

Mes conseils concernant la pollution de l'eau sont simples et concis :

- ***Renseignez-vous sur la source de votre eau du robinet*** et sur les contaminants qu'elle peut contenir.
- ***Installez un système de filtrage par osmose inverse dans votre cuisine.***
- ***Si vous buvez de l'eau en bouteille,*** achetez seulement de l'eau conditionnée dans des bouteilles en verre ou en plastique transparent et des marques qui précisent la composition de l'eau ou présentent un certificat de pureté.
- ***Ne buvez pas l'eau qui a un goût de chlore.*** Lorsque vous voyagez, commandez de l'eau minérale ou emportez des filtres au charbon portables.

Il ne s'agit pas de devenir paranoïaque, mais de prendre des précautions de bon sens. Souvenez-vous aussi qu'en mangeant des fruits et des légumes, en prenant une supplémentation antioxydante et en protégeant les systèmes d'élimination de votre organisme, vous devriez être capable de neutraliser ou d'éliminer les substances toxiques que vous assimilez.

Trouver des aliments qui n'ont pas été contaminés est bien plus difficile que d'obtenir de l'eau pure – une mise en accusation de nos pratiques agricoles. Là aussi, je ne souhaite pas vous inciter à la paranoïa. Manger est un des grands plaisirs de l'existence et vous devez pouvoir en profiter sans vous inquiéter inutilement. Mais il faut que vous soyez informé des risques réels et que vous sachiez quelles mesures prendre pour vous protéger.

Je réitère mon avertissement du chapitre précédent concernant les dangers d'une alimentation se situant en haut de la chaîne alimentaire, qui vous expose aux risques d'une plus grande concentration de substances toxiques environnementales. Si vous mangez de la viande ou de la volaille, choisissez des marques qui certifient ne pas utiliser d'antibiotiques ou d'hormones. Si vous mangez du poisson, évitez les espèces les plus grosses et les plus carnivores (l'espadon, le poisson-épée) et celles qui vivent près des côtes (comme les crustacés). Cet exemple illustre l'un des aspects de la question.

«*Du DDT dans le poisson, 1985.* La découverte de DDT dans les poissons de mer au sud de la Californie est un exemple des implications à long terme de l'usage de pesticides à l'activité persistante. Pendant des années, un fabricant de DDT avait utilisé le tout-à-l'égout pour se débarrasser de certains de ses déchets industriels. Quelques millions de kilos de DDT se déposèrent ainsi au fond de l'océan. Ce mode d'évacuation des déchets fut interdit voici plusieurs années, mais de récentes analyses des poissons de la région ont révélé la présence de taux élevés de DDT (plus de 1 ppm) dans la chair consommable. En outre, du DDT avait été aussi déversé dans l'océan par des péniches d'évacuation à un endroit qui n'a pas été exactement identifié. Des recherches ont montré que le taux de DDT diminuait avec le temps, mais les taux relevés soulèvent des inquiétudes car le DDT est désormais considéré comme potentiellement cancérigène. Le taux limite de 5 ppm déterminé par le FDA (*Food and Drug Administration*) pour le poisson est une vieille réglementation qui ne tenait pas compte du risque cancérigène lié à une exposition au DDT. »

Lorsque vous mangez des aliments qui se trouvent plus bas sur la chaîne alimentaire, vous minimisez ces risques d'intoxication, mais vous devez toujours vous inquiéter des substances toxiques contenues dans les produits. J'ai déjà parlé de la toxicité naturelle de certains aliments. La meilleure protection possible est d'en limiter la consommation (le poivre noir, les cacahuètes, le céleri, les germes d'alfalfa, par exemple) tout en ayant une alimentation extrêmement variée. Une alimentation variée présente un double avantage : elle vous fournit tous les nutriments dont vous avez besoin, et elle réduit les risques d'absorber de trop grandes quantités d'un élément nocif particulier.

Il en va différemment avec les substances toxiques produites par l'homme. Les fruits et les légumes sont traités avec toute une variété de produits chimiques agricoles : les pesticides, les fongicides, les engrais ou les fumigènes, tous soumis à des réglementations concernant leur taux « acceptable » de résidus. Plusieurs de ces produits chimiques ne peuvent pas être éliminés par l'eau parce qu'ils adhèrent trop étroitement aux tissus végétaux ou parce qu'ils sont répandus d'une manière qui les fait pénétrer dans les cultures. Je ne soulignerai jamais assez que les produits chimiques toxiques contenus dans nos aliments sont un danger majeur pour la santé, d'autant qu'ils nous affectent d'une manière que les médecins et les organismes de santé ont souvent du mal à admettre. Laissez-moi vous raconter deux histoires qui illustrent mon propos.

Au cours de mes voyages au Japon, j'ai été frappé par le pourcentage élevé de cas de dermatite atopique, une forme d'eczéma. Jusqu'à cinquante pour cent des nourrissons sont touchés, et les cas de dermatite atopique chez les adolescents et les jeunes adultes sont bien plus graves qu'aux États-Unis. L'eczéma est une maladie inesthétique et douloureuse, à la fois physiquement et émotionnellement, puisqu'elle entraîne des rougeurs et des démangeaisons, souvent sur le visage et les mains. Au Japon, je vois couramment des malades dont presque tout le corps est couvert d'eczéma. Les traitements médicaux conventionnels sont inadaptés, et c'est là un euphémisme, puisqu'ils reposent sur des corticostéroïdes locaux ou généraux qui suppriment la dermatite sans la guérir. Les patients deviennent alors dépendants de ces médicaments aux multiples effets secondaires toxiques. L'épidémie de dermatite atopique est un phénomène récent au Japon. Quels changements dans la population japonaise peuvent l'expliquer ? Certainement pas la génétique. L'eczéma a une composante héréditaire – elle se transmet souvent dans les familles – mais aucun changement génétique déterminant ne s'est produit dans la population japonaise ces cinquante dernières années. Par contre, l'alimentation a changé. Les Japonais consomment aujourd'hui beaucoup plus de viande et de produits laitiers qu'autrefois. Ces protéines animales peuvent irriter directement le système immunitaire, entraînant une prédisposition aux réactions allergiques, comme l'eczéma. Ces aliments contiennent aussi beaucoup plus de substances toxiques que l'alimentation traditionnelle japonaise à base de plantes et de poisson. En outre, l'utilisation des produits chimiques agricoles et des additifs s'est beaucoup développée dans l'industrie alimentaire du Japon d'après-guerre. Une amie japonaise interniste a vu des guérisons spectaculaires d'eczéma chez des malades qui ont adopté une alimentation biologique ; elle témoigne que certains de ses patients parviennent ainsi à arrêter les stéroïdes. À mes yeux, cela prouve que l'allergie, ainsi que d'autres troubles immunitaires, peut être une conséquence d'une surcharge de toxines dans l'organisme due à une alimentation contaminée par les produits chimiques.

Une de mes patientes, qui souffre de graves crises d'asthme, de sinusite chronique et de multiples allergies respiratoires et alimentaires, a, elle aussi, découvert l'importance d'une alimentation sans produits chimiques. Elle est si sensible aux réactions de son corps qu'elle peut souvent dire dans les heures qui suivent ses repas quels aliments provoquent chez elle des troubles respiratoires. Elle a appris que les fruits et légumes issus de l'agriculture biologique sont nécessaires à sa santé.

Comme les fruits et les légumes biologiques sont plus chers et moins faciles à trouver que les produits issus de l'agriculture industrielle, il est utile de savoir quelles variétés sont les plus susceptibles de contenir des résidus de composants nocifs. Par exemple, quels que soient les standards d'évaluation, les pommes sont en tête de la liste des aliments les plus contaminés ; le sachant, je n'achète plus que celles issues de cultures certifiées biologiques. Les autres fruits les plus à risques sont les pêches, les raisins (ainsi que les raisins secs et le vin qui en dérivent), les oranges et les fraises. Les légumes les plus contaminés incluent les pommes de terre, les carottes, la laitue, les haricots verts, les cacahuètes et le blé. Je vous incite vivement à chercher des versions biologiques de ces aliments, ainsi que des produits qui en contiennent (y compris ceux à base de farine de blé).

La bonne nouvelle est que l'agriculture biologique est une activité florissante, dont les points de vente se sont multipliés de manière spectaculaire au fur et à mesure que les consommateurs deviennent plus conscients de la toxicité possible de leur alimentation. Il n'y a pas très longtemps, les experts agricoles prétendaient qu'il était impossible d'appliquer des méthodes biologiques à une grande échelle ; selon eux, elles pouvaient être utilisées sur des petites surfaces mais pas dans les grandes exploitations. À présent, stimulés par la demande du marché, les producteurs sont capables de cultiver des fruits et des légumes biologiques à n'importe quelle échelle. En outre, cette forme de culture est bien plus rentable qu'ils ne l'avaient imaginé, à la fois parce qu'ils n'ont plus à acheter des produits chimiques agricoles onéreux et parce que les produits issus de l'agriculture biologique se vendent à des tarifs plus élevés. Plus de la moitié des producteurs californiens se sont convertis ou sont en train de se convertir aux méthodes biologiques, une bénédiction pour les consommateurs autant que pour notre terre. Dans un futur proche, il sera beaucoup plus facile de trouver des produits biologiques dans les magasins d'alimentation classiques, et les prix deviendront plus compétitifs. Cette évolution est due aux demandes des consommateurs, et vous pouvez l'accélérer en faisant connaître vos désirs aux directeurs de vos magasins.

Les additifs alimentaires constituent une autre catégorie de substances toxiques. Les deux formes que je vous conseille d'éviter sont les colorants artificiels (identifiables sur la liste des ingrédients comme « colorants artificiels », « couleur autorisée » ou désignée par un nom précis tel que « rouge n° 3 ») et les sucres artificiels, y compris la saccharine et l'aspartame. En général, les produits alimentaires industriels contiennent plus de graisse et de sel que vous n'en mettriez normalement dans vos aliments, ainsi qu'une série de conservateurs, d'arômes artificiels et d'autres additifs qui peuvent entraver la guérison spontanée. Il est donc sage de réduire le pourcentage de produits alimentaires industriels dans votre alimentation et de choisir seulement des marques n'utilisant pas ces additifs artificiels.

En résumé, voici mes conseils pour minimiser les expositions aux substances toxiques alimentaires :

• ***Réduisez la consommation de produits d'origine animale et achetez seulement de la viande ou de la volaille certifiée sans antibiotiques et sans hormones.***

• ***Limitez votre consommation d'aliments connus pour leur toxicité naturelle*** tels que le poivre noir, le céleri, les germes d'alfalfa, les cacahuètes et les champignons de Paris.

• ***Ayez une alimentation variée*** au lieu de vous limiter toujours aux mêmes produits.

• ***Lavez toujours vos fruits et légumes*** (bien que cela n'élimine que peu de contaminants).

• ***Pelez, si possible, vos fruits et légumes,*** surtout s'ils ne sont pas issus de l'agriculture biologique.

• ***Achetez en priorité les aliments suivants dans des points de vente biologiques :*** pommes, pêches, raisins, oranges, fraises, laitues, céleri, carottes, haricots verts, pommes de terre et farine de blé.

• ***Cherchez des points de vente proposant des produits issus de l'agriculture biologique, adhérez à des coopératives ou des associations qui en distribuent, et faites savoir à vos directeurs de supermarchés que vous voudriez en trouver dans leur magasin.***

• ***Réduisez votre consommation de produits alimentaires industriels et évitez ceux qui contiennent des colorants et des sucres artificiels.***

DROGUES, MÉDICAMENTS, COSMÉTIQUES ET AUTRES SOURCES DE SUBSTANCES TOXIQUES

Je considère la toxicité des drogues et des médicaments comme une catégorie annexe de la pollution chimique. Les gens en prennent pour des raisons médicales et pour des raisons sociales, occasionnelles, les obtenant sur ordonnance, en vente libre ou illégalement. Il est important de savoir qu'il n'existe pas de différence fondamentale entre les médicaments et les poisons, si ce n'est leur dosage. Tous les médicaments peuvent devenir toxiques pris à hautes doses, et certains poisons constituent, à faible dose, des médicaments utiles. Je n'ai aucune objection à l'utilisation des médicaments lorsqu'ils sont le traitement le plus efficace pour soigner une maladie, mais j'encourage aussi les médecins et les malades à essayer des traitements parallèles qui réduisent ou éliminent les risques toxiques des médicaments, la pire calamité à laquelle nous expose aujourd'hui la médecine moderne. Les remèdes galéniques sont des formes diluées de médicaments naturels. Étant dilués, ils libèrent des doses plus faibles de substances toxiques, mais ne devraient cependant pas être pris à la légère et sans bonne raison. Quels que soient les motifs pour lesquels vous prenez un médicament, sous quelque forme que ce soit, vous augmentez la charge de travail de votre foie, puisqu'il a pour tâche de métaboliser la plupart des substances étrangères à l'organisme. Vous pouvez l'aider à s'occuper des autres toxines en ne le surchargeant pas inutilement avec des drogues ou des médicaments.

De toutes les drogues occasionnelles en usage dans nos sociétés, le tabac et l'alcool sont les plus dangereuses. L'alcool est directement toxique pour le foie et les cellules nerveuses ; c'est aussi un puissant irritant de la muqueuse du tube digestif supérieur. Mais il a également des effets bénéfiques, particulièrement comme décontractant (favorisant ainsi les interactions sociales), comme tonique du système cardio-vasculaire et comme stimulant de la production de HDL cholestérol (le « bon » cholestérol). L'évaluation des effets de l'alcool sur la santé doit donc impliquer une analyse individuelle des risques et des bénéfices encourus. Chez les personnes possédant un foie, un estomac et un système nerveux sains, une consommation *modérée* d'alcool peut favoriser la santé et la guérison. Chez ceux dont ces organes sont malades, même une consommation modérée d'alcool peut être dangereuse. Quant à l'abus d'alcool, il peut compromettre la santé de tout un chacun.

Le cas du tabac est moins équivoque. Bien qu'il puisse favoriser la concentration et la relaxation, il entraîne une forte dépendance à la nicotine, surtout inhalé profondément ; c'est aussi un stimulant très puissant qui provoque une constriction des artères, interférant avec la circulation sanguine et donc avec la guérison. En outre, la dépendance à la nicotine expose son utilisateur aux effets nocifs de la fumée du tabac, incluant de nombreux composants cancérigènes. Inhaler la fumée compromet la respiration, qui est, je l'ai déjà dit, un des éléments essentiels du système réparateur. Si vous faites partie des rares chanceux qui ne sont pas dépendants du tabac, je n'essaierai pas de vous dissuader de fumer, tant que je n'ai pas à subir la fumée de vos cigarettes ! J'incite vivement les autres à faire tous les efforts possibles pour arrêter.

En plus de la toxicité de leurs composants, les médicaments sont souvent colorés avec les mêmes produits synthétiques que les colorants alimentaires. Vous absorberez ces substances néfastes pour la santé si vous prenez des quantités de pilules et de gélules multicolores. Une autre source d'agents toxiques, à laquelle on songe moins généralement, est les cosmétiques, et particulièrement les shampooings, les après-shampooings et les lotions capillaires que la peau peut absorber. Je vous conseille d'éviter les cosmétiques contenant des teintures chimiques (vérifiez leur composition !) ; il est possible de trouver des marques de produits neutres, blancs ou teintés avec des matières végétales, au moins dans les salons de beauté ou les magasins diététiques.

Les poisons de toutes sortes, particulièrement les pesticides et les herbicides, sont parmi les plus dangereux produits toxiques de notre environnement. Ne maniez pas ces produits, ne les conservez pas chez vous et essayez de ne pas les utiliser près de votre lieu d'habitation. Soyez tout aussi prudent avec les teintures, les dissolvants et les autres produits chimiques aux gaz volatils et à l'odeur entêtante. Si vous vous trouvez exposé à l'une de ces substances, prenez une douche, sortez respirer de l'air frais, buvez beaucoup d'eau, faites un sauna ou un hammam et n'oubliez pas de prendre vos antioxydants !

LES FORMES TOXIQUES D'ÉNERGIE

Il est clair que la vie évolue sur terre en dépit de certaines fréquences de radiation qui peuvent endommager l'ADN. Aux radiations naturelles dont nous bombardent l'espace, le soleil et même la terre, l'activité humaine a ajouté une quantité importante de pollution électromagnétique dont nous ne mesurons pas encore les effets à long terme. Malgré ce manque d'informations, il vaut mieux prendre des précautions de bon sens.

À une extrémité du spectre électromagnétique, se trouvent les formes de radiation à ondes courtes (hautes énergies), telles que l'énergie nucléaire et les rayons X qui font sortir les électrons de leur orbite autour du noyau atomique, créant des particules chargées (ions). Les dangers de la radiation ionisante sont bien connus : en doses massives, elle entraîne la mort et, causant des mutations de l'ADN, elle favorise les lésions du système immunitaire et le développement de cancers qui peuvent ne se manifester que des années plus tard. Vous pouvez vous protéger des radiations ionisantes en ne travaillant pas dans un lieu dans lequel vous y êtes exposé (mine d'uranium, centrale nucléaire, centre de radiologie) ; en n'habitant pas près d'une source de radiations, qu'elle soit naturelle ou créée par l'homme (tel un site de déchets nucléaires) ; et en ne laissant pas les médecins et les dentistes vous faire passer des radios sans une bonne raison. Souvenez-vous qu'aucune dose de radiation n'est inoffensive, puisque chaque exposition vient se cumuler avec toutes celles que vous avez subies au cours de votre vie, et que ce total global est en corrélation avec les lésions de l'ADN. Voilà une raison supplémentaire de manger des fruits et des légumes et de prendre des supplémentations antioxydantes susceptibles d'arrêter les réactions chimiques qui font la médiation entre les radiations et les gènes.

Les rayons ultraviolets (UV) du soleil ne sont pas ionisants ; leurs ondes sont plus longues et moins chargées d'énergie, situées par-delà la plus haute forme d'énergie électromagnétique (violette) que nous percevons comme la lumière du soleil. La radiation UV est suffisamment forte pour causer des lésions de l'ADN des cellules de la peau, et c'est l'une des principales causes du cancer de la peau qui augmente de manière alarmante. Une des explications possibles de cette augmentation est l'affaiblissement de la couche d'ozone résultant de la pollution atmosphérique, si bien que l'intensité de radiation solaire est plus forte qu'autrefois. C'est une raison supplémentaire de vous protéger du soleil en restant à l'ombre en plein midi, en portant des vêtements protecteurs, en utilisant des crèmes écran total et en ne commettant pas l'erreur de vous faire bronzer artificiellement, sous le fallacieux prétexte que les salons de beauté offrent des « variétés saines d'UV à bronzer ». Toutes les radiations UV sont dangereuses ; non seulement elles attaquent la peau, mais elles favorisent le développement des cataractes et des dégénérescences maculaires, deux causes courantes de l'affaiblissement de la vue chez les personnes âgées. Vous pouvez vous protéger de ce risque en portant des lunettes filtrantes lorsque vous êtes au soleil et en prenant des antioxydants.

Par-delà l'autre extrémité (rouge) du spectre de la lumière visible, il y a des formes d'ondes encore plus longues, comme les radiations micro-ondes et celles à fréquence extrêmement basses, très utilisées pour les communications militaires. Les micro-ondes peuvent agiter les molécules des plantes et des tissus animaux, générant de la chaleur, d'où leur utilisation pour les fours à micro-ondes. On considérait les radiations micro-ondes et à fréquence basse comme inoffensives, si l'on excepte le risque d'être rôti vivant en se trouvant dans la trajectoire d'un rayon micro-onde concentré, mais cette position change maintenant que certains scientifiques ont découvert que ces formes d'énergie peuvent altérer des systèmes biologiques délicats impliquant de petits courants électriques et de faibles champs électromagnétiques. J'ai parlé plus haut du rôle de ces systèmes dans la guérison des blessures et des fractures (voir page 105) ; ils pourraient être à l'origine de la plupart des formes complexes de réparation tissulaire et organique.

Les fours à micro-ondes ne sont pas dangereux parce qu'ils n'émettent pas de radiations à moins d'être manifestement défectueux. (Ils peuvent cependant altérer la chimie de certains aliments contenant des protéines et aussi injecter des molécules étrangères dans les aliments couverts d'un film plastique ou cuits dans des récipients en plastique. N'utilisez que des plats en verre ou en céramique pour cuire vos aliments au micro-ondes et ne les couvrez jamais avec un film plastique pendant la cuisson. Servez-vous essentiellement de ces fours très pratiques pour décongeler les aliments ou les réchauffer, et pas pour cuisiner vos plats.) Mais il peut être mauvais pour la santé d'habiter près d'un émetteur à micro-ondes ou sur la trajectoire d'un émetteur militaire.

Chez vous, un certain nombre d'appareils électroménagers courants peuvent créer des risques électromagnétiques. Il vaut mieux éviter les couvertures ou les coussins chauffants parce qu'ils génèrent de grands champs électriques alors qu'ils sont posés à même la peau. Les radios-réveils électriques sont dangereux pour les mêmes raisons. Ne les installez pas sur votre table de chevet. Si vous travaillez devant un ordinateur relié à un terminal, investissez dans un écran protecteur qui élimine les champs et les radiations électromagnétiques ; on en trouve dans les magasins d'informatique.

Ce chapitre peut vous sembler décourageant, mais il est, hélas, réaliste. Les agents toxiques, chimiques ou énergétiques, font de plus en plus partie de notre monde industriel et vous devez en connaître les dangers. Mes conseils de protection sont raisonnables et pratiques ; même si vous n'en suivez qu'une partie, vous protégerez votre système réparateur. Heureusement, la nature nous offre des produits qui peuvent renforcer nos pouvoirs de guérison et rendre nos organismes plus résistants. Ce sujet plus réjouissant fait l'objet du chapitre suivant.

11

Utiliser les toniques

Tout ce qui renforce l'efficacité du système réparateur ou l'aide à neutraliser des effets nocifs augmente les chances de guérison spontanée. Les toniques, des substances naturelles, ont justement cette fonction et je m'y intéresse tout particulièrement. Utilisé pour désigner un médicament fortifiant ou reconstituant, le mot « tonique » vient du grec *tonikos* signifiant « qui se tend ». Les toniques tendent ou tonifient nos organismes de la même manière que le sport tonifie nos muscles. Faire travailler le corps – le soumettre à une tension progressive suivie par une phase de détente – augmente sa résistance naturelle, une caractéristique essentielle de la santé puisqu'elle détermine nos réactions face au stress de l'environnement. Plus nous sommes résistants, plus nous pouvons réagir confrontés au stress ou à un traumatisme.

Les toniques sont aujourd'hui tombés en disgrâce chez la majorité des médecins occidentaux. Ils évoquent des images de charlatans vendant leurs remèdes miracles dans des chariots bariolés ou de vieilles affiches publicitaires pour des liqueurs brevetées, fabriquées à base d'alcool et d'opium. Les médecins modernes préfèrent des « médicaments ciblés » qui ont un effet précis sur des maladies spécifiques, par l'action de mécanismes biochimiques étudiés. Ils n'aiment pas les panacées, ces remèdes universels, bons pour toutes les maladies, dont les mécanismes d'action sont, au mieux, mystérieux. Cette attitude est aux antipodes de celle des Orientaux qui prisent fort les toniques : médecins comme malades sont prêts à dépenser des fortunes pour des produits naturels censés fortifier les résistances naturelles.

Le meilleur exemple de tonique est le ginseng, obtenu à partir de plantes de la famille des *Panax* dont le nom vient de la même racine que « panacée », signifiant « qui guérit tout ». (Dans la mythologie grecque, Panacéa était d'ailleurs une des filles d'Asclépios, le dieu de la médecine.) La demande de ginseng a toujours largement dépassé sa production et, en conséquence, de nombreux produits édulcorés ou des substituts sont apparus sur le marché tandis que les prix du ginseng authentique montaient en flèche. La plupart des Asiatiques révèrent les propriétés fortifiantes du ginseng ; et certains disent qu'il devrait être réservé aux personnes âgées. Pris régulièrement, il stimule l'énergie, la vitalité et le potentiel sexuel, améliore l'élasticité de la peau et des muscles et renforce la résistance face aux stress en tout genre. Puisqu'il est généralement atoxique, il répond parfaitement aux caractéristiques d'un tonique efficace. Je le recommande souvent aux patients atteints de maladies chroniques, d'asthénie ou d'anémie.

J'utilise et je prescris aussi toute une gamme de toniques, dont certains sont plus connus que d'autres. Je vais vous présenter ceux que je conseille le plus fréquemment, parce qu'ils sont efficaces, inoffensifs et faciles à trouver. Même si vous n'êtes ni malade chronique, ni anémié, vous aurez peut-être envie d'essayer ces remèdes naturels. Ils ne peuvent pas vous faire de mal, et, étant donné les dangers de la toxicité qui nous entourent, il est bon de connaître des substances qui peuvent améliorer notre immunité et notre résistance, ces fonctions essentielles à l'efficacité du système réparateur. Je commencerai par les toniques les plus courants pour aller vers les plus exotiques.

L'ail (*Allium cepa*), l'espèce la plus parfumée de la famille des liliacées, est utilisé comme ingrédient aromatique dans de nombreuses cuisines du monde. On s'en sert également comme plante médicinale dans un grand nombre de civilisations, et de récentes recherches ont confirmé une partie des propriétés thérapeutiques que lui avait attribuées la sagesse populaire. En effet, l'ail est une source de composants riches en soufre aux pouvoirs actifs ; mais, bien que des expérimentations contrôlées démontrent les effets thérapeutiques de cette plante, on n'a pas encore déterminé lesquels de ses composants en sont responsables. Les propriétés de l'ail sont nombreuses et variées, affectant plusieurs systèmes qui participent à la guérison. À mes yeux, la diversité des effets de l'ail justifie parfaitement sa place dans la catégorie des toniques.

Certains de ces effets les plus spectaculaires touchent le système cardio-vasculaire. Il diminue la tension par l'action de plusieurs mécanismes, imitant certains des anti-hypertenseurs les plus modernes sans pour autant entraîner comme eux des risques d'impuissance, de migraines et autres effets toxiques. J'ai connu des patients qui ont réussi à contrôler une légère hypertension en mangeant simplement de l'ail tous les jours. En outre, l'ail réduit le taux de cholestérol et de graisses sanguines (triglycérides), tout en augmentant le pourcentage de lipoprotéines de haute densité protectrices dans le taux de cholestérol et en réduisant la tendance à s'oxyder des lipoprotéines de basse densité. (L'oxydation du LDL cholestérol est la première étape du processus qui attaque les parois artérielles.) Enfin, l'ail limite la coagulation en empêchant les plaquettes de s'agglomérer. L'agrégation des plaquettes sur les parois artérielles durcies par l'artériosclérose entraîne généralement la formation de caillots sanguins qui causent les crises cardiaques et les attaques. Pour toutes ces raisons, l'ail semble être une protection efficace contre les maladies cardio-vasculaires. (Les épidémiologistes pensent que sa consommation quotidienne dans certaines parties de l'Espagne et de l'Italie contribue au faible pourcentage de maladies artérioscléreuses dans ces régions.)

Autre propriété distinctive, il sert aussi d'antiseptique et d'antibiotique, freinant le développement de plusieurs sortes de bactéries et de champignons, responsables de maladies. En outre, il favorise l'activité du système immunitaire en augmentant le nombre de cellules « tueuses » qui contrôlent l'évolution des cancers. Là aussi, plusieurs études montrent que l'ail a un effet anticancéreux dû à l'action de plusieurs mécanismes. En plus de stimuler le système immunitaire, il semble freiner la formation de certains cancérigènes dans l'intestin et protéger l'ADN de l'attaque d'autres cancérigènes. Les effets bénéfiques annexes de l'ail incluent la protection du foie et des cellules du cerveau contre des dégénérations (probablement par la quantité de ses composants antioxydants) et une réduction de la glycémie.

Vous pouvez bénéficier de tous ces effets en ajoutant simplement de l'ail frais à votre alimentation. On trouve aussi dans le commerce une grande variété de suppléments à base d'ail : des gélules d'huile, des capsules d'ail « désodorisé » ou des comprimés. Si l'innocuité de l'ail comme plante culinaire est incontestable, nous n'avons aucune donnée concernant l'utilisation à long terme de ces extraits concentrés. Signalons toutefois qu'ils peuvent provoquer des troubles hémorragiques chez les personnes traitées avec des anticoagulants, y compris l'aspirine. On connaît mal aussi l'efficacité de ces suppléments à base d'ail ; les fabricants attribuent toutes les vertus à leur produit et tentent de discréditer leurs concurrents, mais, en réalité, nous ne savons même pas dans quelles mesures les effets thérapeutiques de l'ail dépendent de ses composants odoriférants, il est donc difficile de déterminer si ces produits désodorisés sont véritablement efficaces.

Je vous conseille personnellement de consommer plus d'ail frais. Pressez une ou deux gousses dans vos sauces de salades, faites-les blondir dans de l'huile d'olive pour aromatiser vos pâtes, et, en général, ajoutez-les en fin de cuisson pour en apprécier toute la saveur dans vos plats. Je fais pousser de l'ail dans mon jardin : je plante en septembre des gousses d'ail et je récolte en mai de gros bulbes qui se conservent pendant plusieurs mois. Je ne peux pas imaginer vivre sans ail et je le considère comme l'un des meilleurs toniques du système immunitaire.

LE GINGEMBRE

Comme l'ail, le gingembre (*Zingiber officinale*) est une épice courante, réputée depuis longtemps pour ses vertus médicinales. (Dans un nom botanique, l'épithète d'*officinale* indique que la plante a eu un statut officiel dans les médecines anciennes.) Pendant des millénaires, les médecins chinois et indiens l'ont considéré comme un médicament supérieur et l'ont associé dans leurs remèdes à d'autres plantes pour ses propriétés tonifiantes et spirituelles. Aujourd'hui, dans différentes parties du monde, on l'apprécie pour l'effet de chaleur qu'il produit et sa capacité à stimuler la digestion, à guérir les troubles d'estomac et à apaiser les douleurs. Ces dernières années, un grand nombre de recherches médicales, conduites surtout au Japon et en Europe, ont étudié les remarquables effets thérapeutiques du gingembre et de ses composants ; les médecins américains n'ont généralement pas connaissance de ces études. La chimie du gingembre est extrêmement complexe, faite de plus de quatre cents composants contribuant à l'arôme, au goût et à l'action biologique de cette plante. Les chercheurs se sont surtout intéressés à deux groupes de ces composants – les gingerols et les shogaols – qui donnent au gingembre son goût épicé. En outre, sa racine (en fait, un rhizome) contient des enzymes et des antioxydants qui sont aussi, sans doute, des composants clés.

Les effets toniques du gingembre sur la digestion sont incontestables : il améliore l'assimilation des protéines, agit efficacement contre la nausée et le mal des transports, fortifie la muqueuse supérieure du tube digestif pour la protéger contre la formation d'ulcères, et lutte de manières diverses contre les parasites intestinaux. Les cuisiniers chinois ajoutent du gingembre frais à la plupart de leurs plats, croyant qu'il neutralise les propriétés indésirables d'autres ingrédients, particulièrement de la viande et du poisson qui peuvent être une cause d'indigestion.

D'autres propriétés reconnues du gingembre agissent sur la production et le déploiement d'un groupe de modérateurs de réaction biologique, les icosanoïdes, qui servent de médiateurs pour la guérison et l'immunité. Le corps synthétise ces importants composants à partir des acides gras essentiels et les utilise pour réguler les fonctions cellulaires critiques. Trois grandes catégories d'icosanoïdes – les prostaglandines, les thromboxanes et les leucotriènes – intéressent particulièrement la recherche de pointe. Des déséquilibres dans la synthèse et la distribution des icosanoïdes sont sous-jacents à de nombreuses maladies courantes – de l'arthrite et l'ulcère gastro-duodénal à une accélération de l'agrégation des plaquettes qui peut déclencher les crises cardiaques et les attaques. Le gingembre module ce système en réduisant les inflammations et la coagulation anormales. Il pourrait être aussi efficace que certains des anti-inflammatoires non stéroïdiens, couramment utilisés aujourd'hui, mais bien moins toxique parce qu'il protège la muqueuse de l'estomac au lieu de l'attaquer. C'est en tant que modulateur de la synthèse icosanoïde que le gingembre peut être le plus utile au système réparateur.

En outre, le gingembre tonifie le système circulatoire et a des effets anticancéreux, freinant la tendance de certains cancérigènes à causer des mutations de l'ADN.

Vous pouvez prendre du gingembre sous la forme de rhizome frais, de tranches confites, de sirops au miel ou en capsules d'extrait. La tisane au gingembre est un breuvage délicieux et simple à réaliser vous-même : pour une personne, mettez une demi-cuillère à café de gingembre frais râpé dans une tasse d'eau bouillante, couvrez et laissez infuser pendant dix à quinze minutes. Filtrez, ajoutez du miel à volonté et buvez chaud ou glacé. Si vous préférez une boisson instantanée, vous pouvez aussi acheter des sirops de gingembre au miel dans les magasins diététiques et les ajouter à de l'eau chaude ou froide ; ou bien vous pouvez fabriquer votre sirop maison en mélangeant du gingembre râpé à trois fois sa proportion de miel (conservez ce sirop au réfrigérateur).

Lorsque le gingembre est sec, sa chimie se modifie ; en particulier, les gingerols qu'on trouve en abondance dans le rhizome frais, se transforment en shogaols épicés. Ces deux catégories de composants pourraient avoir des propriétés différentes, les shogaols ayant de plus puissants effets anti-inflammatoires et analgésiques. C'est pourquoi, il peut être avisé de consommer le gingembre sous ses formes différentes, et les personnes atteintes d'arthrite et d'autres troubles inflammatoires ont plutôt intérêt à utiliser de l'extrait sec qu'on trouve dans les magasins diététiques. Le gingembre est atoxique, mais peut entraîner des aigreurs pris à jeun. Je vous conseille de le prendre avec vos repas.

LE THÉ VERT

Le thé vert, la boisson nationale japonaise, est fabriqué à base de feuilles non fermentées du théier, *Camellia sinensis*. Pour la préparation plus courante du thé noir, on fait « dégorger » les feuilles, un processus de fermentation naturelle qui les noircit et modifie leur arôme et leur goût. Récemment, des chercheurs ont découvert un certain nombre d'effets thérapeutiques du thé vert, liés à la présence de catéchols, un groupe de composants que la fermentation du thé noir fait presque entièrement disparaître. (Le thé oolong se situe entre les deux. Sa courte période de fermentation lui donne une couleur, un arôme et un taux de catéchols intermédiaires entre le thé noir et le thé vert.) Les catéchols diminuent le taux de cholestérol et améliorent le métabolisme général des lipides. Ils ont aussi de puissants effets anticancéreux et antibactériens.

Tous les thés contiennent de la théophylline, un parent proche de la caféine ; à hautes doses, la théophylline est un excitant puissant, et les gens peuvent en devenir aussi dépendants que du café. Consommé avec modération, le thé vert, avec son léger goût amer et son arôme délicat, constitue une boisson délicieuse et saine à adjoindre à votre régime. C'est mon breuvage caféiné favori que j'associe à mes moments de détente et aux plaisirs des réunions entre amis. Il me paraît absurde de prendre du thé vert sous forme de supplémentation, mais, dans les magasins diététiques, je vois beaucoup de produits à base d'extrait de thé vert, vantant tous les effets protecteurs des catéchols contre le cancer et les maladies cardio-vasculaires. Il existe même des déodorants au thé vert, à cause de ses propriétés antibactériennes.

Une de mes variétés préférées de thé vert est le *matcha,* une poudre vert clair utilisée lors de la cérémonie du thé au Japon, ou servie comme boisson d'honneur dans l'intimité. Il est préparé avec de jeunes pousses de thé, soigneusement sélectionnées, qui sont passées à la vapeur, séchées et réduites en poudre fine. Pour préparer le thé *matcha,* mettez une cuillère à thé de poudre dans un bol à thé en céramique, ajoutez un peu d'eau bouillante et battez le mélange avec un fouet en bambou pour le faire mousser. On boit généralement le *matcha* accompagné de sucreries. C'est un thé très stimulant qu'utilisaient les moines zen pour rester en éveil durant leurs longues méditations assises. Vous pouvez acheter du *matcha* ou du thé vert ordinaire (*sencha*) dans les boutiques japonaises ; à présent, la forme ordinaire est vendue en sachets dans les supermarchés.

Si vous êtes un buveur de café, de thé noir ou de cola, envisagez de les remplacer par le thé vert. Non seulement c'est une forme douce de caféine, mais il procure de merveilleux effets bénéfiques comme tonique général.

LE CHARDON-MARIE

Une des plus intéressantes plantes toniques qui nous vient de la médecine traditionnelle européenne est le chardon-marie, *Silybum marianum*. Ses graines produisent un extrait, la silymarine, qui améliore le métabolisme des cellules du foie et les protège des attaques toxiques. Bien que l'industrie pharmaceutique ait fabriqué de nombreux médicaments, ayant tous des effets secondaires nocifs pour le foie, elle n'en propose aucun qui puisse rivaliser avec les propriétés protectrices du chardon-marie, qui est en lui-même atoxique.

Tous ceux qui ont tendance à abuser de l'alcool devraient prendre régulièrement du chardon-marie, de même que les malades soumis à des traitements fatigants pour le foie, y compris les cancéreux qui subissent des chimiothérapies. Je recommande cette plante à tous mes patients atteints d'hépatite chronique ou de troubles de la fonction hépatique, et j'ai vu des cas où cette fonction s'est normalisée chez des malades qui ont pris quotidiennement du chardon-marie pendant plusieurs mois, tout en améliorant leur régime alimentaire et leur hygiène de vie. Si vous manipulez des produits chimiques toxiques dans votre travail ou sentez que vous avez été exposé à des substances toxiques, quelles qu'elles soient, prenez du chardon-marie. Il aidera votre corps à se rééquilibrer.

Vous trouverez des produits à base de chardon-marie dans les magasins diététiques. Personnellement, j'utilise des extraits contrôlés, en gélules ou en comprimés.

Conformez-vous aux doses prescrites par la marque que vous avez choisie, ou prenez deux gélules ou comprimés deux fois par jour. Ce traitement peut être poursuivi indéfiniment.

L'ASTRAGALE

Si vous êtes chinois, vous connaissez forcément cette plante tonique. Sous le nom d'*huangqi*, c'est un médicament chinois courant, vendu soit seul soit associé à d'autres plantes dans des remèdes contre le rhume et la grippe. L'astragale est une variété imposante de la famille des pois dont certaines espèces sont toxiques pour le bétail. (Le *locoweed* du sud-ouest des États-Unis est un astragale.) Mais les toxiques se trouvent seulement dans la partie extérieure de la plante, jamais dans ses racines, et c'est la racine d'une espèce chinoise atoxique, l'*Astragalus membranaceous*, qui sert à la fabrication des remèdes galéniques. Cette grande plante est une vivace aux longues racines fibreuses, originaire du nord de la Chine et de la Mongolie intérieure. Les espèces sauvages et cultivées servent toutes deux à fabriquer l'astragale commercialisé qui est vendu en bottes de tranches fines au goût sucré, ressemblant à des abaisse-langue en bois. Les herboristes chinois recommandent d'ajouter ces tranches d'astragale à la préparation de la soupe et de les retirer avant de servir parce qu'elles sont trop coriaces pour être mangées. Vous pouvez trouver de l'astragale séché chez les herboristes chinois, ou acheter des teintures et des gélules d'astragale dans les magasins diététiques où vous sont aussi proposés de nombreux remèdes galéniques chinois à base d'astragale.

Les médecins traditionnels chinois considèrent cette plante comme un véritable tonique qui peut fortifier des patients asthéniques et renforcer la résistance aux maladies en général. Ils l'utilisent aussi comme activateur d'autres plantes connues pour réveiller l'énergie, faciliter la digestion et stimuler la production et la circulation du sang. En médecine chinoise moderne, l'astragale est aussi l'un des principaux composants de la thérapie *fu zheng*, un traitement à base de plusieurs plantes servant à rétablir la fonction immunitaire des patients cancéreux subissant une chimiothérapie ou une radiothérapie. En Chine, des recherches ont démontré un taux de rémissions plus élevé chez les patients qui suivaient conjointement cette thérapie et les traitements occidentaux, ainsi qu'une diminution des effets immunosuppressifs dus à ces derniers.

Les études pharmacologiques réalisées en Occident confirment le rôle bénéfique de l'astragale sur le système immunitaire. Il augmente l'activité de plusieurs types de globules blancs ainsi que la production d'anticorps et d'interférons. Ces propriétés sont dues à la présence de polyosides dans la racine, de grosses molécules composées de chaînes de sous-unités de sucre. Les polyosides sont des composants structurels de nombreux micro-organismes. Encore récemment, ces molécules ne suscitaient pas un grand intérêt chez les pharmacologues occidentaux parce qu'elles n'ont pas des « effets ciblés » et parce qu'on croyait communément qu'elles ne pouvaient même pas être absorbées par le tube digestif. Mais les polyosides sont un composant essentiel de nombreux remèdes galéniques qui favorisent l'immunité, ce qui signifie que les chercheurs occidentaux n'ont pas encore réussi à identifier leurs propriétés bénéfiques.

Je recommande l'astragale, efficace et atoxique, à de nombreux patients. Je le conseille particulièrement à ceux atteints de maladies infectieuses chroniques comme la bronchite, la sinusite et le sida. Je le suggère aussi aux malades atteints de cancer, ayant ou non terminé leur traitement conventionnel. Prendre régulièrement de l'astragale est bénéfique pour les gens anémiés, manquant d'énergie ou de vitalité, ou sensibles au stress. On trouve des produits à base d'astragale dans tous les magasins diététiques ; conformez-vous aux dosages indiqués par la marque.

LE GINSENG DE SIBÉRIE (ÉLEUTHÉROCOQUE, BUISSON DU DIABLE)

Racine d'un grand arbuste épineux, originaire du nord de la Chine et de la Sibérie, le ginseng de Sibérie (*Eleutherococcus senticosus*) est aujourd'hui la plante tonique la plus utilisée dans le monde. La demande est telle qu'il est difficile de trouver des produits authentiques. Des chercheurs soviétiques ont découvert les remarquables propriétés « adaptogéniques » (antistress) de cette espèce en cherchant des substituts au ginseng, et, lorsque la nouvelle se répandit, de nombreux athlètes et militaires soviétiques commencèrent à l'utiliser pour améliorer leurs performances sportives et leur endurance physique.

De multiples expériences, conduites sur des animaux et des hommes, ont démontré les effets protecteurs du ginseng de Sibérie ainsi que sa capacité à stimuler la fonction immunitaire. Ces composants actifs incluent des polyosides et un groupe particulier de composants, les éleuthérosides. Si vous souhaitez prendre du ginseng de Sibérie, recherchez des extraits liquides ou secs (en comprimés ou en capsules) dont le taux d'éleuthérosides est standardisé ; c'est la seule assurance d'un produit authentique.

Contrairement à la plupart des autres plantes mentionnées dans ce chapitre, le ginseng de Sibérie n'entre pas dans une tradition historique de médecine populaire ; sa découverte est récente. Les médecins chinois s'y sont beaucoup intéressés et le prescrivent aujourd'hui, généralement seul, pour de nombreuses maladies chroniques. C'est un tonique efficace aux effets stimulants, surtout en cas de manque d'énergie et de vitalité, et on peut l'utiliser sans danger pendant de longues périodes. Prenez deux gélules ou comprimés deux fois par jour, sauf si la marque que vous choisissez conseille un autre dosage.

Deux espèces de Panax sont utilisées pour fabriquer ce fameux tonique : le *P. ginseng*, originaire du nord-est de la Chine, et le *P. quinquefolium*, originaire du nord-est de l'Amérique du Nord. Ces espèces sont aujourd'hui cultivées à grande échelle pour répondre aux besoins du marché, et toutes deux ont des propriétés reconstituantes similaires, mais le ginseng oriental est plus efficace comme stimulant et fortifiant sexuel, tandis que le ginseng américain passe pour un adaptogène plus puissant. Ces espèces ont une croissance lente et l'on recherche particulièrement les racines les plus vieilles, censées avoir des propriétés thérapeutiques supplémentaires. De nombreuses formes de ginseng sont en vente sur le marché : de la racine sèche entière aux alcools, thés, vins, bonbons, ainsi qu'une multitude d'extraits en gélules ou en comprimés. Soyez prudent : certains de ces produits contiennent peu, voire pas du tout, de ginseng. À chaque fois qu'une plante médicinale est rare et chère, on voit fleurir des produits édulcorés ou des substituts. Le *Panax ginseng* doit ses effets bénéfiques à un groupe rare de composants, les ginsénosides, qu'on ne trouve dans aucune autre espèce de plante. Si les produits fabriqués à base de ginseng sont authentiques, ils doivent contenir des ginsénosides, et plus ils en contiennent, plus ils sont efficaces. Alors, à moins que vous n'achetiez des racines entières (qui sont facilement identifiables une fois que vous avez appris à les reconnaître), achetez uniquement des produits qui indiquent leur taux de ginsénosides.

Chez les Chinois et les Coréens, le ginseng est particulièrement apprécié comme tonique pour les personnes âgées, parce qu'il améliore l'appétit et la digestion, l'élasticité de la peau et des muscles, et tonifie une énergie sexuelle défaillante. Les Chinois disent que ce produit n'est pas destiné aux femmes, mais peut-être ne souhaitent-ils pas partager un approvisionnement limité. Cependant, le ginseng peut avoir une action œstrogénique, ce qui le contre-indiquerait chez les femmes souffrant de déséquilibres hormonaux et celles atteintes de maladies dépendantes d'œstrogènes, comme le fibrome utérin, la mastose sclérokystique et le cancer du sein. Un Chinois m'a un jour conseillé de ne pas gaspiller le ginseng tant que j'étais jeune : « Gardez-le pour vos vieux jours. Vous verrez alors ce qu'il peut faire pour vous. »

Le ginseng est généralement sans risque, mais la variété orientale peut faire monter la tension de certains sujets, ainsi qu'entraîner une irritabilité. Ceux qui ressentent ces effets secondaires devraient réduire leur dose ou adopter le ginseng américain (qui est préféré par de nombreux Orientaux). Je recommande fréquemment le ginseng à des patients qui manquent de vitalité, ou ont été affaiblis par des maladies chroniques ou par les effets du vieillissement. La plupart me disent qu'ils sont très satisfaits du résultat et comptent prolonger le traitement. Des extraits standardisés de ginseng, fabriqués selon la méthode suisse, sont aujourd'hui en vente dans toutes les pharmacies du monde.

LE DONG QUAI (*TANG KUEI*)

Racine de l'*Angelica sinensis,* une plante de la famille des carottes, le *dong quai* est connu dans la médecine traditionnelle chinoise comme un tonique fortifiant du sang, qui améliore la circulation sanguine. Au cours de ce siècle, on s'est mis à l'utiliser en Occident comme tonique général pour les femmes, et de nombreux herboristes et naturopathes le prescrivent pour les troubles gynécologiques, particulièrement pour les règles irrégulières ou douloureuses. Les médecins chinois reconnaissent sa capacité à tonifier l'utérus et à équilibrer la chimie hormonale féminine, mais ils le trouvent bénéfique pour les deux sexes et l'incluent souvent dans des formules toniques pour les hommes en l'associant au ginseng et au *ho shou wu* (voir ci-dessous). Chez les hommes, il est censé fortifier les muscles et le sang.

Le *dong quai* est atoxique et n'a pas d'action œstrogénique, contrairement à ce qu'on croit généralement. Je le recommande souvent à des femmes souffrant de troubles menstruels ou des symptômes de la ménopause, ainsi qu'à celles qui manquent d'énergie, avec des résultats positifs. On le trouve facilement dans les magasins diététiques sous forme de teintures ou de gélules, et, puisque cette plante n'est ni rare ni chère, la plupart des produits sont de bonne qualité. Si vous voulez l'essayer, prenez deux gélules deux fois par jour ou un plein compte-gouttes de teinture dans un peu d'eau deux fois par jour. Prévoyez une période d'essai de six à huit semaines pour juger des résultats.

HO SHOU WU

Le nom de cette plante tonique signifie « M. Ho a des cheveux noirs », une allusion à sa propriété régénérante et rajeunissante. Racine du *Polygonum multiflorum,* le *ho shou wu* est un célèbre tonique chinois, censé nettoyer le sang et stimuler l'énergie, ainsi que fortifier les cheveux et les dents. Il est aussi connu pour être, pris régulièrement, un puissant tonique sexuel et pour augmenter la production de sperme chez les hommes et la fertilité chez les femmes. Des études réalisées en Chine ont montré qu'il peut faire baisser un taux élevé de cholestérol ; aucune recherche n'a été faite à son sujet en Occident, et on ne le trouve généralement que chez les herboristes chinois.

Une manière de bénéficier de ces effets est de le consommer sous forme de potion, appelée *shou wu chih* ou *super shou wu,* qui l'associe à d'autres plantes et arômes toniques. C'est un liquide de couleur sombre au plaisant goût aromatique qui doit être consommé dilué : deux cuillères à soupe dans une tasse d'eau chaude ou froide. Prenez-en deux fois par jour pendant un mois pour voir s'il stimule votre énergie et votre potentiel sexuel. (Si vous souhaitez que vos cheveux gris redeviennent noirs, il faudra sans doute en prendre quotidiennement pendant des années ; et j'aimerais bien voir les photos « avant-après ».)

MAITAKE

Maitake est le nom japonais d'un délicieux champignon comestible, *Grifola frondosa,* que les cueilleurs de champignons américains ont baptisé « poule des bois » parce qu'il pousse en grosses grappes au pied des arbres ou des souches, des grappes qui ressemblent aux plumes ébouriffées d'une poule en train de couver. Son nom japonais signifie « le champignon dansant », peut-être parce que les gens dansent de joie lorsqu'ils dénichent cette espèce rare, fort prisée. Trouver une grosse « poule des bois » – qui peut peser jusqu'à cinquante kilos – est effectivement une bonne raison de se réjouir, non seulement parce que c'est un champignon sauvage de choix, mais aussi parce qu'il est très recherché et peut se vendre plus de vingt dollars la livre. Les Italiens aiment l'inclure dans leurs sauces de pâtes ou en faire des *pickles* en le mettant dans une marinade d'huile d'olive et de vinaigre après l'avoir légèrement blanchi. Malheureusement, le *maitake* sauvage est rare, bien qu'il pousse pendant de nombreuses années au même endroit.

En 1965, un maître japonais, chasseur de champignons, en parle ainsi : « Les meilleurs chasseurs de champignons sont ceux qui cueillent le *maitake.* Ils se rendent dans des lieux connus d'eux seuls et passent plusieurs jours à chercher ce champignon, espérant une pêche miraculeuse. Ces secrets de chasse doivent être jalousement gardés. Si un chasseur découvre un endroit où il peut ramasser un *maitake* de plus de dix kilos, il a déniché " l'île au trésor ", dont il ne révélera l'existence que le jour de sa mort. Ce secret sera transmis à son fils aîné dans son testament. Certains chasseurs ont même décidé de ne pas transmettre leur secret à leur fils ou à leur famille après leur mort… »

Ces traditions ont changé au début des années quatre-vingts lorsque des scientifiques japonais ont découvert comment cultiver le *maitake* dans de la sciure ; l'espèce cultivée est maintenant vendue à un prix raisonnable dans tous les supermarchés japonais. Les cultivateurs de champignons commencent tout juste à expérimenter la culture du *maitake*. En culture, ce champignon ressemble à un bouquet floral aux teintes grises et gris-brun, où les fleurs sont remplacées par des petites têtes de champignons en forme d'éventail, serrées les unes contre les autres. La face inférieure est blanche, constituée de pores minuscules au lieu de lamelles. Le *Grifola* appartient à la famille des polyporées, caractérisées par ce tissu poreux sous lequel naissent les spores. En général, les polyporées ne sont pas vénéneuses, mais seules quelques espèces sont consommables ; la plupart sont dures et ligneuses, poussant en paliers ou en étages sur les arbres vivants ou morts. En Occident, les polyporées ont surtout intéressé les pathologistes des forêts parce qu'elles attaquent le cœur des arbres vivants et sont un agent de décomposition des arbres morts ou mourants ; mais en Extrême-Orient, de nombreuses espèces sont fort prisées comme plantes médicinales, particulièrement comme médicaments supérieurs, ces toniques et ces panacées qui augmentent la résistance et assurent la longévité.

Les médecins traditionnels chinois n'utilisaient pas le *maitake*, mais ils se servaient d'espèces voisines, dont une presque identique, le *Polyporus umbellatus* ou *zhu ling*. Des études modernes ont montré que le *zhu ling* a des propriétés anticancéreuses et stimulantes du système immunitaire liées à la présence de polyosides. Récemment, des chercheurs japonais ont analysé le *maitake* pour des effets similaires, avec des résultats impressionnants. En fait, les extraits de *maitake* se sont révélés des agents anticancéreux et des stimulants du système immunitaire plus puissants que tous les champignons médicinaux analysés jusqu'alors. Alliés à la chimiothérapie, ils augmentent l'efficacité de médicaments occidentaux, permettant ainsi de les doser plus faiblement, tout en protégeant le système immunitaire des dangers toxiques. Peut-être les médecins chinois incluront-ils ce champignon dans leur thérapie *fu zheng*. Les extraits de *maitake* ont aussi une action thérapeutique sur le virus de l'immunodéficience acquise et l'hépatite ainsi qu'un effet antihypertenseur.

En attendant que des *maitake* de culture apparaissent dans nos supermarchés – ce qui est fort probable puisque ce champignon n'est pas difficile à cultiver, se conserve extrêmement bien et a une texture ferme et une saveur agréable –, vous pouvez acheter des extraits de *maitake* en gélules ou comprimés dans les magasins diététiques. Plusieurs fabricants commercialisent désormais ces produits, importés du Japon. Les prix sont élevés mais devraient baisser une fois que la culture du *maitake* s'implantera dans nos pays.

Je conseille des suppléments de *maitake* aux malades atteints de cancer, du sida ou d'autres maladies du système immunitaire, ainsi qu'à ceux souffrant de fatigue chronique, d'hépatite chronique et de maladies liées à l'environnement qui peuvent être dues à une surcharge de toxines. Dès que du *maitake* frais sera mis en vente, je l'ajouterai régulièrement à mon alimentation.

CORDYCEPS

Je terminerai cette liste de toniques naturels par un autre champignon, encore plus étrange que le *maitake*. Le *Cordyceps sinensis* ne pousse pas sur les arbres, mais sur le corps vivant de certaines larves de phalènes. L'organisme de ce champignon, en forme de minces filaments, pénètre la larve qu'il tue et momifie. Le *Cordyceps* se développe alors en un pédoncule élancé terminé par un renflement où naissent les spores. Ce champignon pousse dans les zones montagneuses de la Chine et du Tibet, et il est aussi à présent cultivé parce qu'il est très recherché pour ses propriétés tonifiantes qui décuplent les forces physiques, l'énergie mentale et la puissance sexuelle. Les médecins chinois disent qu'il est tout à la fois stimulant et calmant, ainsi que régénérant. Les Chinois l'achètent généralement séché entier, encore attaché au corps momifié de la larve, et ils en agrémentent leurs soupes et leurs ragoûts de canard ou de poulet. Des extraits de *Cordyceps* sont aussi inclus dans la composition de nombreuses formules toniques. Ses effets sont doux et atoxiques, indiqués pour les hommes et les femmes, quels que soient leur âge ou leur état général, même grave.

Ce remède exotique fut découvert par le monde entier lors du Championnat national chinois de 1993, où les neuf coureuses de l'équipe chinoise battirent neuf records mondiaux, dont l'un par quarante-neuf secondes, un phénomène sans précédent. On accusa les athlètes de s'être dopées avec des stéroïdes, mais leur entraîneur tint une conférence de presse, où il présenta une boîte de plantes chinoises responsables, selon lui, des résultats de son équipe et un rapport de laboratoire affirmant que ces plantes étaient naturelles et inoffensives. L'ingrédient principal en était le *Cordyceps*. Le monde de la course n'était pas convaincu ; une coureuse de fond américaine décréta que ces records étaient « tragiques », et une autre qu'il faudrait des années pour que la course féminine se remette de la régression qu'avaient causée les Chinois. Selon un commentateur :

« Cette suspicion était compréhensible. La performance soudaine des coureuses de fond chinoises était tombée comme une bombe. La nouvelle détentrice du record du monde du 1 500 mètres s'était classée soixante-treizième sur la même distance l'année précédente, et les quarante-deux secondes gagnées sur le 10000 mètres paraissaient un record impossible à réaliser. Et, ainsi que le savaient les journalistes et les coureurs, un certain nombre d'entraîneurs de l'Allemagne de l'Est, connue pour son usage des stéroïdes, étaient passés en Chine après la chute du mur de Berlin. De plus, les succès chinois n'avaient eu lieu que chez les femmes qui sont plus sensibles aux stéroïdes.

» Mais des preuves incontestables semblaient indiquer l'authenticité de ces records. Les tests des coureuses chinoises étaient négatifs et elles ne présentaient aucun des symptômes associés généralement à l'usage de stéroïdes, tels que l'acné, un timbre de voix masculin ou une musculature saillante. Et il est certain que les Chinois, bien qu'ils ne soient pas seuls dans ce cas, soumettent leurs athlètes à un entraînement intensif. »

En tout cas, cet événement suscita une vague d'intérêt pour le *Cordyceps* et les ventes explosèrent. Si vous n'avez pas envie d'ajouter des larves momifiées à vos bouillons de poule, le *Cordyceps* existe aussi sous forme de teintures et d'extraits, soit seul, soit associé à d'autres plantes chinoises. Demandez ces produits dans vos magasins diététiques. En soutien, prenez-en une fois par jour, suivant les doses indiquées sur votre produit. En entretien, prenez-en une fois par semaine.

Mon intention n'était pas ici de vous submerger d'informations, mais de vous faire découvrir des substances qui peuvent vous aider à résister aux effets des substances toxiques, du stress et du vieillissement sur votre système réparateur. Au lieu de vous désespérer à l'idée de tous ces éléments pathogènes qui vous entourent, sachez que vous pouvez vous protéger et améliorer votre pouvoir de guérison grâce à ces substances efficaces et sans danger. Permettez-moi de résumer brièvement les informations contenues dans ce chapitre :

• Mangez plus d'ail et de gingembre ; ils sont délicieux et la liste de leurs propriétés thérapeutiques ne cesse de s'allonger.

• Si vous prenez de la caféine, remplacez définitivement ou occasionnellement votre boisson habituelle par du thé vert, puisque c'est la plus saine des boissons caféinées.

• Si vous craignez d'être exposé à des substances toxiques ou ressentez une surcharge de toxines, prenez du chardon-marie pour rééquilibrer votre système.

• Si vous vous sentez fatigué ou anémié, essayez le ginseng de Sibérie ou le *Cordyceps*.

• Si vous avez des faiblesses immunitaires et que vous attrapiez tous les virus qui traînent, faites un traitement d'astragale ou de *maitake*.

12

Activité et repos

Vous pouvez augmenter vos chances de guérison spontanée en donnant à votre corps l'exercice et le repos dont il a besoin.

Les effets bénéfiques de l'exercice physique sur le système réparateur sont multiples. Il améliore la circulation sanguine en fortifiant le cœur et en préservant l'élasticité des artères. Il tonifie aussi l'appareil respiratoire en augmentant les échanges d'oxygène et de gaz carbonique, ce qui favorise l'élimination des déchets métaboliques. Il contribue également à cette élimination en activant la transpiration et le mouvement des intestins. Parce qu'il stimule la libération des endorphines, il combat la dépression et nous met de bonne humeur. Il régule le métabolisme et l'énergie de l'organisme. Il neutralise le stress, nous permettant de nous détendre et de dormir mieux. Enfin, il renforce même le système immunitaire. Tout programme destiné à optimiser les pouvoirs réparateurs du corps doit inclure des séances régulières d'exercice.

Mais quelle est la méthode la plus simple et la plus efficace pour récolter tous ces bénéfices ? Dans nos sociétés, un grand nombre de gens, jeunes et vieux confondus, répugnent à faire du sport. D'autres sont des sportifs fanatiques qui passent des heures à faire de l'aérobic ou de la musculation. Certains deviennent dépendants d'un entraînement acharné, parce que cela leur procure une sensation de bien-être, sans doute due aux endorphines. Les physiologistes et les médecins sportifs élaborent de grandes théories très compliquées sur le sport. Il me semble que la plupart d'entre eux – tire-au-flanc, fanatiques, comme experts – passent à côté du plus important.

Chaque fois que je rentre chez moi après un voyage dans une culture traditionnelle d'Amérique, d'Asie ou d'Afrique, je suis frappé par l'étrangeté de notre rapport au sport. Dans les sociétés non industrialisées, les simples tâches de la vie quotidienne assurent l'hygiène du corps. Les gens ont des muscles toniques parce qu'ils passent leur temps à porter des poids, et à marcher. Ils marchent pour aller chercher de l'eau ou du bois, ils marchent pour se rendre dans les champs, ils marchent pour aller au marché, ils marchent pour rendre visite à leurs amis ou à leur famille. De toutes les inventions technologiques qui ont bouleversé notre façon de vivre, l'automobile remporte la palme de la plus pernicieuse. À mon avis, elle a gravement compromis notre santé, non seulement parce qu'elle a pollué l'air de nos villes avec ses gaz d'échappement, mais parce qu'elle nous a privés d'occasions de marcher.

L'homme est fait pour marcher. Nous sommes des bipèdes, des mammifères à station verticale, au corps conçu pour la locomotion. La marche est un mécanisme complexe qui demande une intégration fonctionnelle d'un grand nombre d'expériences sensorielles et motrices ; elle exerce notre cerveau autant que notre système musculo-squelettique. Pensez à l'équilibre qui n'est qu'une des composantes de la marche. Pour maintenir le corps en équilibre, inconsciemment et sans effort, tandis qu'il change de position sur des surfaces inégales dans un champ de gravitation, le cerveau a besoin d'une multitude d'informations. Il s'appuie en partie sur le mécanisme de l'oreille interne responsable de l'orientation dans un espace en trois dimensions ; si ce mécanisme est défaillant, les humains ne peuvent pas garder l'équilibre. Mais en plus de ces renseignements fournis par l'oreille, le cerveau dépend des données visuelles et d'autres informations émises par nos sens pour maintenir l'équilibre : de l'organe du toucher qui lui indique quelle partie du corps est en contact avec la terre, et des propriocepteurs des muscles, des tendons et des articulations qui l'informent continuellement de la position exacte de chaque partie du corps dans l'espace. Toute interférence dans l'un de ces canaux de transmission peut nous amener à chanceler ou à tomber. Dans le cerveau, ces informations sont analysées par le cervelet qui les utilise pour coordonner les réponses des muscles aux exigences perpétuellement changeantes de la locomotion.

Lorsque vous marchez, le mouvement de vos membres est croisé, la jambe droite et le bras gauche s'avancent ensemble, puis la jambe gauche et le bras droit suivent. Ce type de mouvement génère une activité électrique dans le cerveau qui a une influence équilibrante sur tout le système nerveux central – un effet bénéfique spécifique à la marche que vous ne retirez pas forcément d'autres formes d'exercice. Le Dr Fulford, le vieil ostéopathe qui m'a le premier appris les principes fondamentaux de la guérison, pensait que le mouvement croisé était essentiel à une croissance normale et au fonctionnement optimal du système nerveux. Lorsque les bébés se mettent à marcher à quatre pattes, ce mouvement stimule le développement du cerveau. J'ai souvent entendu le Dr Fulford conseiller à ses patients adultes de marcher à quatre pattes pour stimuler la guérison des blessures. « En retrouvant ce premier mouvement du corps, vous aiderez le système nerveux à dépasser n'importe quel blocage », disait-il. Le Dr Fulford, à quatre-vingt-dix ans, dans une forme physique exemplaire, ne fait pas d'aérobic ou de musculation ; il marche.

La plupart des gens rayonnants de santé que j'ai rencontrés sont des marcheurs passionnés. Shin Terayama, mon ami japonais définitivement guéri d'un cancer du rein métastasé, fait une marche matinale dès qu'il en a l'occasion ; il marche toujours d'un bon pas et essaie d'inclure une montée dans sa promenade. Au cours d'un séminaire que j'ai dirigé récemment dans le Montana, une participante de soixante-seize ans m'a impressionné par son énergie lors de randonnées en montagne. Elle était en excellente forme et faisait beaucoup plus jeune que son âge. Je fus encore plus impressionné lorsqu'elle me raconta que ses deux parents étaient morts à la cinquantaine et qu'elle avait elle-même connu un passage difficile à l'âge mûr avant de se mettre à marcher. Elle avait aussi changé son régime alimentaire, arrêté de prendre des médicaments et s'était convertie aux vitamines, mais la marche avait été le facteur essentiel de son rétablissement. Elle marchait dès qu'elle en avait l'occasion et participait à des groupes de randonnées pendant ses vacances. « C'est toute ma vie », me dit-elle au sommet d'une montagne, près de la ligne de partage des eaux, et je la crus tout à fait.

Alors je vais réduire mes conseils sportifs à un seul mot : « Marchez ! » À mon avis, la marche est la forme la plus saine d'activité physique, celle qui est la plus apte à maintenir le bon fonctionnement du système réparateur et à augmenter les chances de guérison spontanée en cas de maladie.

Les avantages de la marche sur les autres formes de sport sont multiples. Vous n'avez pas besoin de suivre des cours pour apprendre à marcher. Elle ne nécessite aucun équipement, à part une bonne paire de chaussures. Elle ne coûte rien et vous pouvez la pratiquer partout : en ville, dans les parcs, et même en intérieur dans les centres commerciaux si le temps est mauvais. Les risques d'accident sont infimes, contrairement à ceux de la course ou des autres sports de compétition. Et c'est bien moins ennuyeux que de faire de la bicyclette ou de la marche sur des machines dans un centre sportif. Vous pouvez marcher dans la nature et apprécier les beautés du paysage. Et vous pouvez aussi marcher avec des amis et apprécier leur compagnie.

La marche répondra à tous les besoins d'exercice physique de votre corps si vous la pratiquez d'une manière qui accélère suffisamment le rythme cardiaque et la respiration. La séance idéale devrait durer quarante-cinq minutes et vous devriez être capable de couvrir cinq kilomètres durant ce laps de temps. Si vous ne ressentez pas une accélération de votre rythme cardiaque et respiratoire à la fin de ces quarante-cinq minutes de marche, essayez de marcher plus vite durant une partie du temps et de choisir une promenade incluant une montée longue et progressive. Mais souvenez-vous que la marche n'est pas qu'un exercice physique ; elle a aussi une action neurologique bénéfique par le mouvement croisé allié à une stimulation visuelle, tactile et proprioceptive et vous pouvez en bénéficier même en faisant de courts trajets pendant la journée. Vous pouvez aussi en favoriser les effets en exagérant, de temps à autre, le balancement de vos bras. Essayez de coordonner ce balancement avec la respiration.

Au cours de ma vie, j'ai tâté à plusieurs sortes de sports et j'en reviens toujours à la marche. En vieillissant, je crois que c'est l'exercice physique que je choisirai pour garder mon corps, mon esprit et mon système réparateur en forme.

L'activité doit être contrebalancée par des moments de détente. Nous avons tous ressenti les effets négatifs de la fatigue et du manque de sommeil ; une des causes les plus courantes de susceptibilité à la maladie est un manque de repos effectif, et une bonne nuit de sommeil est souvent le meilleur moyen d'enrayer le début de nombreuses maladies. Améliorer la qualité de vos moments de détente et de votre sommeil est donc une autre priorité d'un programme destiné à optimiser votre système réparateur.

Pensez aux raisons les plus courantes qui vous empêchent de dormir. La plupart des gens n'arrivent pas à trouver le sommeil parce qu'ils sont trop excités, souvent par des stimulants qu'ils ont pris pendant la journée ; d'autres parce que leurs douleurs les tourmentent ; d'autres parce qu'ils ne peuvent pas arrêter de penser. Il y a des remèdes simples à tous ces problèmes.

Les stimulants qui empêchent de dormir incluent le café, le thé, le cola et toutes les boissons caféinées ; l'éphédrine, l'ingrédient essentiel de nombreux régimes à base de plantes et d'excitants vendus sans ordonnance en pharmacie ou dans les magasins diététiques ; la pseudo-éphédrine, un décongestionnant utilisé dans la plupart des antigrippaux en vente libre ; et la phénylpropanolamine, un composant courant des coupe-faim. Même lorsque ces stimulants sont pris en début de journée, ils peuvent interférer avec les rythmes de sommeil. Si vous avez des difficultés à passer une bonne nuit, essayez d'éliminer toutes ces substances de votre vie.

Puisque nous parlons des médicaments, signalons que je ne conseille les sédatifs qu'en cas de choc émotionnel et pour de courtes périodes. Si vous venez de perdre un proche ou votre travail, prendre un somnifère pendant quelques jours se justifie, mais il n'est guère avisé de les utiliser régulièrement. Tous les sédatifs réduisent l'activité du système nerveux central, tous entraînent une accoutumance et tous suppriment la période des rapides mouvements oculaires, la phase paradoxale du sommeil où se produisent les rêves. Rêver est une activité essentielle du cerveau et de l'esprit ; sans rêve, votre sommeil n'est pas de bonne qualité même si vous avez l'impression d'avoir de longues plages de repos.

Le sédatif le plus sûr que je connaisse est la valériane, un remède naturel fabriqué avec les racines d'une plante européenne, *Valeriana officinalis*. Vous pouvez acheter de la teinture de valériane dans les magasins diététiques – prenez-en une cuillère à thé dans un peu d'eau chaude au coucher. Cependant, ce produit est un dépresseur et ne devrait pas être utilisé de manière régulière. Très récemment est apparu sur le marché américain un régulateur des cycles de sommeil n'entraînant aucune accoutumance, ni aucun effet dépresseur : c'est la mélatonine, l'hormone sécrétée par la glande pinéale qui régule l'horloge biologique, et particulièrement les cycles jour/nuit. Elle est vendue dans les magasins diététiques sous forme de comprimés d'un à trois milligrammes. (Évitez les produits utilisant des dérivés animaux qui peuvent contenir de dangereux contaminants. N'achetez que les formes synthétiques.) Les grands voyageurs disent que la mélatonine est le premier traitement efficace contre le décalage horaire, surtout pour les trajets d'ouest en est qui sont généralement plus fatigants. La mélatonine semble être aussi un moyen efficace et sans danger de rétablir les horloges biologiques déréglées. Si vous tombez de sommeil à 7 heures du soir, mais êtes parfaitement réveillé vers 10 ou 11 heures au moment du coucher, la mélatonine peut rééquilibrer vos cycles et vous faire retrouver de bonnes nuits de sommeil.

Si une douleur physique vous empêche de dormir ou vous réveille la nuit, j'ai plusieurs suggestions à vous faire. L'une est de changer de literie, puisqu'il en existe une grande variété sur le marché, dont les futons et des matelas sur coussins d'air qui peuvent être ajustés à votre gré. Vous pouvez aussi prévoir une ou deux séances de remise en place chez un ostéopathe, spécialisé dans les manipulations (ou chez un bon chiropracteur). Cette forme de thérapie pourrait vous permettre de retrouver des positions confortables pour dormir. Enfin, vous pouvez essayer un bon bain chaud avant d'aller vous coucher et prendre du houblon, un décontractant galénique des muscles que vous trouverez dans les magasins diététiques : la dose courante est de deux gélules au coucher.

Je trouve que l'un des principaux obstacles au sommeil profond est le bruit sous toutes ses formes, des chiens qui aboient dans la campagne à la circulation des voitures en ville. Une solution simple, plus efficace que les boules Quies, est d'acheter un générateur de bruit blanc, un appareil électronique qui produit un son apaisant. Le bruit blanc est un mélange de différentes fréquences d'ondes sonores, de même que la lumière blanche contient toutes les fréquences visibles de la lumière. Le bruit qu'il produit ressemble un peu à celui de l'eau coulant sous la douche ; la plupart des appareils ont des modulateurs et vous pouvez passer du bruit d'une forte pluie à celui, plus rythmé, des vagues de l'océan. Un produit technologique plus excitant, qui sera bientôt mis en vente sur le marché, élimine définitivement les bruits extérieurs en analysant les ondes sonores agressives et en produisant une image miroir qui les annule. Des versions portables de ce genre sont déjà utilisées par certaines compagnies aériennes pour étouffer le bruit du moteur.

Quels que soient le confort de mon lit et la tranquillité de ma chambre, je n'arrive généralement pas à trouver le sommeil lorsque des pensées tournent dans ma tête, et il m'arrive même, dans ce cas, de me réveiller au milieu de la nuit. Le lendemain matin, je sens bien que je n'ai pas obtenu tout le repos nécessaire. Laisser ses soucis devant la porte de sa chambre à coucher n'est pas aussi facile que de prendre une pilule ou que de brancher un appareil pour filtrer les bruits extérieurs ; mais c'est une des techniques les plus utiles à connaître. Je lis souvent avant de m'endormir ; jamais je ne suis à court de livres et la lecture me distrait de mes ruminations inutiles. J'utilise aussi un exercice simple de respiration, présenté dans le chapitre suivant, parce que je trouve que se concentrer sur sa respiration est une manière efficace de se détourner de ses pensées. Une autre méthode consiste à se concentrer sur son corps – par exemple, en faisant travailler certains muscles. Voici un exercice simple qui peut vous aider à trouver le sommeil lorsque vos pensées vous obsèdent : Allongez-vous sur le dos, les bras le long du corps, fermez les yeux et prenez cinq grandes inspirations, lentes et profondes. Puis, serrez vos paupières et contractez les muscles du front quelques secondes. Relâchez tout. Contractez alors tous les muscles du visage et relâchez à nouveau, passez ensuite aux muscles du menton et du cou, et continuez ainsi, en descendant par les bras, le torse, jusqu'à atteindre les doigts de pied. Revenez alors à la tête, en la pressant contre le lit quelques secondes et relâchez, continuez ainsi à faire travailler l'arrière de votre corps jusqu'à ce que vous atteigniez à nouveau les pieds que vous tendez cette fois. Enfin, décontractez-vous complètement et prenez cinq inspirations lentes. Cet exercice ne dure que quelques minutes. C'est une technique efficace de relaxation, particulièrement utile si de fortes émotions menacent de vous faire perdre le sommeil.

Entre parenthèses, le journal de 20 heures est une des causes majeures de mes ruminations nocturnes. Le pourcentage des nouvelles qui me mettent de bonne humeur est infime ; par contre, celui des nouvelles qui m'angoissent ou me rendent fou de rage est énorme et va en augmentant puisque les informations médiatiques se spécialisent dans les récits de meurtre, de massacre et de souffrance humaine. On finit par oublier que nous pouvons refuser de laisser ces terribles informations polluer nos esprits et nos pensées. Je trouve parfois si utile de déconnecter que je recommande « un jeûne d'informations » dans mon programme de huit semaines destiné à optimiser le système réparateur. Je pense que vous découvrirez que ces « jeûnes d'informations » vous permettront de trouver plus facilement le sommeil et le repos.

En résumé : offrez à votre système réparateur une marche matinale et une bonne nuit de sommeil et il sera prêt à affronter tous les défis qui peuvent se présenter.

13

Psychisme et spiritualité

Le logo de l'Association américaine de médecine holistique est un bâton autour duquel s'enroule un serpent, et sur lequel sont superposés trois cercles entrelacés. Le bâton est celui d'Asclépios, le symbole de la profession médicale, tandis que les cercles représentent le corps, l'âme et l'esprit, les trois éléments qui forment la totalité de l'être humain. Les médecins holistiques considèrent que la médecine moderne s'occupe uniquement du corps physique en négligeant l'âme et l'esprit. J'ai déjà parlé de l'importance du psychisme dans la guérison spontanée et j'ai mentionné certaines cultures qui croient aux causes spirituelles de la maladie, mais, lorsqu'on essaie de déterminer les mécanismes de ces interactions entre le corps et l'esprit, notre ignorance est immense. Nous ne savons presque rien du psychisme et des manières dont il affecte le corps, l'âme est un sujet encore plus mystérieux, si tant est qu'elle puisse être un sujet de connaissance dans l'acception courante de ce terme. La science, avec ses préjugés matérialistes, ne nous est pas d'un grand secours, parce qu'elle ignore la dimension spirituelle des phénomènes physiques. Croire à une philosophie holistique de la santé et de la médecine me paraît important, mais quel conseil pratique un médecin holistique peut-il donner à ses patients pour optimiser leurs potentiels de guérison par les méthodes psychiques et spirituelles ?

J'aimerais vous présenter les quatre activités du psychisme et les façons dont elles influencent le système réparateur. Il s'agit de la croyance, de la pensée, de la visualisation mentale et de l'émotion.

La croyance

Croire aux guérisseurs, aux lieux de pèlerinage et aux médicaments est sans aucun doute le fondement des réactions placebos que je considère comme des exemples classiques de guérison spontanée. La croyance influence aussi énormément notre perception du monde, déterminant ce que nous voyons ou pas dans la réalité. Il y a des années, j'ai rencontré une femme qui était capable de trouver un trèfle à quatre feuilles dans n'importe quel champ de trèfles. Elle aimait parier qu'elle pouvait en trouver un en moins d'une minute et elle gagnait toujours ses paris. N'ayant jamais pu en ramasser un seul, j'étais complètement fasciné par son don. Dans un champ de trèfles, je pouvais chercher sans résultat jusqu'à en avoir la vue trouble et lorsque je croyais avoir enfin déniché un trèfle à quatre feuilles, je découvrais qu'il s'agissait de deux trèfles collés l'un à l'autre. Mais, après avoir rencontré et observé cette femme, mon attitude changea du tout au tout. Je me rendis compte que son don venait de ce qu'elle avait l'absolue conviction que, dans tous les champs de trèfle, un trèfle à quatre feuilles attendait d'être découvert. Fort de cette certitude, on peut réussir, sinon c'est impossible. Après avoir fait sa connaissance, je me mis de nouveau à chercher des trèfles à quatre feuilles et les résultats ne se firent pas attendre. Parfois je trouvais plusieurs trèfles à quatre feuilles, et il m'arrivait même d'en découvrir à cinq ou six feuilles (bien que je ne sache pas si ce sont des porte-bonheur plus efficaces).

Récemment, j'enseignais dans un centre de retraite du Montana, une ancienne maison de chasse entourée d'un immense champ de trèfles. Un après-midi, n'ayant rien à faire, je décidai de me lancer dans la chasse aux trèfles à quatre feuilles. Je me mis à quatre pattes et commençai à inspecter les environs. Une de mes élèves s'approcha et me demanda :

« Vous avez perdu quelque chose ? Je peux vous aider ?

– Je cherche des trèfles à quatre feuilles, répondis-je.

– Vraiment ? J'ai toujours cru que c'était une légende et qu'on se contentait de coller une feuille supplémentaire à ceux qu'on vendait dans le commerce.

– Non, ils existent réellement et je suis sûr qu'on peut en trouver ici. »

Elle vint s'agenouiller à côté de moi et nous cherchâmes ensemble.

« Il faut un peu de concentration, lui expliquai-je, mais c'est un bon exercice pour les yeux et le cerveau, et puis il y a de plus mauvaises façons de passer le temps. » Cinq minutes plus tard, je dénichai un trèfle à six feuilles, puis un à quatre feuilles.

Ma compagne était abasourdie. « Il y a de nombreux trèfles dans le jardin en face de ma maison, me dit-elle. J'irai regarder dès mon retour. » Elle commencera peut-être à trouver des trèfles à quatre feuilles maintenant qu'elle croit à leur existence ; avant elle n'aurait même pas songé à en chercher.

La guérison spontanée ressemble un peu au trèfle à quatre feuilles : un mystère, un coup de chance qu'il faut savoir choisir. Si vous n'y croyez pas, vos chances d'y arriver sont minces. Je suis toujours à la recherche de moyens pour stimuler la croyance en la guérison. Une technique, recommandée par de nombreux thérapeutes New Age, est d'utiliser la méthode Coué en répétant des phrases telles que « Mon corps peut se guérir lui-même », ou « Je suis habité par une énergie positive », ou « Mon calcul biliaire est en train de disparaître ». Je ne conseille pas cette technique car il n'existe aucune preuve de son efficacité. Elle se fonde sur l'idée qu'une répétition verbale peut modifier la structure de la croyance, mais, d'après mon expérience, les croyances qui forment la perception et influent sur le système réparateur – c'est-à-dire, les croyances viscérales – sont bien souvent différentes de ce que les gens se disent à eux-mêmes et racontent aux autres. À mon avis, je n'aurais jamais découvert que j'étais capable de trouver des trèfles à quatre feuilles en me répétant simplement : « Je crois aux trèfles à quatre feuilles. » Cette découverte, je l'ai faite brusquement lorsque j'ai perçu la réalité à travers le regard de quelqu'un d'autre. Maintenant je peux transmettre mon expérience à d'autres, comme je l'ai fait avec cette femme dans ce champ du Montana. Donc, la stratégie que je vous recommande est de chercher des gens qui ont fait l'expérience d'une guérison spontanée pour que leur réalité devienne la vôtre.

Je me souviens d'une patiente qui était venue me consulter pour un fibrome utérin, qui avait presque atteint la taille d'un pamplemousse. Elle avait quarante-neuf ans et était mariée à un gynécologue. Le mari approuvait la décision du gynécologue de sa femme (son collègue) qui souhaitait pratiquer une hystérectomie. Le fibrome était extrêmement gênant, et entraînait des règles douloureuses et très abondantes. La patiente ne voulait pas subir d'hystérectomie et espérait que je lui proposerais une alternative à l'opération. Je lui répondis qu'étant proche de la ménopause elle pouvait simplement attendre que ses taux d'œstrogènes baissent ; les fibromes utérins se nourrissent des œstrogènes et réduisent généralement à la ménopause, parfois jusqu'à disparaître totalement. Je lui recommandai un remède galénique (*Caulophyllum thallictroides*), un changement de régime alimentaire pour limiter les aliments ayant une action œstrogénique, des exercices pour réduire le taux d'œstrogènes et une thérapie visuelle pour influencer psychiquement l'évolution de la tumeur. Elle était prête à essayer ce programme, mais je sentais qu'elle ne croyait pas assez à la possibilité de réduire la tumeur pour neutraliser le message que lui avait donné la profession médicale : qu'il n'y avait aucun moyen d'éviter l'hystérectomie.

Puis je me rappelai que mon rendez-vous suivant était une femme qui avait, quelques années plus tôt, réussi à se débarrasser d'un fibrome utérin encore plus gros, atteignant presque la taille d'un melon. Elle m'avait raconté avec un plaisir évident comment elle avait contredit les prédictions de son médecin et évité l'hystérectomie ; ses symptômes avaient totalement disparu à présent qu'elle était ménopausée. Je pensai qu'elle serait prête à raconter l'histoire de sa guérison à la femme du gynécologue. Ayant obtenu leur accord à toutes deux, je les présentai l'une à l'autre ; mais il se révéla qu'elles se connaissaient déjà parce qu'elles habitaient des maisons voisines ! Par sa simple présence, ma seconde patiente réussit, bien plus efficacement que moi, à convaincre la malade de refuser l'opération. Elle ne subit pas d'hystérectomie, suivit les conseils que je lui avais donnés pour contrôler ses symptômes et, après sa ménopause, un an plus tard, se trouva parfaitement guérie.

Je ne connais pas de meilleure méthode pour modifier ses convictions, de manière à stimuler la guérison au lieu de l'entraver, que de rechercher la compagnie de gens ayant déjà fait l'expérience de guérison spontanée. Les trèfles à quatre feuilles ne faisaient pas partie de ma réalité avant que je ne rencontre quelqu'un qui les considérait comme une évidence. Cette découverte a ajouté sa petite pierre à ma vision du monde. Plus les gens croiront à la guérison spontanée, plus ils auront de chances de la vivre, et cela sera bénéfique pour tous.

La pensée

Dans la philosophie bouddhique, la pensée est considérée comme un grand obstacle à l'éveil spirituel, parce que, lorsque notre attention se concentre sur nos pensées, nous ne pouvons pas faire l'expérience de la réalité. Les pensées nous tirent de l'ici et maintenant pour nous entraîner dans le passé, dans l'avenir ou dans nos fantasmes – tous des royaumes irréels. D'un point de vue pratique, les pensées sont une source d'anxiété, de culpabilité, de peur et de tristesse – des émotions qui entravent probablement la guérison et qui, sans aucun doute, nous causent beaucoup d'angoisses. Il n'est pas possible d'arrêter de penser, à moins peut-être d'avoir atteint des très hauts niveaux de concentration mentale (d'où la blague à propos d'une méthode pour fabriquer de l'or : mettez tels et tels ingrédients dans un chaudron et faites-les cuire en remuant pendant trente minutes sans penser une seule fois au mot « crocodile »), mais il est possible de détourner votre attention de vos pensées. Une des méthodes est de vous concentrer sur votre corps. Selon la croyance bouddhique, notre corps est très précieux parce qu'il est ancré dans l'ici et maintenant tandis que notre esprit vagabonde dans le passé ou l'avenir. Lorsque vous prêtez attention à vos sensations corporelles, vous êtes pleinement dans la réalité. Dans le chapitre précédent, je vous ai conseillé un exercice simple de relaxation pour vous endormir, fondé sur la tension et le relâchement des muscles. La raison de son effet calmant, même en cas d'extrême nervosité, est qu'il détourne votre attention de vos pensées pour vous ramener dans l'ici et maintenant.

Une autre méthode efficace est de se concentrer sur la respiration. J'en parlerai plus en détails dans la dernière partie de ce chapitre. Je signalerai seulement ici que la respiration est un des moyens naturels pour entrer en méditation et qu'elle est un mode de concentration bien plus positif que la pensée. Si vous êtes tourmenté par des idées noires, au lieu d'essayer de vous arrêter de penser, tentez simplement de vous concentrer sur votre respiration.

En dehors de ces formes de concentration, il y a encore une autre méthode pour maîtriser les pensées gênantes : pensez à leur contraire. Si vous êtes hanté par l'idée d'attraper un cancer, imaginez votre système immunitaire en train de combattre les cellules pathogènes, ou bien, lorsque vous mangez des brocolis, buvez du thé ou prenez vos compléments antioxydants, dites-vous que vous renforcez vos défenses immunitaires contre le cancer. Ces pensées antinomiques s'annuleront mutuellement, un peu comme la nouvelle technologie d'élimination du bruit qui réverbère les ondes sonores pour les détruire.

La méditation est une technique pour briser notre tendance obsessionnelle à penser ; c'est, par essence, une concentration dirigée. En essayant, dans la position assise, de vous concentrer sur un objet précis – la respiration, les sensations corporelles, une image visuelle –, vous apprenez à maîtriser votre attention et à la garder fixée dans une seule direction. La pratique de la méditation est à la fois simple et compliquée : simple parce que la technique consiste simplement à se concentrer ; compliquée parce que cela implique de briser avec un réflexe acquis dès l'enfance, notre tendance à laisser notre esprit vagabonder, particulièrement dans la pensée. Même lorsque vous avez appris à rester assis sans bouger pendant une demi-heure et à vous concentrer sur un objet précis de méditation, vous pouvez ne pas être capable de vous servir de ces méthodes de relaxation et de concentration dans votre vie de tous les jours. Le véritable but de la méditation est de la pratiquer constamment, de méditer en agissant alors que vous vous déplacez dans le monde. Même si vous n'êtes pas prêt à vous investir dans cette forme d'apprentissage spirituel, vous pouvez essayer de vous concentrer sur votre corps ou votre respiration dès que vous en ressentez le besoin, particulièrement lorsque vous vous rendez compte que votre esprit a été entraîné loin de l'ici et maintenant par le mouvement toujours séduisant de la pensée.

L'œil de l'esprit a une relation particulière avec le système de guérison. Une grande partie du cortex cérébral est consacrée à la vision. Localisée à l'arrière de la tête, cette partie du cerveau s'occupe surtout d'analyser les informations transmises par la rétine oculaire, mais lorsqu'elle arrête cette activité et se tourne vers l'intérieur, s'ouvre l'une des plus importantes voies de communication entre le corps et l'esprit.

Nous voyons tous des images à travers l'œil de l'esprit, mais rares sont ceux qui savent maîtriser ce processus – par exemple, rendre ces images plus nettes, plus claires, plus détaillées – et la société n'y attache aucune valeur. Lorsque nous rêvons tout éveillés, nous sommes habités par des images intérieures. Notre société, orientée vers l'extérieur, considère les rêves comme une fuite : on ordonne aux enfants qui rêvassent en cours de faire plus attention. (Ils *font* attention… à leur réalité intérieure et non pas à la réalité extérieure, sociale.) Une institutrice m'a un jour demandé conseil à propos d'un de ses élèves à problèmes, un garçon qui était le « pire » rêveur qu'elle ait jamais eu. « Il est perdu dans son monde la plupart du temps, me dit-elle. Mais si j'essaie de le forcer à écouter le cours, il se met à avoir de la fièvre et je dois l'envoyer à l'infirmerie, d'où on le laisse souvent rentrer chez lui bien qu'il ne soit pas malade. » Elle n'avait jamais établi de lien entre le fait que le pire rêveur qu'elle ait jamais vu soit aussi le seul enfant de sa connaissance capable de maîtriser la température de son corps et de faire monter sa fièvre à sa guise. À mes yeux, ces talents vont de pair et je conseillai à l'institutrice d'appeler plutôt son élève le « meilleur » rêveur qu'elle ait jamais eu. Lorsqu'il ne s'occupe pas d'analyser les informations transmises par les yeux, le cortex visuel peut relier l'esprit et la volonté aux contrôles du système neurovégétatif. Il peut aussi provoquer la guérison spontanée.

Le fantasme sexuel est une autre forme de visualisation mentale et c'est aussi un puissant moyen de communication avec le système neurovégétatif. Le fantasme implique une interaction entre des images, des émotions intenses et des réactions physiques. Si vous avez des doutes sur le pouvoir de l'esprit, soyez attentif aux réactions de votre corps lorsque vous vous laissez aller à un fantasme de ce genre ! Pour la plupart des gens, ces fantasmes sont une expérience très privée ; même des amants très proches peuvent ne pas les révéler à leur partenaire. Une autre de leurs caractéristiques est qu'ils sont généralement fixes et répétitifs : le même film repasse sans cesse, et il est très difficile d'en changer le scénario. Je suis sûr que si nous apprenions à mieux maîtriser ce processus et à mettre la même charge émotionnelle dans des images de guérison, nous activerions le système réparateur à notre gré, et nous trouverions peut-être même des nouvelles capacités régénératrices, latentes, dans nos gènes.

Parce que, la plupart du temps, ces images mentales nous apparaissent inconsciemment et soudainement, je trouve qu'il est utile de travailler avec un thérapeute, au moins les premiers temps, lorsqu'on essaie de se servir de cet immense potentiel pour stimuler une réaction de guérison spontanée. Les hypnothérapeutes, les thérapeutes qui pratiquent la visualisation ou la visualisation guidée peuvent nous aider à maîtriser les méthodes permettant de nous servir efficacement des liens entre le corps et l'esprit grâce à l'imagination visuelle. Une fois que vous avez appris cette technique, vous pouvez la pratiquer seul. D'après mon expérience, les images ayant une charge émotionnelle fonctionnent mieux, comme dans le cas du fantasme sexuel. Un bon thérapeute explorera avec son patient toute une gamme d'images possibles pour découvrir celle qui déclenche chez lui la plus forte réaction émotionnelle.

J'ai connu plusieurs personnes qui s'étaient débarrassées de verrues en visualisant leur disparition. (Les enfants sont plus doués que les adultes pour ce genre de choses et ont un taux plus élevé de cas de rémission spontanée des verrues.) Un homme est venu me consulter pour une grosse verrue sur la main gauche. Des dermatologues l'avaient brûlée plusieurs fois, mais la verrue était toujours revenue. Je lui conseillai de s'imaginer nimbé de lumière blanche, quelques minutes chaque jour au coucher et au réveil. Il fit scrupuleusement son exercice pendant un mois sans obtenir aucune amélioration. Alors je l'envoyai chez un thérapeute pratiquant la visualisation qui découvrit lors de leur entretien préliminaire que l'homme était fasciné par les pelles à vapeur. Depuis qu'il était petit, celui-ci avait toujours adoré les pelles à vapeur et tous les outils servant à retourner la terre. Le thérapeute lui conseilla d'imaginer une pelle à vapeur en train de gratter la verrue chaque soir et chaque matin, et, en une semaine, les résultats furent évidents. Deux semaines plus tard, la verrue était à peine visible et elle disparut peu de temps après, pour ne jamais revenir.

Au début de ce livre (voir page 132), j'ai évoqué le cas d'un jeune homme dont le système immunitaire détruisait ses plaquettes et ses globules rouges. Il avait suivi pendant des années des traitements répressifs – prednisone et autres médicaments immunosuppresseurs – et avait subi une splénectomie pour réduire les symptômes, le tout sans succès. Je fus capable de l'aider à améliorer son hygiène de vie et de lui conseiller des interventions naturelles qui permirent de faire disparaître ses problèmes d'auto-immunité. Une de ces interventions était une thérapie visuelle avec une spécialiste, mais, dans un premier temps, le malade ne réussit pas à travailler avec elle. « Je la trouve sympathique », me dit-il, lorsque, étant en déplacement, je l'appelai pour prendre de ses nouvelles. « Mais elle me propose constamment des images violentes qui me mettent mal à l'aise, comme d'imaginer des rayons laser en train d'attaquer les globules blancs pathogènes. J'ai le sentiment que mon corps a subi assez de violence médicale comme cela et j'ai besoin d'images plus paisibles. » Finalement il en trouva une qui lui convenait : il imagina d'autres globules blancs (les cellules T suppressives) comme des policiers motorisés qui escortaient en side-car ses globules rouges et ses plaquettes dans le sang pour les protéger des globules blancs agressifs. Cet exercice de visualisation fonctionna merveilleusement bien pour lui et devint un des points clés du programme qui permit une longue rémission de sa maladie.

Vous pouvez vous exercer à pratiquer la visualisation mentale pour influencer votre corps, en rêvant éveillé de manière plus consciente et plus contrôlée, et en étant attentif aux réactions émotionnelles que déclenchent chez vous certaines images. Essayez d'utiliser la visualisation pour stimuler la cicatrisation des blessures, la guérison des maux de gorge et d'autres maladies courantes. Ainsi lorsque vous devrez mobiliser vos ressources réparatrices pour lutter contre une grave maladie, vous aurez déjà de l'entraînement.

Les émotions

De nombreux adeptes de la méditation conseillent d'apprendre à maîtriser vos émotions – contrôler vos changements d'humeur et cultiver un tempérament égal. Ce conseil peut être utile pour certains. Lorsque je vois des patients dont les vies sont complètement désorganisées, dont les taux d'énergie sont en dents de scie, qui mangent n'importe comment et ne choisissent que des partenaires instables, je leur recommande généralement des exercices respiratoires et la pratique de la méditation pour les aider à retrouver leur équilibre. Mais, ayant été souvent témoin du rôle clé des émotions dans la guérison spontanée, je crois qu'il peut être plus utile d'encourager les malades à cultiver leurs passions. J'ai déjà parlé de certains cas où les patients, en tombant amoureux ou en exprimant leur colère, avaient déclenché une réaction de guérison. Que l'émotion soit positive ou négative semble être sans importance ; c'est son intensité qui lui donne le pouvoir d'affecter les fonctions du corps. Plus que les sentiments négatifs, l'apathie paraît être le plus grand obstacle émotionnel à la guérison spontanée.

Et que dire de la dépression, ce fléau de nos civilisations ? Je la conçois comme une immense énergie potentielle, refoulée et retournée contre soi-même. Si l'on réussit à atteindre cette énergie et à la déplacer, elle peut devenir un catalyseur de la guérison spontanée. Les psychiatres traitent la dépression presque exclusivement par les médicaments, et particulièrement avec une nouvelle forme d'antidépresseurs, des inhibiteurs du recaptage de la sérotonine, dont le Prozac est le prototype. L'industrie pharmaceutique les a imposés sur le marché par une campagne de vente agressive et efficace, en convainquant notamment le public que, sans eux, on ne pouvait pas découvrir ses véritables potentiels d'être humain. Récemment, une de mes amies, qui a atteint la cinquantaine, est allée faire un examen gynécologique de routine. Après l'avoir auscultée, la gynécologue lui a demandé si elle désirait se faire prescrire du Prozac.

« Pourquoi ? a demandé mon amie. Je ne suis pas déprimée.

– Comment le sauriez-vous ? » a répliqué la praticienne.

Les gens qui prennent du Prozac ou des antidépresseurs du même type disent souvent qu'ils ressentent tout moins intensément, y compris leur dépression. La médication est une des options possibles pour traiter de graves troubles psychiques, mais je m'inquiète de l'enthousiasme que déchaînent des médicaments qui étouffent les passions, parce que je considère l'intensité des émotions comme une des clés du système réparateur. De plus, notre capacité à éprouver de la joie pourrait avoir la même origine que celle qui nous entraîne dans la dépression, si bien qu'une personne déprimée peut être plus apte à ressentir l'extase que quelqu'un d'humeur égale ou qu'un consommateur de Prozac. Une des techniques possibles pour surmonter les périodes noires est de faire semblant d'éprouver le contraire. Le rabbin Nachman, de Bratislava, un grand mystique juif du tournant du siècle, qui connaissait souvent des élans d'extase mystique lors de ses méditations solitaires en forêt, donnait ce conseil à ses disciples :

« Soyez toujours gai, quelles que soient les circonstances. Par la joie, vous pouvez donner la vie. » Chaque jour, expliquait-il, nous devons adopter délibérément une attitude allègre, enthousiaste face à la vie ; ainsi, nous apprenons à percevoir les mystères subtils qui nous entourent. Et même si nous ne sommes pas touchés par l'inspiration, nous devons faire comme si nous l'étions. « Si vous ne ressentez pas d'enthousiasme, faites semblant. Agissez de manière enthousiaste et ce sentiment deviendra authentique. »

L'ESPRIT

Vous êtes-vous jamais demandé pourquoi certaines boissons alcoolisées sont appelées « spiritueux » ? Cette appellation a son origine dans le terme « esprit-de-vin », l'ancien nom du brandy (« brandy », une abréviation de « vin de brandy », vient d'un mot hollandais signifiant « vin brûlé ou chauffé » ; le brandy fut la première forme d'alcool distillé). Dans le brandy, l'essence alcoolisée qui donne au jus de raisin fermenté son pouvoir enivrant a été concentrée, en faisant une boisson beaucoup plus puissante que le vin. À l'origine, lorsqu'ils l'inventèrent, les distillateurs hollandais souhaitaient seulement réduire le volume du vin pour le transporter plus facilement dans les colonies des autres continents : on mettait le brandy en tonneaux et on pouvait le diluer à l'arrivée au port pour augmenter son volume. Bien entendu, lorsque les gens goûtèrent le contenu des tonneaux, rares furent ceux qui voulurent y ajouter de l'eau et une nouvelle forme d'alcool, plus puissante, envahit le monde. Cet ancien nom du brandy et l'usage persistant du terme de « spiritueux » pour désigner les liqueurs fortes, est un indice quant à la nature de la réalité spirituelle et son rapport à la matière.

C'est l'essence vitale du vin qui est concentrée dans le brandy, cette essence possédant le pouvoir de nous faire passer dans un autre état de conscience. Si vous chauffez un verre de brandy entre vos mains, vous pouvez humer les vapeurs d'alcool qui émanent du liquide (et parfois en ressentir les effets). Sous cette forme concentrée, l'essence du vin se conduit comme un gaz autant que comme un liquide ; c'est-à-dire qu'elle est moins dense et plus active qu'elle ne l'est dans le vin, ainsi que plus puissante. L'esprit est la source de la vie et du pouvoir ; sans lui les formes matérielles ne sont que des enveloppes inertes. Il pénètre la matière tout en étant lui-même immatériel.

De nombreux mystiques, après une longue recherche intérieure, ont déterminé que la respiration était la preuve de la présence de l'esprit dans le corps. La respiration est immatérielle ou se trouve, du moins, à la lisière entre la réalité matérielle et immatérielle. Elle a son propre mouvement et son propre rythme et elle est la source de la vie et de la vitalité. Dans plusieurs langues, le mot désignant l'esprit et la respiration est le même : en sanscrit, *prana* ; en grec, *pneuma* ; en hébreu, *ruach* ; en latin *spiritus*. Et dans un grand nombre de cultures, on considère que la vie commence avec le premier souffle et s'achève avec le dernier. Tant que le cycle de la respiration n'a pas commencé, l'esprit et le corps ne se sont pas rencontrés ; le fœtus et le nouveau-né ont une vie végétative, mais ne sont pas encore habités par l'esprit. Certaines cultures pensent que Dieu accorde à chacun un nombre précis de respirations et que la vie arrive à son terme lorsque l'homme a épuisé le nombre qui lui est donné – un bon argument pour apprendre à respirer plus lentement.

Il y a quelques années, voici ce que j'écrivais :

« Au cœur de notre être palpite un mouvement rythmique, un mouvement cyclique d'expansion et de contraction qui est à la fois à l'intérieur et à l'extérieur de nos corps, à la fois spirituel et physique, à la fois conscient et dans un ailleurs de la conscience. La respiration est l'essence de l'être, et, dans tous les aspects de l'Univers, nous retrouvons cette forme rythmique d'expansion et de contraction : le cycle des jours et des nuits, de la veille et du sommeil, des marées montantes et descendantes, ou le rythme des saisons. Le mouvement oscillatoire entre ces deux phases existe à tous les niveaux de réalité, même à l'échelle de l'Univers qui est en ce moment en expansion mais se contractera un jour pour revenir à ce point originel, inconcevable, qui est le tout et le rien, achevant ainsi sa respiration cosmique. »

Si la respiration est le mouvement de l'esprit dans le corps – le cœur du mystère qui nous unit à toute la Création –, alors travailler sa respiration est une forme d'activité spirituelle. C'est aussi une technique qui influence la santé et la guérison, puisque notre façon de respirer reflète l'état de notre système nerveux et influe aussi sur l'état de ce système. Vous pouvez apprendre à réguler votre rythme cardiaque, votre tension, votre circulation et votre digestion en changeant consciemment le rythme et l'ampleur de votre respiration. Vous pouvez tonifier votre système réparateur de la même manière. Je vais vous suggérer des exercices simples pour y arriver. Il vous suffit de quelques minutes pour les réaliser, mais vous ne ressentirez leurs véritables effets que si vous les pratiquez régulièrement, de préférence chaque jour.

1. *Apprenez à connaître votre respiration.* Asseyez-vous dans une position confortable, les yeux fermés, en ayant desserré tout vêtement gênant. Concentrez-vous sur votre respiration sans essayer de la modifier d'aucune manière. Suivez les mouvements du cycle respiratoire, vos inspirations et vos expirations, et essayez de percevoir le moment où les phases s'inversent. Pratiquez cet

exercice plusieurs minutes au moins. Votre but est simplement de vous concentrer sur votre cycle respiratoire et de l'observer. Quels que soient les changements de rythme de votre respiration, même si vos expirations deviennent très brèves, continuez à les suivre. Cet exercice est une des bases de la méditation, une méthode de relaxation et une façon d'harmoniser le corps, l'âme et l'esprit.

2. *Débutez par l'expiration.* La respiration est continue, sans début ni fin, mais nous avons tendance à considérer que l'inspiration vient en premier dans le cycle. Je veux que vous essayiez d'inverser cette perception dans cet exercice que vous pouvez pratiquer soit assis, soit couché. De nouveau, concentrez-vous sur votre respiration et laissez le rythme se faire naturellement sans tenter de le modifier, mais, cette fois, essayez de ressentir l'expiration comme le début du cycle. La raison d'être de cet exercice est que vous avez plus de maîtrise sur votre expiration parce que vous pouvez utiliser les muscles volontaires de vos côtes (les muscles intercostaux) pour expulser l'air de vos poumons, et ces muscles sont bien plus puissants que ceux qui permettent l'inspiration. Plus vous expulsez d'air et plus, automatiquement, vous en inspirez. Il est important d'acquérir une respiration plus profonde ; le meilleur moyen d'y parvenir est de considérer l'expiration comme le début du cycle, alors l'inspiration viendra toute seule.

3. *Laissez-vous respirer.* Cet exercice est plus efficace si vous le pratiquez couché, aussi vous pouvez essayer de le faire au coucher ou au réveil. Fermez les yeux, les bras le long du corps, et concentrez-vous sur votre respiration sans tenter de la modifier. À présent, imaginez qu'à chaque inspiration l'Univers vous transmet son souffle et vous le retire à chaque expiration. Vous êtes le récepteur passif de ce souffle universel. Tandis que l'Univers vous pénètre, laissez sa respiration imprégner toutes les par-

ties de votre corps, jusque dans ses moindres extrémités. Essayez de maintenir cette sensation pendant dix cycles respiratoires.

Vous pouvez pratiquer ces trois exercices aussi longtemps que vous le désirez en ne dépassant pas dix minutes, mais surtout faites-les tous les jours.

Les deux exercices suivants sont des techniques respiratoires de base du *pranayama,* la science ancestrale indienne de maîtrise respiratoire qui fait partie du yoga. *Prana* signifie l'énergie universelle, dont la respiration est la forme corporelle, et la pratique *pranayama* est censée harmoniser les énergies du corps et les mettre en phase avec l'énergie cosmique. Ces deux exercices sont sans danger et extrêmement utiles. Ils requièrent peu de temps ; mais, là aussi, pour ressentir ce qu'ils peuvent faire pour vous et votre système respiratoire, vous devez les pratiquer régulièrement.

4. *La respiration du soufflet.* Asseyez-vous confortablement, les yeux clos, le dos bien droit. Placez votre langue dans la position yoga : le bout de la langue derrière les dents supérieures de devant, puis faites-le glisser vers le haut jusqu'à ce qu'il repose sur la crête alvéolaire, le tissu mou entre les dents et la voûte palatine. Gardez cette position durant tout l'exercice. (La philosophie yoga dit que ce contact ferme le circuit d'énergie du corps, empêchant la fuite de *prana* pendant les exercices respiratoires.) Maintenant inspirez et expirez rapidement par le nez en gardant la bouche légèrement close. L'inspiration et l'expiration devraient être brèves et de durée égale, et vous devriez sentir une tension musculaire à la base du cou, juste au-dessus de la clavicule, et au niveau du diaphragme. (Posez vos mains à ces endroits pour sentir le mouvement musculaire.) L'activité de la poitrine devrait être rapide et mécanique, comme celle d'un soufflet en action ; en fait, le nom sanscrit de cet exercice signifie « la respiration du soufflet ». Vous devriez entendre claire-

ment vos inspirations et expirations qui doivent être rapides (essayez d'atteindre trois cycles par seconde).

La première fois que vous réalisez cet exercice, ne dépassez pas quinze secondes, puis respirez normalement. Chaque fois que vous le répétez, augmentez la durée de l'exercice de cinq secondes jusqu'à atteindre une minute pleine. C'est un véritable effort physique, et vous pouvez vous attendre à ce que les muscles utilisés soient courbaturés. Vous éprouverez aussi une autre sensation : un mouvement d'énergie, subtil mais manifeste, dans tout le corps lorsque vous revenez à une respiration normale. Dans mon cas personnel, je ressens une vibration ou un picotement, particulièrement dans les bras, ainsi qu'un regain de vitalité et une disparition de la fatigue. Il ne s'agit pas d'une hyperventilation (qui produit des modifications physiologiques dues à l'expulsion de l'excès de gaz carbonique), mais d'une manière de stimuler le système nerveux central. Une fois que vous avez appris à faire « la respiration du soufflet », essayez de remplacer votre café de l'après-midi par ce remontant naturel. Je la trouve particulièrement utile quand je me sens fatigué au volant sur l'autoroute. Plus vous la pratiquerez, plus vous ressentirez l'énergie qu'elle vous insuffle.

5. *La respiration décontractante.* Vous pouvez pratiquer cette technique assis, le dos droit, ou couché sur le dos, ou bien debout, ou encore en marchant. Placez votre langue dans la position yoga pendant toute la durée de l'exercice. Expirez par la bouche d'une manière ample et audible. Fermez ensuite la bouche et inspirez calmement par le nez en comptant (dans votre tête) jusqu'à quatre. Puis retenez votre respiration en comptant jusqu'à sept. Enfin, expirez par la bouche comme précédemment en comptant jusqu'à huit. Répétez le mouvement quatre fois. Si vous avez des difficultés à expirer avec la langue en position yoga, essayez d'avancer vos lèvres pendant l'expiration ; vous devriez rapidement trouver le « truc ». Notez que l'important n'est pas la vitesse à laquelle vous

faites cet exercice, mais le rapport entre les différentes étapes : quatre, sept et huit. Retenir votre respiration est l'étape la plus difficile, alors adaptez votre rythme en fonction de cette partie de l'exercice. Avec de la pratique, vous arriverez à ralentir vos mouvements respiratoires, ce qui est souhaitable. Faites cet exercice deux fois par jour. Après un mois d'entraînement, si cette technique vous convient, passez à huit cycles deux fois par jour.

Je pratique cet exercice le matin avant ma méditation et le soir avant de m'endormir, et aussi dès que je me sens angoissé ou déstabilisé par quelque chose. C'est une technique que j'enseigne à presque tous mes patients et j'ai souvent des échos de résultats remarquables. Elle guérit les troubles digestifs, l'arythmie cardiaque, fait baisser la tension, combat l'anxiété et l'insomnie, et bien d'autres choses encore. Je la considère comme un tonique du système nerveux – un tonique spirituel et non plus matériel – et je n'ai pas de mot assez fort pour vous la recommander.

Ces cinq exercices sont une introduction aux façons d'utiliser votre respiration pour optimiser votre système réparateur. Je le répète, il s'agit d'une véritable pratique spirituelle, et pas seulement d'une activité physique. La science de la respiration consciente n'est pas enseignée dans les écoles de médecine. D'un point de vue historique, elle s'inscrit dans une tradition ésotérique, essentiellement orale, et, même aujourd'hui, il existe très peu d'ouvrages sur la question.

L'énergie que vous ressentez dans votre corps après avoir fait la « respiration du soufflet » est celle que les médecins chinois appellent *qi* (chi), le terme qui désigne l'énergie de la vie universelle. Pour la plupart des gens, elle se caractérise par une sensation de chaleur, de picotement ou de subtile vibration. Avec de la pratique, vous la ressentirez plus intensément, et vous réussirez peut-être même à la transmettre aux autres. De nombreux systèmes thérapeutiques, orientaux comme occidentaux, utilisent la transmission d'énergie, notamment par les mains, avec ou sans contact de la peau entre le guérisseur et le patient. En Chine et au Japon, elle est employée dans des thérapies comme le *reiki*, le *jin shin jyutsu* et le *johrei* ; dans nos cultures occidentales, elle se retrouve dans le contact thérapeutique, une forme de soin par l'énergie, surtout enseignée dans les écoles d'infirmières. Il est utile d'apprendre à sentir, à transmettre et à recevoir cette forme subtile d'énergie. Non seulement cette pratique a des vertus thérapeutiques, mais elle nous apprend à nous centrer sur notre pôle spirituel et non plus matériel. Plus vous vous vivrez comme une source d'énergie, plus il vous sera facile de vous identifier avec votre enveloppe corporelle.

Les mystiques et les adeptes de la spiritualité enseignent qu'il est possible d'élever l'énergie spirituelle, d'augmenter son taux de vibrations. Une des méthodes possibles est d'entrer en contact avec des gens, des lieux ou des objets qui possèdent une grande énergie spirituelle. Dans le monde entier, des millions de gens font des pèlerinages dans des lieux sacrés – montagnes, forêts, autels ou temples – qui leur donnent un sentiment d'élévation, de régénération et de renaissance spirituelle. Vous pouvez rechercher dans votre région les lieux dans lesquels vous pouvez ressentir la sérénité, l'élévation de l'âme ou l'extase spirituelle. Vous pouvez aussi lire des écrits ou des biographies de guides spirituels, et vous pouvez aussi contempler des œuvres d'art ou écouter de la grande musique parce que la beauté sous toutes ses formes élève l'âme. Comme la beauté de la nature est, elle aussi, une source d'inspiration, une manière simple d'obtenir ces bénéfices spirituels est d'avoir toujours des fleurs dans votre maison.

Enfin, vous pouvez être attentif à vos relations humaines. Est-ce que certaines personnes vous rendent systématiquement plus heureux, plus serein et plus positif ? Dans ce cas, essayez de passer plus de temps en leur compagnie et évitez ceux qui ont un effet inverse sur vous. D'une certaine manière, notre être spirituel entre en résonance avec celui des autres ; si cette rencontre est positive, les relations humaines sont un des plus puissants moyens de guérison, capable de neutraliser de nombreuses influences négatives sur le plan matériel.

L'histoire de la ville de Roseto, en Pennsylvanie, en est un bel exemple. Ses habitants, des Italo-Américains, avaient un taux de maladies coronariennes bien plus bas qu'il n'aurait dû l'être logiquement. Cette ville avait accueilli des immigrants de deux villages du nord de l'Italie, venus aux États-Unis dans les années 30, dans l'espoir d'y construire une vie meilleure. Leur communauté était très soudée, constituée de grandes familles aux liens étroits. Ces immigrants étaient aussi de gros mangeurs, et pour certains, de gros fumeurs ; pourtant le pourcentage de crises cardiaques parmi eux était extrêmement faible. Mais leurs enfants, à présent dans la cinquantaine et la soixantaine, avec le même régime alimentaire, ont un pourcentage de maladies cardiaques similaire à celui des autres Américains. Que s'était-il produit entre la première et la seconde génération ? Des chercheurs se sont penchés sur la question et ont découvert que la différence majeure était l'atomisation des familles et des liens de communauté ; la jeune génération était constituée de familles nucléaires classiques, et souffrait de l'isolement social typique de notre civilisation moderne. Les liens étroits qui s'étaient maintenus entre les immigrants de la première génération les avaient protégés d'une certaine manière contre les effets nocifs du tabac et d'un régime alimentaire hypercalorique. Je considère ce genre d'interactions positives entre les hommes comme un phénomène spirituel, dont ne bénéficient pas malheureusement bon nombre des malades que je reçois dans mon cabinet.

14

Un programme de huit semaines pour optimiser vos pouvoirs de guérison

À partir de toutes les informations des chapitres précédents, j'ai élaboré un programme qui vous aide à modifier votre hygiène de vie, de manière à favoriser la guérison spontanée. Présenté sous forme de planning détaillé pour chaque semaine, il propose des modifications progressives, s'appuyant sur le travail que vous avez déjà accompli les semaines précédentes. En deux mois, vous aurez acquis les bases d'une hygiène de vie propre à stimuler la guérison. Lisez attentivement le déroulement de ce programme, puis déterminez une date pour l'entreprendre. Lorsque vous l'aurez terminé, vous pourrez décider quels changements vous souhaitez intégrer à votre vie de manière définitive. Si le programme vous paraît trop rapide pour vous, n'hésitez pas à en ralentir la progression et à adopter un rythme qui vous convient mieux.

Projets

• Faites l'inventaire de vos placards à provisions et de votre réfrigérateur et débarrassez-vous de toutes les huiles autres que l'huile d'olive. Jetez toute forme de margarine ou de graisse végétale solide, ainsi que les aliments qui en contiennent. Vérifiez la liste d'ingrédients de tous vos produits pour éliminer ceux fabriqués à base d'huiles partiellement hydrogénées. Si vous n'avez pas d'huile d'olive extra-vierge sous la main, achetez-en une bouteille et commencez à l'utiliser. Vous pouvez aussi y ajouter une petite bouteille d'huile de colza biologique, pressée à froid.

Alimentation

• Cette semaine, commencez à manger des brocolis frais. Si vous ne savez pas comment les préparer, essayez une des recettes proposées pages 203 et 204.

• Mangez du saumon, des sardines ou du hareng fumé au moins une fois cette semaine. Si vous n'aimez pas le poisson, achetez des graines de lin dans un magasin diététique et saupoudrez-les, moulues, sur certains de vos plats.

Compléments vitaminés

• Si vous ne le faites pas déjà, commencez à prendre de la vitamine C : 1000 ou 2000 milligrammes au petit déjeuner, la même dose au dîner et, si possible, avant le coucher.

Exercice

• Essayez de marcher dix minutes par jour cinq jours de la semaine. Si vous pratiquez déjà un sport autre que la marche, faites ces promenades en complément.

Mental/Spirituel

• Réfléchissez à l'une des expériences de guérison que vous avez vécue. Faites une liste des blessures et des maladies dont vous avez guéri au cours de ces deux dernières années. Notez tout ce que vous avez fait pour accélérer le processus de guérison.

• Pratiquez l'exercice de prise de conscience de la respiration (page 274) cinq minutes chaque jour.

• Achetez des fleurs et placez-les dans un endroit où vous pouvez en profiter.

DEUXIÈME SEMAINE

Projets

• Si vous ne le savez pas déjà, faites une recherche sur la source et la composition de votre eau du robinet. Arrêtez de boire de l'eau chlorée. Renseignez-vous sur les systèmes de purification d'eau, si vous n'en possédez pas. En attendant d'en acheter un, buvez de l'eau minérale.

Alimentation

• Mangez du poisson au moins une fois cette semaine.

• Allez dans un magasin diététique et étudiez les rayons de produits surgelés et réfrigérés pour vous familiariser avec les différentes sortes de produits à base de soja. Choisissez-en un qui vous tente.

• Achetez du thé vert japonais et essayez-le. Si vous buvez du café ou du thé noir, essayez de le remplacer par du thé vert systématiquement ou occasionnellement.

Compléments vitaminés

• Commencez à prendre du bêta-carotène ; 25 000 UI par jour au petit déjeuner.

Exercice

• Passez à quinze minutes de marche par jour et essayez de la pratiquer cinq jours dans la semaine.

Mental/Spirituel

• Soyez attentif à vos images mentales et notez celles qui ont sur vous un puissant impact émotionnel. Réfléchissez aux façons possibles de vous en servir lors de visualisations thérapeutiques.

• Allez vous promener dans un parc ou dans un autre site naturel que vous aimez. Restez-y aussi longtemps que possible, sans rien faire de particulier, simplement pour sentir l'énergie du lieu.

• Essayez un « jeûne d'informations » pendant une journée. Ne lisez pas les journaux, n'écoutez pas les informations à la télévision ou à la radio ; voyez ensuite comment vous vous sentez.

• Commencez à pratiquer tous les exercices de respiration décrits à partir de la page 274.

TROISIÈME SEMAINE

Projets

• Cherchez les points de vente où vous pouvez trouver des produits biologiques. Renseignez-vous chez les marchands de légumes ou dans les magasins diététiques. Prenez la décision d'acheter des fruits et des légumes biologiques, particulièrement ceux mentionnés page 224.

• Si vous utilisez une couverture chauffante, débarrassez-vous-en. Placez votre radio-réveil électrique à distance de votre lit. Achetez un écran antiradiation pour votre ordinateur. Achetez une paire de lunettes filtrantes si vous n'en possédez pas.

Alimentation

• Faites l'effort de manger une portion supplémentaire de fruits ou de légumes avec au moins l'un de vos repas cette semaine.

• Mangez du poisson au moins deux fois cette semaine.

• Dans l'un de vos repas au moins, remplacez la viande par un produit à base de soja.

Compléments vitaminés

• Au déjeuner, ou lors de votre repas le plus copieux, prenez 400 à 800 UI de vitamine E et 200 à 300 microgrammes de sélénium.

Exercice

• Passez à vingt minutes de marche par jour, cinq jours par semaine. Si vous pratiquez régulièrement un autre sport, envisagez de limiter votre entraînement à deux ou trois jours par semaine, et d'y substituer la marche les autres jours.

Mental/Spirituel

• Faites une liste des livres que vous aimeriez lire dans le domaine de la spiritualité, de la religion, des manuels pratiques, de la poésie, des biographies ou un autre domaine qui vous intéresse, et choisissez-en un que vous commencerez cette semaine.

• Faites une liste des amis ou des relations en compagnie desquels vous vous sentez plus vivant, plus gai, plus optimiste. Arrangez-vous pour passer du temps avec l'un d'entre eux cette semaine.

• Achetez de nouveau des fleurs.

Projets

Vérifiez le confort de votre literie et de votre chambre. Est-ce que vous avez du mal à dormir à cause d'un lit inconfortable ou d'une chambre trop bruyante ? Si c'est le cas, envisagez les changements suggérés page 257.

- Renseignez-vous sur l'achat d'un ionisateur pour votre appartement ou votre chambre si vous vivez dans un quartier pollué.

Alimentation

- Mangez plus d'ail sous quelque forme que ce soit cette semaine.
- Essayez de remplacer un autre repas à base de protéines animales par des protéines de soja.

Exercice

- Passez à vingt-cinq minutes de marche par jour, cinq jours par semaine.

Mental/Spirituel

- Essayez de faire deux jours de « jeûne d'informations » cette semaine.
- Continuez à faire vos exercices respiratoires. Pratiquez la respiration décontractante deux fois par jour.
- Contactez quelqu'un que vous connaissez qui a guéri d'une blessure ou d'une maladie. Demandez-lui des détails sur cette expérience.

Projets

• Trouvez un sauna ou un hammam où vous puissiez aller. Faites vingt minutes de sauna ou de hammam cette semaine. La température devrait être assez chaude pour que vous suiez abondamment. N'oubliez pas de boire ensuite beaucoup d'eau pour compenser les fluides éliminés.

Alimentation

• Essayez un jeûne d'une journée à base de fruits à volonté, d'eau et de tisane. Ne prenez pas vos compléments vitaminés ce jour-là, excepté la vitamine C.

• Achetez du gingembre et fabriquez-vous une tisane de gingembre, suivant la recette page 236. Essayez aussi le gingembre confit pour voir si vous l'aimez.

Exercice

• Passez à trente minutes de marche par jour, cinq jours par semaine.

Mental/Spirituel

• Voyez si vous arrivez à tenir trois jours de « jeûne d'informations » cette semaine.

• Pratiquez chaque jour vos exercices respiratoires.

• Écoutez un morceau de musique que vous trouvez inspirant et émouvant.

• Achetez des fleurs.

Projets

• Relisez le chapitre des toniques page 230. Choisissez celui qui vous semble le mieux adapté à vos besoins et trouvez un point de vente où vous pouvez vous le procurer.

• Voyez si, dans vos cercles d'amis, de relations ou de collègues de travail, vous pouvez découvrir des histoires de guérison spontanée.

• Faites deux saunas ou hammams cette semaine.

Alimentation

• Pratiquez un jour de jeûne à base de jus de fruits ou de légumes, d'eau et de tisanes. Ne prenez pas vos compléments vitaminés ce jour-là, excepté la vitamine C.

• Mangez du poisson et des produits à base de soja deux fois chacun cette semaine.

• Continuez à manger des brocolis deux fois par semaine.

Exercice

• Passez à trente-cinq minutes de marche, cinq fois par semaine.

Mental/Spirituel

• Passez à quatre jours de « jeûne d'informations » cette semaine.

• Allez dans un musée et essayez de trouver une œuvre d'art – peinture, sculpture ou monument architectural – dont la beauté vous touche et vous inspire.

• Continuez chaque jour vos exercices respiratoires.

Projets

• Réfléchissez à un travail bénévole que vous pourriez accomplir cette semaine, tel que passer quelques heures comme bénévole dans un hôpital ou une association charitable, ou aider quelqu'un que vous connaissez qui est infirme ou coupé du monde – n'importe quel genre d'activités où vous mettriez votre temps et votre énergie au service des autres.

• Continuez à vous rendre au sauna ou au hammam, trois fois cette semaine, si possible.

Alimentation

• Lors de votre jeûne de la semaine, ne buvez que des jus de fruits, de l'eau et de la tisane. Ne prenez pas vos compléments vitaminés ce jour-là, excepté la vitamine C.

• Les autres jours de la semaine, adoptez le régime suivant : au moins deux repas de poisson, et deux de protéines de soja, mangez en abondance des fruits, des légumes, des céréales, du gingembre et de l'ail.

Exercice

• Passez à quarante minutes de marche par jour, cinq jours par semaine.

Mental/Spirituel

• Essayez de reprendre contact avec quelqu'un que vous avez perdu de vue depuis longtemps.

• Consacrez du temps à apprécier l'art, les fleurs et la musique.

• Passez à huit cycles de respiration décontractante, deux fois par jour.

Projets

• Passez en revue les changements que vous avez accomplis durant ces huit dernières semaines et réfléchissez à ceux que vous envisagez d'adopter définitivement. Mettez sur pied un plan réaliste que vous pourrez tenir au cours des huit semaines à venir.

Alimentation

• Essayez un jeûne à l'eau cette semaine : vous pouvez prendre de la tisane avec un peu de citron, mais rien de calorique. Si cela se révèle trop difficile, buvez des jus de fruits dilués. Ne prenez que de la vitamine C ce jour-là.

• Réfléchissez aux façons de continuer ce régime alimentaire dans les semaines à venir.

Compléments vitaminés

• Commencez à prendre le tonique que vous avez choisi. Prévoyez une période d'essai de deux mois pour juger de ses effets sur votre niveau d'énergie, votre résistance et votre état général.

Exercice

• Vous arrivez à l'objectif fixé : quarante-cinq minutes de marche par jour, cinq jours par semaine.

Mental/Spirituel

• Continuez vos exercices respiratoires. Commencez à vous servir de la respiration décontractante à chaque fois que vous vous sentez anxieux ou énervé, et pratiquez-la au moins deux fois par jour.

• Essayez de faire un « jeûne d'informations » d'une semaine. À la fin de ce jeûne, réfléchissez à la dose d'informations que vous avez envie de laisser entrer dans votre vie dans les semaines qui viennent.

• Pensez à des gens qui vous ont blessé ou mis en colère. Essayez de comprendre les raisons de leurs attitudes, et de leur pardonner. Pouvez-vous dire au moins à l'un d'entre eux que vous lui pardonnez ?

• Récompensez-vous de vos efforts en achetant des fleurs particulièrement belles cette semaine, et offrez-en à une personne de votre choix.

Félicitations ! Durant les deux mois qui viennent de s'écouler, je vous ai demandé de faire beaucoup d'efforts, dont certains vous ont semblé inhabituels ou difficiles à réaliser. Sachez que vous avez été très bon avec vous-même et avec votre système réparateur. En conséquence des changements que vous avez effectués, vous avez plus de chance d'arriver à la guérison spontanée si le besoin s'en fait sentir. Essayez d'intégrer le plus grand nombre possible de ces changements dans votre vie à partir de maintenant.

III

FACE À LA MALADIE

15

Prendre les bonnes décisions

Lorsque vous tombez malade, vous devez décider quelles mesures adopter pour recouvrer la santé. Si vous n'acceptez pas de prendre cette responsabilité, d'autres décideront pour vous et ne feront pas forcément les meilleurs choix. La décision la plus fondamentale est de déterminer quels genres de thérapies peuvent aider, ou au contraire freiner le travail du système réparateur. Pour cela, vous avez besoin de connaître la nature de votre maladie et de savoir si la médecine allopathique peut vous aider sans affaiblir les chances de guérison spontanée. Il faut aussi envisager les traitements parallèles qui peuvent être adaptés à votre cas.

Un bon point de départ est d'analyser ce que la médecine allopathique peut ou ne peut pas faire pour vous. Elle est, par exemple, très efficace en cas de traumatisme : si j'étais victime d'un grave accident de voiture, je souhaiterais être transporté directement dans un hôpital moderne, et pas chez un chaman, ni chez un thérapeute pratiquant la visualisation, ni chez un acupuncteur. (Mais, une fois hors de danger, j'utiliserais peut-être ces autres formes de thérapie pour stimuler les processus de guérison.) La médecine allopathique sait aussi très bien diagnostiquer et soigner toutes les formes de crises médicales : hémorragie, attaque cardiaque, œdème pulmonaire, insuffisance cardiaque aiguë, coma diabétique, occlusion intestinale, appendicite aiguë... Vous devez être capable d'identifier les symptômes de maladies qui peuvent être potentiellement graves pour ne pas perdre de temps avant d'être mis sous traitement – en général, des symptômes inhabituels et inquiétants, persistants ou anormaux nécessitent un examen immédiat.

EXEMPLE N° 1 : UNE URGENCE MÉDICALE

Frederick R., un prêtre de soixante-cinq ans en relativement bonne santé, adepte de la médecine naturelle, vint me consulter pour « des troubles digestifs qui, depuis un an, avaient progressivement empiré ». Il me dit souhaiter un traitement naturel parce qu'il ne croyait pas à la médecine allopathique. La douleur venait par crises, commençant au creux de l'estomac avant de gagner la poitrine, le bras gauche, la mâchoire et le dos. Les crises devenaient de plus en plus fréquentes et avaient récemment commencé à le réveiller la nuit. Incapable de maîtriser cette douleur par ses propres moyens, Frederick avait consulté un gastro-entérologue qui avait pratiqué de nombreuses analyses, y compris une endoscopie – l'introduction d'une sonde dans l'estomac pour étudier la muqueuse gastrique. Les analyses révélèrent une hernie hiatale et un petit calcul biliaire qui n'avait probablement rien à voir avec les symptômes. Le médecin prescrivit un médicament pour supprimer les poussées acides gastriques ; Frederick le prit pendant plusieurs mois, sans résultat. Puis il alla voir un naturopathe qui lui conseilla des remèdes galéniques et un régime alimentaire, aussi inefficaces. Il s'adressa ensuite à un homéopathe, mais, plusieurs traitements homéopathiques n'avaient pas, eux non plus, apporté d'amélioration à son état. Il m'expliqua que la douleur empirait en cas d'effort ou en position couchée, et se calmait en position assise. Elle ne semblait pas être liée à son alimentation.

Une brûlure dans la poitrine qui empire en position couchée et se calme en position assise est un symptôme typique de la hernie hiatale (dans laquelle une partie de l'estomac saille à travers l'anneau musculaire à la jonction de l'œsophage et peut causer une inflammation en cas d'acidité excessive), mais un effort physique n'aggrave pas les douleurs gastriques et hiatales. Je demandai à Frederick des précisions sur ce point et me fis une idée claire de ses douleurs thoraciques en cas d'effort, qui suggéraient plutôt une maladie cardiaque qu'un problème gastro-intestinal. Frederick me confirma que ni le gastro-entérologue, ni aucun autre médecin n'avaient fait d'électrocardiogramme. La description des symptômes avait suffi à me convaincre que ce patient souffrait d'un angor instable, une urgence médicale, et je lui dis que j'acceptais de le soigner uniquement s'il consultait immédiatement un cardiologue pour passer une épreuve d'effort sur tapis roulant. Je lui donnai le nom d'un cardiologue voisin et il prit rendez-vous pour le lendemain. Durant le test, le rythme cardiaque de Frederick se révéla dangereusement instable, confirmant mes soupçons que le cœur était mal irrigué. Le cardiologue arrêta le test et dit à Frederick qu'il refusait d'être légalement responsable si celui-ci quittait son cabinet ; il l'envoya directement à l'hôpital pour un pontage artério-coronarien d'urgence. Frederick réagit bien à l'intervention, est aujourd'hui en bonne santé et respecte scrupuleusement une hygiène de vie régulatrice pour le système cardio-vasculaire.

Commentaire : Le cas de Frederick montre bien comme il peut être dangereux de ne pas prêter attention à des symptômes inhabituels et persistants qui auraient dû l'alarmer ainsi que les thérapeutes qu'il avait consultés. Toute douleur thoracique qui vous réveille au milieu de la nuit ou se manifeste en cas d'effort physique devrait être contrôlée allopathiquement. Les patients comme les médecins devraient savoir qu'une douleur thoracique due à l'effort a plus de chances d'indiquer un problème cardiaque qu'un problème gastro-intestinal. Sans cette intervention médicale, Frederick aurait probablement eu une crise cardiaque, peut-être même fatale.

Le bon sens et l'intuition peuvent vous permettre d'analyser vos symptômes et de déterminer s'ils sont sérieux ou non. En cas de migraine par exemple, vous devriez consulter un médecin si vous n'avez jamais souffert de migraines auparavant ou si elles sont plus fortes que les précédentes, si elles durent plus longtemps que d'habitude, si les crises reviennent régulièrement pendant une phase plus longue qu'auparavant et si elles sont accompagnées d'autres symptômes inhabituels (comme des vomissements ou des troubles de la vue). Plus vous connaîtrez les variations normales de votre état de santé, plus vous serez à même de remarquer et de faire diagnostiquer un symptôme anormal qui peut indiquer un problème nécessitant un traitement allopathique.

Tirer parti des capacités de diagnostic de la médecine allopathique ne vous engage pas automatiquement à accepter ses traitements. Libre à vous de vous renseigner sur le taux de réussite de ces traitements allopathiques et de déterminer leurs risques. S'ils sont symptomatiques et toxiques, ou si la médecine moderne n'a rien à vous offrir, alors il peut être indiqué d'envisager une médecine parallèle. Souvenez-vous aussi en consultant un médecin allopathique – même pour un simple diagnostic – que vous devez vous protéger de son éventuel pessimisme concernant votre guérison.

EXEMPLE N° 2 : LES MÉDECINS NE SAVAIENT PAS

Mary K., quarante ans, infirmière dans une unité de soins intensifs d'un hôpital universitaire, se croyait en bonne santé jusqu'à ce qu'elle se porte volontaire pour une recherche pharmaceutique, nécessitant un examen médical et des analyses de sang préliminaires. Ces dernières révélèrent un taux élevé d'enzymes du foie, ainsi que de fer et de ferritine, la protéine liée à la forme de réserve de fer. Elle accepta une biopsie du foie qui indiqua un début de cirrhose et une surcharge en fer, mais les médecins furent incapables d'établir un diagnostic précis. Elle leur expliqua qu'elle avait eu, vingt ans plus tôt, une hépatite parce que, à l'époque, elle se droguait par intraveineuse. Depuis, elle avait tout arrêté, l'hépatite ne s'était plus jamais manifestée et elle prenait soin de sa santé.

En tant qu'employée dans un hôpital universitaire, Mary avait la possibilité de consulter de grands spécialistes allopathiques, dont certains s'intéressèrent à son cas atypique. Ils firent d'autres analyses, étudièrent les résultats et conclurent que sa cirrhose était d'origine inconnue. Ils ne trouvaient pas de cause à la surcharge de fer et n'avaient aucun traitement à lui proposer.

Mary, une femme intelligente ayant reçu une formation médicale, avait des idées sur la question. Elle se demandait, par exemple, si la phlébotomie – la saignée d'une veine – pouvait être une méthode efficace pour réduire la surcharge de fer; mais les médecins n'y voyaient aucun intérêt. « Des quatre spécialistes que je consultai en premier lieu, aucun ne me proposa de traitement, écrit-elle. Ils ne me conseillèrent même pas de régime alimentaire pour aider à réduire la surcharge de fer. Alors quel espoir pouvais-je avoir ? » Par contre, ils lui donnèrent de bonnes raisons de s'inquiéter. « "Je sais que vous pensez au cancer", me dit l'un d'eux durant une consultation et je me souviens m'être dit : "L'idée du cancer ne m'avait pas effleurée jusqu'à présent." Au mieux, les médecins toléraient mes idées, mais sans les encourager. Ils faisaient preuve d'un manque total de bon sens, méprisaient toute intuition et ne prenaient aucune initiative. Au bout du compte, j'avais l'impression qu'ils ne me respectaient pas. »

Mary vint me consulter deux ans après la découverte de ses problèmes. À cette époque, elle évitait de manger de la viande rouge et d'autres aliments riches en fer, et avait conservé ses bonnes habitudes d'hygiène de vie.

Elle se sentait bien, mais avait toujours peur de l'évolution de sa maladie. Je commençai par lui expliquer que le foie a une extraordinaire capacité de régénération, particulièrement chez les personnes jeunes, et en bonne santé par ailleurs. Je l'encourageai à prendre des initiatives et lui dis que cela valait la peine d'essayer la phlébotomie. Je lui donnai aussi des conseils pour améliorer son régime et lui prescrivis des vitamines et deux remèdes galéniques pour les problèmes hépatiques : du chardon-marie (voir page 238) et du *schisandra* (le fruit du *Schisandra chinensis*), un médicament chinois qui aide le corps à se rétablir de l'hépatite chronique. À mon avis, l'origine du problème était une hépatite chronique, peu décelable, qui rendait le foie sensible à une surcharge de fer. Mary me dit qu'elle connaissait un médecin généraliste de l'université prêt à superviser la phlébotomie. Les semaines suivantes, elle se fit prélever un certain nombre d'unités de sang et fut ravie de constater une diminution de ses taux de fer qui retombèrent à la limite normale. Durant les années qui suivirent, sa fonction hépatique revint progressivement à la normale et se stabilisa si bien qu'aujourd'hui non seulement elle se sent, et a l'air, plus en forme que jamais, mais que ses analyses médicales confirment cette impression. Elle n'a plus peur d'attraper le cancer ou une autre maladie grave.

Voici ce qu'elle m'a écrit récemment :

« Vous, et les autres médecins qui m'avez aidée, avez su m'écouter, soutenir mes initiatives, faire preuve de bon sens, et accepter l'idée d'autres formes de thérapie. Vous compreniez mon désir et mon besoin de me guérir moi-même plutôt que d'être prise en charge. Je ne crois pas que ma guérison ait commencé avant que je me sente capable de suivre mes intuitions et de les réaliser. Vous m'avez permis de le faire. C'est alors que j'ai eu confiance en mes chances de guérison et qu'au lieu d'attendre passivement j'ai pu agir. Je veux dire aux autres malades qu'ils doivent continuer à chercher jusqu'à ce qu'ils trouvent des praticiens en qui ils puissent avoir confiance, qui les respectent, les écoutent, s'occupent d'eux et *soient compétents.* »

Commentaire : Face à des médecins pessimistes qui n'avaient rien à lui offrir, cette patiente a cherché d'autres thérapeutes qui l'ont autorisée à prendre ses propres initiatives pour résoudre ses problèmes. Bien qu'elle sache intuitivement que la guérison était possible, elle avait besoin de la parole d'un médecin pour agir.

Laissez-moi résumer ce que la médecine allopathique peut ou ne peut pas faire pour vous :

ELLE PEUT :

- S'occuper d'un traumatisme mieux que toutes les autres formes de médecine.
- Diagnostiquer et traiter de nombreuses urgences médicales et chirurgicales.
- Traiter des infections bactériennes aiguës par les antibiotiques.
- Traiter certaines infections parasitaires et fongiques.
- Avoir un effet préventif grâce à l'immunisation dans le cas de nombreuses maladies infectieuses.
- Diagnostiquer des problèmes médicaux complexes.
- Remplacer des genoux ou des hanches endommagés.
- Donner de bons résultats en chirurgie esthétique et plastique.
- Diagnostiquer et corriger des déficiences hormonales.

ELLE NE PEUT PAS :

- Traiter les infections virales.
- Soigner la plupart des maladies dégénératives.

• Traiter de manière efficace la plupart des formes de maladies mentales.

• Guérir la plupart des formes d'allergies et de maladies auto-immunes.

• Soigner efficacement les maladies psychosomatiques.

• Guérir la plupart des formes de cancer.

J'ajouterai une autre règle importante : ne cherchez pas l'aide d'un médecin allopathique pour un problème que la médecine moderne ne peut pas régler et ne vous tournez pas vers un médecin parallèle pour un problème que la médecine moderne peut traiter efficacement.

Je vais vous présenter d'autres cas de patients qui ont su prendre les bonnes décisions de traitement. J'ai choisi, parmi mes patients, des exemples caractéristiques de différents types de maladies, et qui illustrent des stratégies réussies pour les contrôler.

EXEMPLE N° 3 : LA MÉDECINE NATURELLE GUÉRIT LA POLYARTHRITE RHUMATOÏDE

Joyce N., soixante-dix ans, institutrice à la retraite, souffrait depuis presque quarante ans d'une polyarthrite rhumatoïde. En dépit de ses douleurs et des déformations de ses mains et de son cou, c'était une femme positive et gaie qui, à ma grande surprise, m'expliqua qu'elle n'avait jamais pris de médicament plus fort que l'aspirine. « Durant toutes ces années, de nombreux médecins ont essayé de me convaincre de prendre de l'or, de la prednisone et d'autres médicaments toxiques, me dit-elle lors de notre premier entretien. Mais je savais intuitivement qu'ils ne seraient pas bons pour moi et j'ai toujours refusé. J'ai une grande résistance à la souffrance et j'ai été capable de la supporter en ne prenant que de l'aspirine. » Joyce vint me consulter au début d'un mois de novembre, m'expliquant que ses douleurs avaient récemment empiré, ce qui l'inquiétait parce qu'on n'était qu'à l'orée de l'hiver, généralement la période la plus difficile pour ses rhumatismes. « Que suggérez-vous pour m'aider ? » me demanda-t-elle.

Je n'avais jamais rencontré de malade atteint de polyarthrite rhumatoïde ayant été capable d'éviter les traitements suppressifs que les médecins allopathiques prescrivent généralement dans ce cas. Bien que Joyce soit une femme discrète, à la retraite, souffrant d'une déformation importante due à la maladie, elle rayonnait de sérénité. Cette impression s'accrut lorsqu'elle me décrivit son mariage et sa vie de famille, et je fus convaincu que c'était cette force intérieure qui lui avait permis de supporter si bien une douleur chronique. Je découvris aussi qu'elle ne connaissait presque pas les traitements alternatifs pour réduire les douleurs rhumatoïdes, et je lui expliquai qu'elle pouvait s'attendre à de vraies améliorations si elle opérait des changements dans son régime alimentaire et ses activités, prenait quelques compléments vitaminés et travaillait sur les interactions du psychisme et du corps. Je lui demandai d'éliminer tous les produits laitiers, ainsi que toutes les graisses poly-insaturées et partiellement hydrogénées, de manger moins de viande et de consommer des poissons riches en acides gras oméga-3. Je lui conseillai une formule antioxydante (voir pages 214-216) et un remède galénique, la matricaire (*Tanacetum partenium*), qui est atoxique et connue pour son effet bénéfique sur la polyarthrite rhumatoïde. Je lui recommandai de faire régulièrement de la natation et de pratiquer la respiration décontractante (page 277). Enfin, je l'envoyai consulter un hypnothérapeute, spécialisé dans les maladies chroniques. Six semaines plus tard, la patiente me dit qu'elle avait suivi à la lettre ce programme et était stupéfaite des améliorations, d'autant plus remarquables qu'on était alors dans la période la plus froide et la plus humide de l'année, où elle souffrait généralement le plus.

Commentaire : La polyarthrite rhumatoïde est une maladie auto-immune type (incluant aussi le lupus, la sclérodermie et la sclérose en plaques). L'auto-immunité a une tendance inhérente à fluctuer, ses hauts et ses bas reflétant souvent les états émotionnels. La médecine moderne n'offre que des médicaments immunosuppresseurs, nécessaires en cas de crise aiguë, mais inefficaces en tant que traitement à long terme. L'inflammation chronique de l'auto-immunité cause souvent des douleurs et d'éventuelles lésions des structures du corps, mais elle peut être modérée par toute une série de méthodes atoxiques, particulièrement par des changements alimentaires et des remèdes galéniques. L'hypnothérapie et la visualisation guidée sont souvent des méthodes efficaces pour mettre la maladie sur la voie de la rémission. La réaction rapide et spectaculaire de cette patiente à un traitement naturel, en dépit de son âge et de la chronicité de sa maladie, peut être due à deux facteurs conjugués : le fait qu'elle n'ait jamais utilisé de médicaments immunosuppresseurs et sa bonne santé psychospirituelle, fondée sur l'estime d'elle-même et des relations positives avec les autres.

EXEMPLE N° 4 : GUÉRIR L'ECZÉMA CHRONIQUE

Nancy S., quarante-cinq ans, femme d'un éminent chirurgien, développa une éruption cutanée prurigineuse sur les deux mains qui s'étendit progressivement à tout son corps. Sa peau à vif devint épaisse et craquelée, lui causant de vives douleurs. Elle vit plusieurs dermatologues qui diagnostiquèrent un eczéma d'origine inconnue et lui prescrivirent des crèmes aux stéroïdes et de la prednisone par voie orale. La prednisone fit disparaître l'urticaire, mais, connaissant sa toxicité à long terme, Nancy arrêta le traitement, ce qui entraîna un retour en force des symptômes. Cette expérience, qui se répéta plusieurs fois, la rendit prudente à l'égard des formes de stéroïdes. En désespoir de cause, elle consulta un éminent dermatologue d'une autre ville, qui pratiqua une biopsie de peau et lui dit qu'elle était peut-être atteinte d'une forme rare de lymphome, un cancer au pronostic défavorable. Nancy fut évidemment bouleversée, bien qu'une seconde biopsie, pratiquée par un dermatologue de plus, ne confirmât pas ce diagnostic. Les médecins n'avaient aucun traitement à lui offrir, excepté les stéroïdes et des antihistaminiques pour réduire les démangeaisons. Son état empirait, ce qui la fatiguait, et, consciente d'être défigurée, Nancy se replia sur elle-même, sombrant dans la dépression et l'isolement. Elle passait la plupart de son temps au lit ou à prendre des bains calmants.

Lorsqu'elle vint me voir, elle était malade depuis deux ans. Un mois plus tôt, elle avait consulté un homéopathe qui lui avait prescrit un traitement, sans résultat, mais elle restait persuadée qu'il existait un moyen de résoudre son problème. En l'écoutant me raconter son histoire médicale, je me dis qu'il était significatif que l'eczéma se soit déclaré à l'époque où ses enfants avaient quitté la maison. Son mari, accaparé par son travail, avait peu de temps à lui consacrer, et Nancy se sentait isolée et déracinée puisqu'ils avaient déménagé quelques années plus tôt. Je lui assurai que son corps pouvait se guérir lui-même si on lui en donnait la possibilité, je prescrivis un régime alimentaire faible en protéines où le lait était interdit, et recommandai une supplémentation d'huile de cassis, contenant un rare acide gras (l'acide gamma-linoléique) connu pour ses effets sur l'épiderme. Je lui appris à confectionner un thé à partir des feuilles d'un buisson du désert (le chaparal, *Larrea divaricata*) qu'elle devait appliquer sur les lésions, conseillai aussi une lotion au calendula, un produit galénique en vente dans tous les magasins diététiques, et l'envoyai chez un hypnothérapeute. Cette dernière suggestion l'effraya car elle n'aimait pas l'idée « que quelqu'un contrôle [son] esprit », mais elle suivit le reste du programme, activement soutenue par son mari. Il lui acheta même un petit réchaud pour qu'elle puisse faire bouillir à l'extérieur son thé chaparal à l'odeur entêtante. Elle se mit à apprécier ce rituel et trouvait les applications de thé très apaisantes. Après six semaines, elle commença à sentir une certaine amélioration de son état, mais elle n'avait toujours pas pris rendez-vous avec un hypnothérapeute. Il fallut beaucoup de force de conviction pour vaincre sa résistance ; cependant, une fois qu'elle accepta de s'y rendre, elle fut plaisamment surprise par les séances. L'hypnothérapeute lui apprit des méthodes de relaxation, qu'elle pratiqua scrupuleusement. Son état s'améliora rapidement et n'a fait que progresser depuis ; elle a été capable d'arrêter les antihistaminiques et les stéroïdes, et a pu retrouver une vie sociale normale.

Commentaire : L'eczéma est une maladie allergique et psychosomatique pour laquelle la médecine moderne n'offre que des traitements suppressifs. Les maladies de la peau (et des voies gastro-intestinales) devraient être envisagées comme psychosomatiques, à moins que le contraire ne soit expressément prouvé : elles sont en effet l'exutoire privilégié du stress. Des interventions sur le psychisme alliées à un changement d'hygiène de vie et à un traitement des symptômes par des produits non toxiques permettent souvent au corps de se rétablir de lui-même.

EXEMPLE N° 5 : LES ENFANTS PERPÉTUELLEMENT MALADES

Terry, six ans, et Ryan, quatre ans, étaient la plupart du temps sous antibiotiques. Leurs parents, ne sachant plus à quel saint se vouer, vinrent me trouver dans l'espoir que je leur offrirais un moyen de mettre un terme à ces cycles continuels d'otites, de grippes et de bronchites. « Nous sommes prêts à tout essayer », me dirent-ils, ajoutant qu'ils aimaient bien leur pédiatre, mais avaient l'impression qu'il ne savait faire qu'une seule chose : prescrire des médicaments. La croissance des deux garçons était normale, et ils étaient toniques, apparemment en bonne santé, excepté leur sensibilité aux infections O.R.L. J'expliquai aux parents que le recours fréquent aux antibiotiques peut aggraver le problème qu'ils sont justement censés traiter, parce qu'ils affaiblissent l'immunité en même temps qu'ils augmentent le nombre et la résistance des germes infectieux. Je leur suggérai d'essayer de réserver les antibiotiques pour les cas d'infections graves, lorsque tous les autres remèdes auraient échoué. Je leur appris comment utiliser l'échinacéa, un stimulant galénique du système immunitaire et un substitut aux antibiotiques, fabriqué à partir de la racine d'une plante, originaire d'Amérique (*Echinacea purpurea*, la rudbeckie pourpre), atoxique et disponible dans tous les magasins diététiques. Comme mesures préventives, je recommandai de supprimer le lait et les produits laitiers, je leur conseillai des doses quotidiennes de vitamine C, et leur suggérai de consulter un ostéopathe, spécialisé en thérapie sacro-crânienne, pour corriger les blocages respiratoires des garçons. Les parents suivirent à la lettre ces suggestions et, en moins de trois mois, les cycles d'infection se modifièrent. Aujourd'hui, les crises infectieuses sont rares, et on se sert très peu des antibiotiques dans cette maison.

Commentaire : Les antibiotiques sont des armes puissantes pour lutter contre les infections sensibles, mais doivent être réservés aux cas graves. Il n'est pas bon d'y avoir recours régulièrement. Dans les cas d'infections récurrentes ou chroniques, il est important de stimuler la résistance naturelle. Les germes pathogènes restent dans le corps, mais il est possible de limiter leur action en améliorant l'immunité et les pouvoirs réparateurs de l'organisme. Les médecins ont une grande part de responsabilité dans notre sensibilité grandissante aux bactéries agressives ; en usant et abusant des antibiotiques, ils ont précipité cette catastrophe médicale.

EXEMPLE N° 6 : FREINER UNE MALADIE CHRONIQUE EN MODIFIANT SON HYGIÈNE DE VIE.

Lorsque Henry D., à soixante ans, développa un diabète, son médecin le mit sous hypoglycémiant par voie orale et lui conseilla de perdre du poids et de faire du sport. À peu près à la même époque, la tension de Henry, qui était depuis longtemps dans la limite élevée de la normale, atteint des niveaux nécessitant un traitement et son médecin lui prescrivit un antihypertenseur. Henry n'en aimait pas les effets secondaires et arrêta cette médication, mais son médecin le poussa à reprendre le traitement en lui disant que, sans cela, il risquait d'avoir une attaque. Henry obéit mais il se plaignait constamment. Peu de temps après, sa femme, qui souffrait elle aussi d'une surchage de poids et faisait de l'hypertension, lut un article sur un centre proposant des stages où l'on apprenait à modifier son hygiène de vie pour soigner les maladies cardio-vasculaires. Le programme s'appuyait sur un régime maigre (dix pour cent de matières grasses dans le total calorique), du sport, des pratiques de relaxation, de la thérapie de groupe et des conférences pour aider les participants à incorporer les changements accomplis lors du stage lorsqu'ils reprenaient leur vie normale. Henry et sa femme s'inscrivirent pour un stage de dix jours dont les résultats les enthousiasmèrent. En rentrant chez eux, ils adoptèrent le régime alimentaire du programme et firent régulièrement de l'exercice. La femme de Henry perdit progressivement dix kilos, et Henry seize. Leur tension à tous les deux revint à la normale sans qu'ils utilisent de médicaments et le diabète de Henry disparut aussi. Ils disent qu'ils se sentent cent fois mieux aujourd'hui, qu'ils ont beaucoup plus d'énergie et de confiance en leurs pouvoirs réparateurs.

Commentaire : Modifier son hygiène de vie est une méthode confirmée pour guérir des maladies chroniques courantes et handicapantes, telles que l'hypertension, les diabètes des malades qui ne sont pas insulinodépendants et la maladie coronarienne. La seule condition est d'être motivé.

EXEMPLE N° 7 : DOULEURS GASTRIQUES

Ben K., trente-huit ans, consultant à la protection de l'environnement, souffrait de troubles chroniques des voies supérieures gastro-intestinales depuis plusieurs années. Finalement, les crises l'obligèrent à consulter un généraliste qui lui prescrivit un traitement antibiotique et un puissant médicament contre l'acidité gastrique. Le médecin expliqua à Ben qu'il avait une infection due à l'*Helicobacter pylori,* le germe qu'on tient aujourd'hui pour responsable de la plupart des cas d'ulcères et de gastrites ; d'où les antibiotiques. Il ne suggéra aucun changement dans le régime alimentaire ou l'hygiène de vie. De sa propre initiative, Ben supprima le café et commença à pratiquer des techniques de relaxation. Lorsque je le vis, trois semaines après le début de ce traitement, la douleur avait diminué, mais sans disparaître complètement. Je lui conseillai d'arrêter le médicament contre les acidités et d'y substituer un extrait de réglisse déglycirrhizinée[1] qui stimule la muqueuse de l'estomac, la rendant plus résistante aux acides. Je l'encourageai aussi à éliminer complètement la caféine et à pratiquer la respiration décontractante. Un mois plus tard, les douleurs gastriques avaient disparu.

Commentaire : Le médecin a prescrit des antibiotiques sans faire d'analyse pour confirmer la présence de l'*Helicobacter.* L'analyse antigène de cette bactérie est très simple et devrait être pratiquée dans tous les cas de dou-

1. La réglisse déglycirrhizinée est un extrait de racine de réglisse (*Glycyrrhiza glabra*) dont on a éliminé la partie qui peut causer de la rétention de sodium et de l'hypertension. Elle est en vente dans les magasins diététiques.

leurs persistantes au niveau des voies supérieures gastriques. Si l'analyse est positive, un traitement antibiotique (avec deux médicaments différents) associé à du sous-salicylate de bismuth (le principal ingrédient du Pepto Bismol) est absolument indiqué. Dans le cas de Ben, le médecin ne prescrivit pas les antibiotiques adaptés et, de plus, oublia le bismuth. Bien sûr, il ne connaissait pas la réglisse déglycirrhizinée puisque peu d'allopathes ont des notions de botanique. Dans ce cas précis, il fallait au patient un bon diagnostic et un traitement allopathique approprié, mais associé à un traitement parallèle.

EXEMPLE N° 8 : UN RYTHME CARDIAQUE IRRÉGULIER

Marjorie O., une veuve de soixante-deux ans, souffrait d'un rythme cardiaque irrégulier : de fréquentes « pauses post-extrasystoliques » et des crises d'accélération des pulsations. Son interniste l'examina et fit un électrocardiogramme qui révéla des contractions ventriculaires prématurées, une forme courante, généralement bénigne, d'arythmie que les malades perçoivent comme des arrêts des battements cardiaques. Il recommanda un antiarythmique, mais Marjorie refusa de le prendre, craignant ses effets toxiques. Lors de mon entretien avec cette patiente, je déterminai que ses habitudes alimentaires et sportives étaient bonnes. Je lui conseillai d'éviter la caféine, de pratiquer la respiration décontractante deux fois par jour et de prendre une supplémentation de magnésium, aidant à stabiliser le tissu musculaire irrité du cœur. Avec ce régime, son rythme cardiaque revint définitivement à la normale.

Commentaire : Marjorie a eu raison d'avoir recours à la médecine allopathique pour s'assurer qu'elle n'avait pas une grave maladie de cœur, comme elle a eu raison de refuser de prendre un puissant médicament avant d'explorer des alternatives moins dangereuses.

EXEMPLE N° 9 : COLITE ULCÉREUSE ET MÉDECINE CHINOISE

Susan K. découvrit qu'elle souffrait d'une colite ulcéreuse lorsqu'elle avait une vingtaine d'années. Elle connut des phases de rémission de la maladie, mais, arrivée à trente-cinq ans, elle avait besoin d'un traitement suppressif, incluant de la prednisone, pour contrôler ses symptômes. Elle était sujette à des crises fréquentes de douleurs abdominales et de diarrhées, et son médecin lui annonça que, si son état empirait, la seule solution serait de retirer la partie infectée du côlon. Bien que Susan détestât dépendre des allopathes et de leurs médicaments, elle n'avait pas réussi à trouver de méthode alternative pour maîtriser sa colite ulcéreuse. Elle avait suivi une psychothérapie, pratiqué le biofeedback, appris plusieurs techniques de relaxation et pensait avoir compris les racines psychologiques de son mal sans pour autant découvrir de solutions concrètes. Un jour, alors qu'elle était en voyage, les symptômes s'aggravèrent au point qu'elle envisagea de se rendre à l'hôpital. Mais, elle préféra consulter un praticien chinois, adepte de la médecine traditionnelle. Il lui expliqua comment fabriquer un gruau de riz, qu'il lui prescrivit comme seule alimentation durant les crises, et la traita par acupuncture et avec des infusions à base de plantes. En quelques jours, les symptômes disparurent sans qu'elle ait besoin d'avoir recours à une intervention allopathique. Avec un traitement suivi d'acupuncture et de remèdes galéniques, la colite entra en rémission et Susan put arrêter de prendre la plupart de ses médicaments suppresseurs.

Commentaire : la colite ulcéreuse (et la maladie de Crohn qui lui est apparentée) est un problème complexe avec des composants génétiques, auto-immuns et psychosomatiques. Un traitement suppressif est souvent nécessaire en cas de crises aiguës mais n'est jamais curatif. La médecine traditionnelle chinoise, avec ses modes particuliers de thérapie, semble capable de maîtriser ce genre de maladies de manière beaucoup plus efficace et économique.

EXEMPLE N° 10 : L'ASTHME ET LA MÉDECINE AUJOURD'HUI

Michael B., vingt-sept ans, étudiant, souffrait depuis longtemps d'asthme allergique, mal contrôlé par tout un arsenal de médicaments. À l'époque, il avait recours à un inhalateur bronchodilatateur, un inhalateur aux stéroïdes et à un autre bronchodilatateur par voie orale ; auparavant, il avait subi plusieurs traitements de désensibilisation à certains des allergènes auxquels il réagissait le plus violemment. Néanmoins, ses crises d'asthme étaient devenues plus fréquentes, l'obligeant à réduire ses activités. Lorsque je le rencontrai, il venait juste de déménager parce qu'il se croyait allergique à la moquette de son vieil appartement, et avait de plus en plus de mal à faire du sport à cause de ses difficultés respiratoires. Son alimentation était saine ; Michael prenait des vitamines et avait essayé un certain nombre de traitements alternatifs, dont l'homéopathie, un régime alimentaire et des remèdes naturels. Aucun n'avait donné de résultats concluants. Il avait peur de devenir encore plus dépendant de ses médicaments et d'avoir à commencer un traitement à la prednisone par voie orale, ce qu'il voulait éviter à tout prix.

Je recommandai quelques modifications alimentaires supplémentaires, lui suggérai d'acheter un ionisateur pour sa chambre à coucher et de prendre de la quercétine, un produit naturel qui réduit les réactions allergiques. Je l'envoyai aussi chez un ostéopathe pour que celui-ci traite ses blocages respiratoires. Ces mesures l'aidèrent un peu. Mais, plus tard, Michael m'appela pour me dire qu'au Nouveau-Mexique il avait consulté un praticien de la médecine ayurvédique et que les résultats étaient spectaculaires. L'Ayurveda est une forme de thérapie traditionnelle de l'Inde, fondée sur la classification des malades en types fondamentaux, auxquels sont adaptés un régime alimentaire et des remèdes galéniques. Le praticien avait donné à Michael une liste des aliments recommandés et de ceux interdits, ainsi que des remèdes galéniques et des instructions pour un régime détoxiquant. Au bout de deux mois, l'asthme de Michael s'était tellement amélioré qu'il put arrêter la plupart de ses médicaments. Il n'utilisait plus son inhalateur bronchodilatateur qu'en de rares occasions, surtout avant de commencer ses exercices sportifs, et avait découvert qu'il tolérait désormais l'exposition à certains allergènes. Pour la première fois de sa vie d'adulte, il pouvait passer de longues périodes sans avoir de difficultés respiratoires.

Commentaire : l'asthme bronchique n'est pas une maladie, mais plusieurs en une. Certaines formes répondent plus facilement aux traitements que d'autres. Les mesures allopathiques sont toxiques et entraînent une dépendance, pourtant il est souvent impossible de s'en passer. La possibilité d'une guérison spontanée est très grande, particulièrement si l'on change radicalement son hygiène de vie et si l'on utilise des méthodes alternatives. L'approche ayurvédique, qui s'appuie sur un régime adapté à chacun et sur un grand éventail de plantes comme base de traitement, peut être à explorer si vous avez une maladie chronique résistante que la médecine moderne n'arrive pas à guérir.

EXEMPLE N° 11 : SÉROPOSITIVITÉ ET SIDA

Mark M. sait exactement quand et par qui il a été contaminé par le virus du sida. C'était en 1983, avec un partenaire sexuel dont l'ancien compagnon mourut peu de temps plus tard. Un mois après cette rencontre, Mark tomba gravement malade, atteint d'une éruption cutanée et d'une mystérieuse pneumonie qu'on ne put jamais identifier. Il fut très malade pendant trois mois, puis se rétablit et est resté en bonne santé depuis. En 1985, ses analyses révélèrent qu'il était séropositif. À cette époque, son taux de cellules T amplificatrices était au-dessus de 1 000 (les cellules T amplificatrices sont la cible du virus ; plus leur taux baisse, plus les malades sont sensibles aux possibilités d'infections). En 1989, il était tombé à 700.

Depuis qu'il s'est rétabli de son infection initiale, Mark a été extrêmement attentif à sa santé, particulièrement à son alimentation et à son état psychique. Il mange beaucoup d'ail cru – une tête par jour, émincée et mélangée à son alimentation. Il consomme aussi beaucoup de piments du Chili et n'achète que des aliments biologiques, incluant de la viande et du poulet et une quantité abondante de fruits, de jus de fruits et de légumes. Il prend des vitamines et boit de l'eau purifiée. Il marche, nage et fait du jardinage tous les jours. Il vit une relation monogame, travaille comme directeur d'un programme qui conseille les malades du sida, et crée des œuvres d'art qu'il utilise dans des rituels de guérison. En 1991, le taux des cellules T de Mark était remonté à 1 300, et, lors de ses dernières analyses, en 1994, ce taux n'avait pas bougé, le plaçant dans la moyenne normale.

« Lorsqu'on a diagnostiqué ma maladie, les médecins me donnaient six à dix-huit mois à vivre, me dit Mark lors de notre rencontre. Depuis 1985, je ne compte plus le nombre de médecins qui m'ont montré “la courbe”, c'est-à-dire le graphique représentant le nombre de gens, infectés par le virus, qui développent chaque année la maladie. Ils ont tous essayé de me dire que je me trouvais quelque part sur cette courbe, en route vers la destruction. Un symptôme vraiment manifeste de la fascination des médecins occidentaux pour la maladie ! Alors que mon taux de cellules T est normal et que je suis en parfaite santé, ils ont l'audace de me situer sur une courbe conduisant à la mort. Maintenant, lorsque je vois des médecins, je leur dis d'entrée de jeu : “Écoutez, je ne veux pas entendre parler de votre courbe. Contentez-vous de m'examiner, de répondre à mes questions et gardez vos opinions pour vous !” Ils ont aussi essayé de me faire prendre de l'AZT (le médicament antiviral couramment utilisé par la médecine allopathique dans le traitement du virus), mais tous les gens que je connais qui en ont pris sont morts, alors j'ai refusé. Et aucun de ces médecins n'a jamais posé de questions sur les méthodes que j'utilise pour rester en bonne santé. Ils me tapent seulement sur l'épaule et disent : "Quoi que vous fassiez, continuez !"

» J'ai acquis la force de résister au système médical et d'accepter que j'avais le contrôle de ce qui m'arrivait avec le virus. Je suis aussi déterminé à ne pas me laisser envahir par la peur. Je fais chaque jour de la visualisation pour neutraliser ma peur ; je pratique cette méthode depuis mon enfance parce que je viens d'une famille désastreuse et que j'ai subi l'inceste et des violences physiques et psychologiques. Des choses se présentent chaque jour – comme une tache bizarre sur mon bras, récemment. J'ai visualisé sa disparition et ça a marché. Ça n'était rien du tout. Je suis aussi en psychothérapie depuis sept ans, ce qui me permet de garder mon équilibre. Dans mon travail, je sers de modèle positif aux patients qui viennent d'apprendre leur séropositivité : je les conseille et ce n'est qu'ensuite que je leur révèle que je suis moi aussi atteint par le virus. C'est une technique efficace. La plupart des gens, influencés tout particulièrement par les discours des médecins, pensent qu'ils vont mourir en moins de deux ans. Je suis là pour leur montrer que ce n'est pas une fatalité. »

Je n'avais pas grand-chose à apprendre à Mark, excepté le renseigner sur certains toniques chinois qui semblent prometteurs pour freiner l'évolution de la maladie.

Commentaire : Face à une maladie mortelle contre laquelle la médecine allopathique n'offre aucun traitement efficace, il faut faire preuve d'une grande force de caractère pour utiliser les services des médecins (par exemple, pour contrôler le taux de cellules T) sans se laisser influencer par leur pessimisme. Une des caractéristiques les plus intéressantes et les plus encourageantes du virus est sa tendance à rester dans une longue phase de latence avant d'attaquer l'immunité. La thérapie allopathique se sert d'armes chimiques pour lutter contre le virus, mais ces médicaments sont tous toxiques et pourraient être réservés exclusivement à des souches du virus moins enclines à vivre en équilibre avec leurs hôtes humains. Pendant de nombreuses années, les médecins ne se sont pas intéressés aux cas de rémission à long terme de certains malades infectés par le virus. Maintenant qu'une conjonction suffisante de cas a été constatée, les chercheurs se penchent sur la question. Une des possibilités envisagées est que ces malades soient infectés par des souches moins virulentes du virus et puissent avoir développé une immunité (cela pourrait aider les médecins à trouver un vaccin efficace). La stratégie adoptée par de nombreux survivants à long terme consiste à mener une vie saine et à utiliser des thérapies qui renforcent le système réparateur, comme les remèdes traditionnels chinois. Si la période de latence de l'infection peut être étendue jusqu'à vingt ou trente ans, des porteurs sains du virus pourraient mener une vie relativement normale. (Mais ils peuvent toujours, bien sûr, transmettre la maladie.)

Ces multiples exemples montrent qu'en prenant de bonnes décisions de traitement, notamment en sachant quand et comment utiliser la médecine allopathique, on peut permettre au système réparateur de guérir toute une variété de graves problèmes médicaux. Une fois que vous avez déterminé quelle attitude adopter par rapport au système allopathique, l'étape suivante est de choisir la bonne forme de thérapie parallèle parmi toutes celles qui vous sont aujourd'hui proposées.

16

Peser les alternatives

Lorsque vous quittez le monde de la médecine allopathique pour vous aventurer dans celui des médecines douces, il est encore plus important d'être bien informé. Les thérapies parallèles vont des méthodes les plus sérieuses, fondées sur une longue tradition médicale, aux plus farfelues. En général, les traitements alternatifs sont moins risqués que les médicaments et les interventions allopathiques, mais ils peuvent vous coûter cher et vous faire perdre votre temps et votre énergie. Dans un autre de mes livres, j'ai étudié en détail l'histoire et la philosophie des grands systèmes de la médecine parallèle ; ici, je me contenterai de citer les principales caractéristiques d'un certain nombre de ces médecines douces qui ont la faveur du public, et de vous donner des indications quant à leur utilisation.

L'ACUPUNCTURE

Piquer avec des aiguilles des points stratégiques du corps est une méthode d'intervention spécifique à la médecine traditionnelle chinoise. Les médecins occidentaux ont sorti cette technique de son contexte, en l'utilisant surtout pour traiter des douleurs aiguës et chroniques. En tant que traitement symptomatique de la douleur, l'acupuncture a l'avantage de ne pas avoir les effets secondaires des analgésiques, mais le soulagement est souvent temporaire et oblige à des séances suivies. Je sais que l'acupuncture peut être très efficace pour résoudre des cas de sinusite aiguë, amenant la disparition des symptômes et de la congestion, et pour stimuler la cicatrisation des blessures aux articulations. Certains dentistes n'utilisent pas d'autre anesthésiant, même lorsqu'ils passent la roulette ou arrachent une dent. L'acupuncture peut aussi être très utile lors des désintoxications : des aiguilles placées à des points stratégiques de l'oreille ont aidé des patients à arrêter de fumer, à se désintoxiquer de l'héroïne ou de la cocaïne, et à modérer des boulimies. Mais, dans la médecine traditionnelle chinoise, la fonction première de l'acupuncture est de faire circuler les énergies du corps, pas de calmer la douleur ni de modifier le comportement.

LA MÉDECINE AYURVÉDIQUE

L'Ayurveda, une des plus vieilles formes de médecine du monde, n'est que depuis peu de temps pratiquée en Occident. Les praticiens établissent leur diagnostic en observant le patient, en lui posant des questions précises, en sentant les énergies du corps et en étudiant les pouls. À partir de ces informations, le praticien peut déterminer auquel des trois grands types fondamentaux de personnalité appartient le patient, et dans chaque type à quel groupe. Cette classification détermine le régime alimentaire et le choix des remèdes, adaptés à chaque type. Les remèdes ayurvédiques sont essentiellement à base de plantes, tirant parti de la grande richesse botanique du sous-continent indien, mais ils peuvent aussi inclure des ingrédients d'origine animale ou minérale, et même de la poudre de pierres précieuses. Les autres formes de traitement comprennent des bains de vapeur et des massages à base d'huiles essentielles.

Bien que les plantes ayurvédiques soient peu connues en dehors de l'Inde et n'aient presque pas été étudiées par nos méthodes modernes, bon nombre d'entre elles semblent avoir de grandes propriétés thérapeutiques. Par exemple, on a déterminé que le guggul (*Commiphora mukul*), une plante utilisée traditionnellement pour contrôler l'obésité, réduit le taux de cholestérol d'une manière similaire à celle des médicaments allopathiques, mais sans en avoir les effets secondaires. On trouve un extrait de cette plante, le gugulipide, dans les magasins diététiques. Une autre préparation ayurvédique, le triphala, est le meilleur régulateur du transit intestinal que je connaisse, bien plus efficace que les remèdes naturopathiques occidentaux contre la constipation. Ce mélange de trois fruits est disponible sous forme de gélules dans les magasins diététiques.

Trouver un bon médecin ayurvédique demande des efforts. En Occident, de nombreux praticiens font partie de l'organisation religieuse internationale de Maharishi Mahesh Yogi, un milliardaire basé en Hollande, qui se sert de l'Ayurveda à des fins clairement lucratives. (En Inde, l'Ayurveda est la médecine du peuple, une alternative peu coûteuse aux traitements allopathiques. L'Ayurveda de Maharishi est tout, sauf bon marché.) Ce groupe propose des programmes de formation qui permettent d'obtenir un diplôme de médecine ayurvédique après des stages où l'on n'aborde que superficiellement la philosophie et les méthodes de ce système médical. Je vous conseille de chercher des praticiens qui n'appartiennent pas à cette organisation. Un moyen de les trouver est de s'informer auprès de la communauté indienne, même dans les épiceries ou les restaurants indiens.

LE BIOFEEDBACK

Une formation au biofeedback, technique de relaxation utilisant du matériel électronique pour amplifier les réactions du corps jusqu'à ce qu'elles deviennent perceptibles, est offerte par des thérapeutes certifiés, généralement des psychologues. Dans la méthode la plus classique, les patients apprennent à faire monter la température de leurs mains et, par ce processus, détendent tout leur système neurovégétatif qui contrôle de nombreuses fonctions involontaires. L'apprentissage du biofeedback est agréable et maîtrisable par presque tous. Il est particulièrement utile pour soulager la maladie de Raynaud (voir page 21), la migraine, l'hypertension, le bruxisme (un grincement involontaire des dents, particulièrement dans le sommeil), le syndrome de Costen et d'autres maladies avec une composante liée au stress. Le biofeedback par onde cérébrale, nécessitant une technologie plus poussée, peut soulager des malades atteints d'épilepsie, de narcolepsie, et d'autres troubles du système nerveux central.

Il est facile de trouver des thérapeutes pratiquant le biofeedback (une liste en est donnée dans les pages jaunes), mais plus difficile de découvrir ceux qui sont créatifs et n'utilisent pas la technologie de manière mécanique. Une formation classique de biofeedback consiste en dix séances d'une heure, associées à des exercices que vous devez pratiquer seul quotidiennement. Le biofeedback vous apprend à ressentir ce que l'on éprouve lorsque le corps est parfaitement détendu. À vous ensuite de recréer cette sensation et de l'intégrer à votre façon d'être.

LE TRAVAIL CORPOREL

En plus de prescrire des massages thérapeutiques pour lutter contre le stress, je recommande aussi des formes spécifiques de travail corporel. Voici les quatre que je préfère :

• La technique Feldenkrais est un système de mouvements, d'exercices au sol et de travail corporel destiné à rééduquer le système nerveux central, particulièrement pour l'aider à contourner les zones de lésion ou de blocage. La technique Feldenkrais est novatrice, douce, et donne souvent des résultats spectaculaires dans la rééducation de victimes de traumatismes, de paralysie cérébrale, d'attaques et d'autres formes graves d'invalidité. Je la trouve bien plus utile que la kinésithérapie classique.

• Le Rolfing, une forme plus agressive de travail corporel, a pour but de restructurer le système musculo-squelettique en travaillant sur les tensions accumulées dans les tissus profonds. Le thérapeute exerce des pressions fermes sur différentes parties du corps, un massage qui peut parfois être douloureux. Un programme classique consiste en dix séances, chacune centrée sur une partie différente du corps. Le Rolfing peut libérer des émotions refoulées, ainsi que faire disparaître des tensions musculaires.

• Le Shiatsu, un art thérapeutique traditionnel du Japon, est une forme de massage par pressions fermes des doigts exercées sur des points spécifiques du corps, et il a pour but de stimuler la circulation de l'énergie vitale. Le patient est allongé sur le sol, le thérapeute à son côté. Les Japonais pratiquent un massage énergique que tolèrent généralement mal les Occidentaux, mais cette épreuve vaut la peine d'être supportée parce que le shiatsu peut être remarquablement efficace pour faire disparaître les tensions musculaires et revitaliser le corps. Les praticiens occidentaux pratiquent généralement un massage plus léger.

• La technique Trager est la forme la plus douce de travail corporel utilisant des mouvements de balancement pour plonger le patient dans une relaxation profonde et agréable. En plus de ses effets décontractants, la technique Trager peut aussi faciliter la communication entre le système nerveux et les muscles, si bien qu'elle est une bonne méthode de rééducation, particulièrement pour les gens souffrant de traumatisme, d'invalidité, de séquelles de la poliomyélite et d'autres problèmes neuromusculaires chroniques.

LA MÉDECINE TRADITIONNELLE CHINOISE

La médecine traditionnelle chinoise est un système global de diagnostic et de traitement qui est maintenant reconnu dans le monde entier. Les praticiens incluent des immigrants chinois et des Occidentaux formés en Chine ou dans les écoles de médecine chinoise qui se sont ouvertes dans de nombreux pays. Le diagnostic se fonde sur l'histoire du patient, l'observation du corps (particulièrement de la langue), sur la palpation et sur l'étude des pouls ; c'est un examen très élaboré demandant beaucoup de compétence et d'expérience. Le traitement repose sur un régime alimentaire, des massages, des tisanes médicinales et d'autres préparations, essentiellement à base de plantes mais incluant aussi des ingrédients d'origine animale, ainsi que sur l'acupuncture. La pharmacopée chinoise est vaste, et bon nombre de ses plantes sont actuellement étudiées très sérieusement par les pharmacologues occidentaux. La plupart des remèdes chinois semblent avoir de grandes propriétés thérapeutiques et certains ont même un effet sur des troubles médicaux que la médecine moderne est incapable de traiter à l'heure actuelle.

D'après mon expérience, la médecine traditionnelle chinoise peut être utile dans le cas de nombreuses maladies chroniques allergiques, auto-immunes, infectieuses et dégénératives, dont l'asthme, la colite ulcéreuse, la maladie de Crohn, la bronchite chronique, la sinusite chronique, l'arthrose, la fatigue chronique. Elle peut être utile aussi aux malades séropositifs ou atteints d'autres troubles de faiblesse immunitaire, de déficience sexuelle et d'anémie générale.

LA CHIROPRAXIE

La chiropraxie a fait un long chemin depuis sa création au siècle dernier. Aujourd'hui, les chiropracteurs reçoivent une formation scientifique et ne prétendent plus qu'une simple remise en place de la colonne vertébrale peut guérir le cancer, le diabète et d'autres maladies graves. D'après mon expérience, les chiropracteurs font toujours trop de radios et ont tendance à inciter leurs patients à suivre des traitements longs et coûteux. (Certaines personnes voient leur chiropracteur une à deux fois par semaine pour se faire remettre la colonne en place, même si elles sont en parfaite santé.) Ce traitement peut être utile dans le cas de douleurs aiguës musculo-squelettiques, de migraines et de convalescence d'un traumatisme ; il est moins efficace pour les troubles chroniques.

LA VISUALISATION ET LA VISUALISATION GUIDÉE

Dans plusieurs passages de ce livre (voir pages 124-130 et 267), j'ai manifesté mon enthousiasme pour ces méthodes qui se servent de l'influence du psychisme pour modifier l'évolution de la maladie. Je me contenterai ici de réaffirmer que toutes les maladies peuvent bénéficier de ces techniques et qu'il vaut mieux travailler avec un professionnel, du moins dans les premiers temps, pour s'assurer qu'on les utilise correctement. La visualisation et la visualisation guidée peuvent stimuler l'efficacité d'autres formes de traitement, y compris celles de la médecine allopathique. Je les conseille absolument en cas de maladies auto-immunes et d'autres maladies dont l'évolution semble bloquée.

Ayant une formation de botaniste, je recommande les traitements galéniques pour un vaste éventail de maladies. Malheureusement, peu d'allopathes ont les connaissances ou l'expérience leur permettant d'y avoir recours. Vous avez plus de chances de trouver des praticiens compétents dans ce domaine chez les médecins ayurvédiques ou chinois et chez les naturopathes. Il existe aussi des herboristes professionnels, qui n'ont généralement pas de formation médicale, mais qui ont étudié seuls ou avec des spécialistes des plantes.

Pour utiliser efficacement la grande variété de remèdes galéniques que vous offrent les magasins diététiques, vous devez acheter des produits et des marques fiables. Les teintures (obtenues par extraction hydroalcoolique), les extraits secs et les extraits contrôlés sont recommandés. Les remèdes galéniques sont plus doux que les médicaments chimiques et leurs effets plus lents ; ils présentent aussi moins de risques toxiques parce que ce sont des formes diluées, et non pas concentrées.

LA MÉDECINE HOLISTIQUE

Les médecins holistiques ont pour principe que l'être humain ne se limite pas à son corps physique et qu'une bonne médecine doit s'appuyer sur tout l'éventail des traitements possibles, et pas seulement sur ceux de la médecine allopathique. Bien que les médecins holistiques partagent une même philosophie, leurs méthodes sont loin d'être uniformes, et le fait qu'un médecin appartienne à l'association de médecine holistique ne vous assure pas de sa compétence.

La médecine homéopathique, un système de diagnostic et de traitement fondé sur l'utilisation de remèdes extrêmement dilués à base de substances naturelles, est solidement établie depuis deux cents ans et connaît aujourd'hui un regain de popularité. Sa plus grande vertu est son innocuité due à l'extrême dilution de ses médicaments. Les homéopathes affirment que les substances diluées travaillent sur l'énergie du corps, catalysant des réactions naturelles de guérison ; leurs détracteurs soutiennent que les remèdes homéopathiques ne sont rien d'autre qu'une forme de placebo.

Il n'est pas toujours facile de choisir un traitement homéopathique aujourd'hui, face à la multitude des méthodes proposées par des praticiens aux formations radicalement différentes. L'homéopathie classique – suivant les préceptes du fondateur de la méthode – se fonde sur l'utilisation d'une dose d'un seul remède, déterminé à partir des informations recueillies lors d'une longue discussion avec le patient. Dans des formes dérivées d'homéopathie, on prescrit plusieurs doses ou des doses régulières de formules associant plusieurs remèdes. Les homéopathes peuvent être des médecins, des ostéopathes, des naturopathes, des chiropracteurs ou des autodidactes sans formation scientifique. Je vous conseille personnellement de vous adresser plutôt à un médecin pratiquant l'homéopathie classique, mais j'ai rencontré quelques homéopathes autodidactes tout à fait compétents. Les médicaments homéopathiques sont aujourd'hui vendus dans les pharmacies aussi bien que dans les parapharmacies, ce qui constitue, là aussi, une déviation de l'homéopathie classique qui requiert l'expertise d'un médecin pour préparer le remède adapté à chaque cas particulier.

Bien que je ne puisse pas expliquer scientifiquement le mécanisme de l'homéopathie, j'ai été témoin de son efficacité dans des cas fort divers, notamment des allergies, des maladies de la peau ou des troubles digestifs, la polyarthrite rhumatoïde, des infections O.R.L. chez les enfants, des problèmes gynécologiques et des migraines. Les homéopathes contre-indiquent souvent l'utilisation d'autres traitements parallèlement aux leurs, particulièrement les médicaments allopathiques, les remèdes galéniques, les vitamines et les compléments vitaminés. Ils croient aussi que certaines substances, comme le café, le camphre, la menthe, servent d'antidote aux remèdes homéopathiques et doivent être évitées lorsque vous commencez un traitement.

L'HYPNOTHÉRAPIE

L'hypnothérapie se sert de l'influence du psychisme sur le corps en mettant les patients en état hypnotique où ils sont plus sensibles aux suggestions. Dans cet état, les suggestions verbales, transmises par le cerveau au système nerveux, ont souvent une influence sur le corps qui semble impossible à obtenir dans un état de conscience normale. J'envoie fréquemment mes patients chez des hypnothérapeutes parce que les résultats sont excellents dans le cas de nombreuses maladies qui résistent à la médecine allopathique, comme une grande variété de maladies de la peau ou de troubles gastro-intestinaux, des maladies allergiques ou auto-immunes et des douleurs chroniques. Certains patients ont peur de l'hypnothérapie, craignant d'être manipulés psychiquement ; mais, en réalité, les hypnothérapeutes permettent simplement aux patients de travailler sur eux-mêmes dans un état naturel d'intense concentration, qui ressemble un peu à celui que l'on ressent en rêvant éveillé ou en regardant un film au cinéma. Les patients apprennent à atteindre seuls cet état hypnotique. Il est important de choisir un thérapeute qui vous inspire confiance et avec lequel vous vous sentez bien. Un des problèmes que je rencontre lorsque je souhaite orienter mes patients vers un hypnothérapeute est que beaucoup d'entre eux manquent d'imagination et se limitent à des techniques de relaxation, à soulager la douleur et à aider à se défaire de mauvaises habitudes. Si je leur envoie des patients atteints de maladies difficiles à traiter, comme la sclérose en plaques ou la colite ulcéreuse, ils ont tendance à refuser de les prendre en traitement, ne se jugeant pas compétents pour les soigner. Un bon hypnothérapeute devrait donc être non seulement quelqu'un en qui vous pouvez avoir confiance, mais aussi un praticien inventif et prêt à essayer de nouvelles stratégies pour stimuler la guérison spontanée.

LA NATUROPATHIE

Beaucoup de gens croient que la naturopathie fait partie des médecines New Age. En réalité, elle s'inscrit dans la vieille tradition des centres de cure européens qui pratiquent l'hydrothérapie, le massage et des traitements nutritionnels et galéniques. Les vieux naturopathes sont souvent des chiropracteurs qui ont obtenu un diplôme par correspondance en naturopathie. Par contre, les jeunes naturopathes ont une bonne formation scientifique de base et ont étudié des sujets généralement ignorés par les écoles de médecine moderne, tels que la médecine nutritionnelle ou la phytothérapie. Bien que tous les naturopathes partagent une même approche thérapeutique – c'est-à-dire tirer parti du pouvoir réparateur du corps et éviter les médicaments et la chirurgie allopathiques –, leurs méthodes varient sensiblement. Certains utilisent l'acupuncture, d'autres le travail corporel et d'autres encore l'homéopathie.

La naturopathie est moins répandue que les autres formes de médecines douces, sa pratique n'est reconnue que dans quelques États américains, surtout dans l'ouest des États-Unis. Les bons naturopathes peuvent être utiles en cas de maladies infantiles, d'infections respiratoires chroniques et de sinusites, de problèmes gynécologiques et de tous les autres problèmes médicaux pour lesquels la médecine allopathique n'offre que des traitements répressifs. Les naturopathes sont aussi des conseillers compétents pour vous aider à déterminer un programme d'hygiène de vie adapté à vos besoins.

L'OSTÉOPATHIE

Aujourd'hui, la plupart des ostéopathes pratiquent une médecine similaire à celle des allopathes, puisqu'ils recommandent des médicaments et le recours à la chirurgie ; seule une infime minorité fonde toujours sa thérapie sur les manipulations du corps. Contrairement à la chiropraxie, l'ostéopathie ne se limite pas au traitement de la colonne vertébrale, mais travaille sur toutes les parties du corps, en employant souvent des techniques plus douces que les manipulations en force des chiropracteurs. Puisque les ostéopathes reçoivent la même formation de base que les médecins, ils sont bien plus compétents que les chiropracteurs pour traiter les problèmes généraux de santé. Les bons ostéopathes peuvent soigner une variété de problèmes musculo-squelettiques aigus et chroniques, défaire les effets de traumatismes passés (comme des séquelles d'accident), et aider à traiter les migraines et le syndrome de Costen. La thérapie sacro-crânienne, une forme particulière d'ostéopathie, peut avoir des effets sur l'asthme, les otites chroniques infantiles, les troubles du sommeil et d'autres troubles liés à un déséquilibre du système nerveux. Je recommande souvent mes patients à des ostéopathes et encourage les étudiants en médecine à étudier cette technique, parce que je la trouve extrêmement efficace et sans risque.

LES EFFETS THÉRAPEUTIQUES DE LA RELIGION

Les effets bénéfiques de la prière sur la santé sont étayés par un nombre substantiel de données scientifiques. Plusieurs recherches démontrent aussi l'efficacité des méthodes scientistes. On peut raisonnablement supposer que la foi des patients est dans ce cas un facteur déterminant ; cependant, certaines recherches montrent que la prière peut être efficace même quand les malades ne savent pas qu'ils en sont l'objet, suggérant que d'autres mécanismes ignorés peuvent être aussi à l'œuvre. Puisque, de toute évidence, les pratiques religieuses peuvent stimuler des réactions de guérison et ne présentent aucun risque, il n'y a aucune raison de ne pas les utiliser comme traitement complémentaire ou principal dans les cas de maladies incurables du point de vue médical.

LE CONTACT THÉRAPEUTIQUE

Le contact thérapeutique, une forme de traitement par l'énergie pratiquée surtout par les infirmières, est une technique qu'on peut facilement apprendre et qui est d'une grande utilité. Elle peut soulager la douleur sans avoir les effets secondaires des médicaments, accélérer la cicatrisation et permettre d'identifier et de défaire les blocages d'énergie qui peuvent freiner le système réparateur. De nombreux guérisseurs pratiquent aussi, en dehors du contact thérapeutique, l'imposition des mains et obtiennent de bons résultats. En outre, vous pouvez apprendre à utiliser vous-même cette thérapie pour vous soigner. Détendez-vous et essayez de sentir et de maîtriser l'énergie avec la paume de vos mains ; puis dirigez-la sur la partie malade de votre corps.

17

Sept stratégies de guérison

Outre les cas de guérison évoqués dans ce livre, j'ai rencontré et interrogé de nombreux autres patients qui ont fait l'expérience d'une guérison spontanée. En étudiant leurs récits, j'ai identifié quelques-unes de leurs stratégies communes, des stratégies qui peuvent aider toute personne malade, face à des décisions difficiles. À mon sens, si davantage de patients adoptaient ces stratégies, le taux de guérison spontanée augmenterait de manière spectaculaire.

1. NE JAMAIS SE SATISFAIRE D'UN « NON »

La plupart des malades dont je vous ai raconté l'histoire ont dû faire face aux discours pessimistes des professionnels de la santé, particulièrement ceux des médecins qui leur ont affirmé qu'ils n'avaient plus d'espoir, qu'on ne pouvait plus rien faire pour eux, et qu'ils n'avaient aucune chance de guérir. Ils ne l'ont pas accepté. Au contraire, ils n'ont jamais cessé d'espérer qu'ils pouvaient trouver de l'aide quelque part.

Le jeune homme atteint de la maladie auto-immune chronique, décrit page 132, avait entendu pendant des années des hématologues lui affirmer qu'on ne pouvait rien faire pour lui excepté le maintenir sous hautes doses de stéroïdes qui détruisaient son organisme. Pendant des années, il avait accepté cette idée, mais comme les effets toxiques des traitements suppressifs devenaient de plus en plus manifestes, il fit confiance à son intuition qui lui soufflait que d'autres méthodes devaient bien exister et il commença des recherches qui le menèrent chez moi. Je lui expliquai que, à mon avis, il pouvait changer les réactions de son système immunitaire en modifiant son hygiène de vie, en essayant des thérapies parallèles, et en travaillant sur des approches psychiques. Il était intéressé mais sceptique. Je lui donnai des articles à lire sur la psycho-neuro-immunologie et il se rendit de lui-même à la bibliothèque médicale de l'université d'Arizona pour en apprendre plus sur la question. Après avoir fait toutes ces recherches, il était enthousiaste et motivé pour entreprendre un traitement. Il me dit qu'il voulait que son hématologue participe lui aussi à l'expérience pour surveiller ses numérations globulaires et intervenir en cas de crise. J'acceptai et lui dis que je serais ravi de rencontrer son médecin pour que nous étudiions ensemble le plan de traitement.

Quelques jours plus tard, il revint me voir. Son hématologue lui avait dit qu'il trouvait son idée complètement absurde et que, s'il essayait d'arrêter son traitement allopathique, il atterrirait à l'hôpital en moins de temps qu'il ne fallait pour le dire. Le patient avait bien tenté de lui montrer les articles qu'il avait trouvés sur les approches psychiques de l'auto-immunité, mais le médecin s'était moqué de lui et lui avait répondu qu'il ne perdrait pas son temps à lire ce « tissu d'âneries ». Cette dernière remarque avait rendu le patient tellement fou furieux qu'il avait trouvé le courage de rompre avec ce médecin, défiant pour la première fois l'autorité médicale et assumant la responsabilité de sa maladie. Après bien des efforts, il réussit à trouver un hématologue qui, bien que réticent, était prêt à le suivre tout en le laissant faire l'expérience du programme. Le patient adopta les changements que je lui avais suggérés et réussit à arrêter la prednisone. Ses numérations globulaires furent fluctuantes un certain temps puis se stabilisèrent à un niveau plus élevé que celui qu'elles atteignaient avec les médicaments. Cela le convainquit qu'il était sur la bonne voie et renforça sa motivation pour continuer le traitement.

2. CHERCHER ACTIVEMENT DE L'AIDE

Les patients qui réussissent à guérir explorent toutes les possibilités de traitement et de cure, et suivent toutes les pistes qui se présentent. Ils posent des questions, se documentent, font des recherches dans les bibliothèques, écrivent aux auteurs des ouvrages qui les intéressent, cherchent des idées auprès de leurs amis et voisins, et sont prêts à se déplacer pour rencontrer des praticiens prometteurs. De tels comportements amènent certains médecins à les ranger dans la catégorie des patients difficiles, rebelles, ou simplement insupportables, mais il y a de bonnes raisons de croire que les patients difficiles ont plus de chances d'aller mieux tandis que les « gentils » patients finissent mal.

Souvenez-vous des paroles de Kristin, la jeune femme qui a réussi à guérir d'une anémie aplasique (page 27) : « Il existe sans doute des façons de guérir différentes pour chacun, mais il y a toujours une solution. Continuez à chercher ! »

3. CHERCHER À RENCONTRER DES GENS QUI ONT DÉJÀ FAIT L'EXPÉRIENCE DE LA GUÉRISON SPONTANÉE

Une des méthodes les plus efficaces pour neutraliser le pessimisme médical est de trouver quelqu'un qui a eu la même maladie que vous et s'en est sorti. Chaque fois que je rencontre des gens qui ont réussi à surmonter de graves problèmes de santé, je leur demande de m'autoriser à leur envoyer de temps à autre des patients souffrant de la même maladie pour qu'ils leur donnent des conseils. Par exemple, je connais un homme dans la trentaine qui a souffert de la polyarthrite rhumatoïde il y a quinze ans. Pendant des années, il a pris des doses de plus en plus massives de médicaments suppressifs et a subi plusieurs opérations pour corriger les déformations de plus en plus graves de ses mains. Il a fait un gros effort pour adopter une hygiène de vie plus saine et trouver une certaine paix intérieure. Grâce à cela, il a été capable de freiner l'évolution de la polyarthrite rhumatoïde et d'arrêter les médicaments. Je lui ai envoyé plusieurs patients atteints de polyarthrite rhumatoïde – des jeunes gens qui n'avaient entendu que le son de cloche de leur rhumatologue et qui n'avaient aucune raison de croire qu'ils pouvaient prendre en charge leur maladie. Il les a aidés à comprendre qu'ils pouvaient faire évoluer leur maladie sans dépendre des médicaments et les a mis sur la voie de la guérison.

4. ÉTABLIR UNE RELATION DE TRAVAIL CONSTRUCTIVE AVEC LES PRATICIENS

Les patients qui réussissent à guérir s'entourent souvent de praticiens qui les soutiennent dans leur recherche pour trouver une solution. Un allié peut être simplement un médecin qui dit : « Je ne sais pas quel traitement vous suivez, mais, en tout cas, continuez ! » ou un praticien qui participe activement en suggérant des possibilités de traitement. Ce que vous recherchez, c'est un médecin qui croit en vous et en votre capacité à vous guérir vous-même, quelqu'un qui vous autorise à chercher et vous donne l'impression que vous n'êtes pas seul. Les bons médecins sont prêts à dire : « Je ne sais pas », et sont ravis de vous voir guérir, quelles que soient les méthodes que vous utilisiez.

5. NE PAS HÉSITER À CHANGER RADICALEMENT SA FAÇON DE VIVRE

La plupart des patients qui ont réussi à guérir ne sont plus ceux qu'ils étaient au début de leur maladie. Au cours de leur quête à la recherche d'une guérison, ils ont pris conscience qu'ils devaient transformer radicalement leur manière de vivre : changer de relations, de travail, de ville, de régime, d'habitudes et ainsi de suite. Avec le recul, ils considèrent que ces changements ont été des étapes nécessaires à leur maturation personnelle, mais, à l'époque, le processus n'a pas été vécu sans souffrance. Changer est toujours difficile, et les changements profonds peuvent être extrêmement douloureux. La maladie nous oblige souvent à nous confronter à des problèmes et à des conflits que nous avions refoulés dans l'espoir de les voir disparaître. Continuer à les ignorer peut freiner toute possibilité de guérison spontanée, alors que la volonté de changer peut être un des points clés du succès.

6. CONSIDÉRER LA MALADIE COMME UN DON

Parce que la maladie peut devenir un puissant moteur de changement, le seul peut-être qui puisse forcer les gens à résoudre leurs conflits les plus intimes, les patients qui ont réussi à guérir la considèrent souvent comme la plus grande chance qui leur ait été donnée de grandir et de mûrir – un véritable don du ciel. Considérer la maladie comme une malédiction, et particulièrement comme une injustice, peut freiner le système réparateur. Accepter votre maladie comme un don du ciel vous permet de parvenir à la maturité et peut débloquer le système réparateur.

7. APPRENDRE À S'ACCEPTER

S'accepter avec toutes ses imperfections, limitations et défauts, qui sont le propre de tout être humain, est une façon de se soumettre à une volonté supérieure. Le changement est plus susceptible d'avoir lieu dans ces conditions que si vous êtes en guerre avec l'univers. Lorsque vous êtes malade, l'accepter ne signifie pas renoncer à tout espoir de guérison. Au contraire, cela signifie accepter tous les événements de votre vie, y compris la maladie actuelle, afin de les dépasser. Rappelez-vous des différentes étapes du processus de deuil (page 109) : c'est seulement en acceptant la perte qu'il est possible d'en faire son deuil et de guérir. Rappelez-vous aussi les paroles de l'homme qui a fait l'expérience de la guérison spontanée : « Il faut se débarrasser de son ego, de tous les concepts auxquels on s'accroche et laisser simplement le corps se guérir tout seul : il sait comment s'y prendre. »

18

Maîtriser les grandes catégories de maladies : les secrets d'un médecin hygiéniste

Si vous tombez malade, il est utile de connaître les approches thérapeutiques qui peuvent stimuler le système réparateur, particulièrement les modifications alimentaires, les compléments vitaminés spécifiques, les remèdes galéniques et les méthodes douces qui sont ignorés de la plupart des allopathes. Mon but n'est pas ici de faire une liste exhaustive de toutes les maladies en donnant des programmes détaillés de traitements, d'autant plus que je crois que les traitements doivent être adaptés à chaque cas particulier, mais de vous donner des conseils généraux concernant les grandes catégories de maladies. Je tiens à souligner que ces suggestions thérapeutiques ne sont pas destinées à remplacer complètement les possibilités que vous offre la médecine moderne. Souvenez-vous aussi que les gens réagissent différemment aux substances qu'ils ingèrent. Bien que les traitements proposés ci-dessous soient, d'après mon expérience, efficaces et sans danger, il est toujours possible de faire une réaction allergique à une plante ou un supplément vitaminé. Dans ce cas, arrêtez immédiatement le traitement. Soyez aussi patient en suivant ces traitements naturels : ils mettent généralement plus de temps à agir que les puissants médicaments suppressifs. Si vous modifiez votre alimentation et entreprenez une thérapie naturelle, il vous faudra peut-être six à huit semaines pour en constater les effets. Les améliorations seront progressives, constantes et solides, témoignant de l'activité durable de votre système réparateur qui ne se contente pas de la suppression des symptômes.

L'ALLERGIE

L'allergie est une réaction acquise du système immunitaire face à certains agents environnementaux qui ne sont pas intrinsèquement dangereux. Un bon traitement est censé calmer l'hypersensibilité du système immunitaire pour que vous puissiez vivre avec les allergènes sans immédiatement tousser, éternuer ou être pris de démangeaisons. Les traitements allopathiques sont plus ou moins toxiques et, parce qu'ils sont uniquement suppressifs, peuvent augmenter la réactivité du système immunitaire avec le temps. Le fait que les allergies apparaissent et disparaissent par cycles est encourageant ; cela indique que les réactions allergiques acquises ne sont pas définitives, que le système immunitaire peut désapprendre ce qu'il a appris. La guérison spontanée des allergies n'est pas un phénomène rare. Pour augmenter ses chances, c'est une bonne idée de travailler sur plusieurs fronts à la fois.

Des modifications alimentaires peuvent réduire les réactions allergiques. La meilleure suggestion que je puisse vous donner est d'adopter un régime faible en protéines, de réduire les protéines d'origine animale en général et, particulièrement, d'éliminer le lait de vache et les produits laitiers, puisque les protéines du lait sont un irritant du système immunitaire pour la plupart des gens. En outre, je vous conseille de consommer, autant que possible, des produits biologiques, parce que je crois que les résidus des produits chimiques agricoles contribuent fréquemment à la réactivité du système immunitaire.

Complétez ce régime avec de la quercétine, un produit naturel fabriqué à base de sarrasin et d'agrumes. La quercétine stabilise la membrane des cellules qui libèrent l'histamine, le médiateur de nombreuses réactions allergiques. Vous pouvez acheter des comprimés de quercétine dans les magasins diététiques (certaines marques contiennent aussi de la vitamine C et d'autres composants du même type). La dose recommandée est de 400 milligrammes deux fois par jour entre les repas. La quercétine est un traitement préventif, et non pas symptomatique, aussi vaut-il mieux le suivre régulièrement. Si vos allergies sont saisonnières, commencez à en prendre plusieurs semaines avant l'apparition habituelle des symptômes. Autrement, suivez un traitement de deux ou trois mois, puis réduisez graduellement les doses pour voir si les améliorations se maintiennent.

Un bon traitement galénique contre le rhume des foins, notamment contre les éternuements allergiques et les démangeaisons des yeux, des oreilles et de la gorge, est l'ortie dioïque (*Urtica dioica*), particulièrement sous forme d'extrait sec. Une ou deux gélules toutes les deux ou quatre heures, selon les cas, permet de maîtriser les symptômes sans avoir les effets toxiques des antihistaminiques et des stéroïdes. Le médicament allopathique le plus sûr pour ce problème est le cromglycate disodique sous forme de spray nasal qui agit par un mécanisme similaire à celui de la quercétine.

Des changements environnementaux, tels qu'installer des ionisateurs dans votre maison, peuvent réduire la surcharge allergène du système immunitaire et lui donner la possibilité de se rééquilibrer.

Les approches psychiques sont fondamentales. Certaines personnes extrêmement allergiques aux roses peuvent faire une réaction allergique lorsqu'on leur présente des roses en plastique, ce qui indique bien que l'apprentissage au niveau cérébral supérieur peut être impliqué dans ces réactions erronées du système immunitaire. La thérapie de visualisation active guidée peut être particulièrement efficace pour les allergies de la peau telles que l'urticaire chronique ou l'eczéma.

LA MALADIE AUTO-IMMUNE

Dans une maladie auto-immune, les réactions immunitaires sont dirigées contre les propres tissus de l'organisme, entraînant des inflammations et d'éventuelles lésions des structures du corps. La prédisposition aux maladies auto-immunes peut être génétique, et la maladie peut être déclenchée par une infection, un traumatisme physique ou émotionnel. Tous les tissus ou les organes peuvent devenir la cible de ces réactions immunitaires anormales : les nerfs (la sclérose en plaques), les articulations (la polyarthrite rhumatoïde), les glandes endocrines (la myasthénie grave et des formes de thyroïdite), les muscles (la poliomyélite), les tissus conjonctifs de tout le corps (le lupus érythémateux aigu disséminé), les reins (la glomérulonéphrite), etc. L'évolution de toutes ces maladies se caractérise par des phases alternées de crises et de rémissions – une caractéristique positive puisqu'elle prouve que le système réparateur est capable d'influer sur la maladie auto-immune. L'approche allopathique de cette forme de maladie est insatisfaisante, fondée sur l'utilisation de médicaments suppressifs qui sont extrêmement toxiques.

Parce que la maladie auto-immune a des origines multiples (dont l'hérédité, le stress et des causes environnementales), un traitement efficace devrait tenir compte de tous les détails de la vie du patient. En plus d'aider le système réparateur à contrôler l'immunité, il est utile de procéder à des changements alimentaires destinés à réduire l'inflammation, puisque les modifications inflammatoires entraînent les lésions des tissus dans ces maladies.

Les changements alimentaires devraient être les mêmes que pour l'allergie : un régime faible en protéines réduisant au minimum les aliments d'origine animale, particulièrement le lait et les produits laitiers ; des fruits, des légumes et des céréales biologiques en abondance ; l'élimination des huiles végétales poly-insaturées et des graisses partiellement hydrogénées ; l'apport de poisson ou d'autres sources d'acides gras oméga-3 telles que les graines de lin.

Complétez ce régime par des vitamines et des oligoéléments antioxydants.

Les traitements galéniques incluent le gingembre pour ses propriétés anti-inflammatoires (le gingembre lyophilisé en gélules est le plus efficace, commencez par une gélule deux fois par jour) et la matricaire qui est utile dans le traitement de l'arthrite auto-immune (je recommande une ou deux gélules deux fois par jour). Signalons aussi le curcuma (*Curcuma longa*), l'épice qui sert à fabriquer le curry et la plupart des moutardes. Extrait d'un rhizome voisin du gingembre, le curcuma a de grandes propriétés anti-inflammatoires et peut être tout simplement ajouté à l'alimentation ; cependant il est plus efficace de prendre de la curcumine, le pigment jaune qui en est le composant actif, en doses de 400 à 600 milligrammes trois fois par jour. Les magasins diététiques proposent des produits qui associent la curcumine à la broméline, une enzyme de l'ananas qui active l'absorption de la curcumine et a ses propres effets anti-inflammatoires.

Les traitements de médecine douce peuvent être extrêmement bénéfiques, particulièrement ceux de la médecine chinoise traditionnelle et ayurvédique. J'ai aussi vu des cas de maladies auto-immunes réagir à des traitements homéopathiques.

Les approches psychiques sont déterminantes dans les maladies auto-immunes parce que les cycles de la maladie correspondent souvent aux cycles émotionnels et parce que nous savons que les facteurs psychiques influent sur les réactions immunitaires. La psychothérapie, l'hypnothérapie et la visualisation guidée sont toutes utiles et valent la peine d'être tentées.

LES MALADIES CARDIO-VASCULAIRES

La plupart des maladies cardiaques et vasculaires sont liées à l'hygiène de vie et peuvent être évitées en suivant un régime adapté aux problèmes cardio-vasculaires, en ne fumant pas, en pratiquant des exercices appropriés, ainsi qu'en travaillant à construire des relations émotionnelles équilibrantes et à neutraliser la colère et le stress. Même lorsque ces maladies se manifestent, leur évolution peut être ralentie, arrêtée ou même inversée en modifiant l'hygiène de vie de manière adéquate. Voici quelques suggestions complémentaires :

Les changements alimentaires consistent d'abord à réduire l'apport de matières grasses, particulièrement les graisses saturées, et à remplacer toutes les formes de graisses par de l'huile d'olive. Un régime maigre, végétarien ou semi-végétarien, riche en fibres et en poisson ou en d'autres sources d'acides gras oméga-3 est probablement le meilleur pour le cœur. L'ail, l'oignon, les piments, le thé vert et le curcuma ont tous des effets bénéfiques sur le système cardio-vasculaire.

Associez à ce régime des vitamines et des oligo-éléments antioxydants, particulièrement la vitamine E. Deux autres produits naturels que je recommande souvent sont la coenzyme Q (aussi appelée Co-Q-10) et la carnitine L. Le premier favorise l'apport d'oxygène au niveau cellulaire, particulièrement dans les cellules musculaires cardiaques. Je recommande une dose de 60 milligrammes par jour, que vous pouvez augmenter jusqu'à 200 milligrammes si vous la supportez. (Cela ne vaut pas la peine d'acheter de la Co-Q-10 dosée à moins de 60 milligrammes par gélule.) La carnitine L est un acide aminé qui peut également favoriser le métabolisme des cellules musculaires cardiaques (elle aussi coûte assez cher). La dose recommandée est de 250-500 milligrammes par jour. Ces deux produits sont en vente dans les magasins diététiques. Pour l'arythmie, une supplémentation de magnésium peut être extrêmement utile. Essayez 1 000 milligrammes de magnésium (citrate, gluconate ou chélate) au coucher, plus une autre dose de 500 milligrammes le matin, associée à des doses équivalentes de calcium (citrate). Je recommande les mêmes doses de calcium et de magnésium dans les cas d'hypertension.

Les remèdes galéniques pour le système cardio-vasculaire incluent l'aubépine (*Crataegus oxycantha*), un diurétique et un tonique cardiaque naturel, utile pour les malades souffrant de coronaropathie et d'insuffisance cardiaque, et un champignon (*Auricularia polytricha*), utilisé dans la cuisine chinoise, qui a des effets anticoagulants similaires à ceux de l'aspirine. On peut trouver des gélules d'extrait sec d'aubépine ; la dose recommandée est de une à deux gélules deux à quatre fois par jour. Vous pouvez acheter l'*Auricularia polytricha* séchée dans les épiceries orientales. Faites tremper les champignons dans de l'eau chaude, puis ajoutez-les, une fois réhydratés, à vos soupes ou à vos légumes sautés. Une dose raisonnable est une cuillère à soupe de champignons réhydratés par jour. Le marron d'Inde (*Aesculus hippocastanum*) peut être appliqué en traitement local dans le traitement des varices. On trouve des pommades à base de marron d'Inde en pharmacie et dans les magasins diététiques.

Des exercices de respiration réguliers sont l'une des meilleures formes de traitement pour le cœur et les artères, ainsi que toutes les techniques de relaxation et d'élimination du stress.

Voici une autre grande catégorie de maladies qui sont liées à l'hygiène de vie, particulièrement à de mauvaises habitudes alimentaires et au stress. La médecine allopathique n'est pas très efficace pour les traiter. La médecine parallèle offre de multiples alternatives de traitements sûrs qui ont fait leurs preuves, probablement parce que le système réparateur, si on lui en laisse la possibilité, est souvent capable de guérir complètement ces maladies. Une origine commune de bon nombre de ces troubles digestifs, du reflux intestinal à la constipation, est un déséquilibre entre la mobilité naturelle de la musculature gastro-intestinale et l'influence régulatrice des nerfs involontaires qui la contrôlent. Trop d'influx nerveux touche le système gastro-intestinal qui est très sensible aux déséquilibres liés au stress. En fait, le système digestif est, avec la peau, le lieu où se manifestent le plus couramment les maladies psychosomatiques.

Des changements alimentaires sont essentiels à l'amélioration de la santé et de la fonction digestive. Commencez par éliminer la caféine (particulièrement le café), la cigarette et tous les autres stimulants. L'alcool peut être un irritant majeur de l'œsophage et de l'estomac. Soyez attentif aux aliments ou aux associations d'aliments qui perturbent votre digestion et changez vos habitudes alimentaires en conséquence. Parfois fragmenter les repas permet d'améliorer la fonction digestive.

Les traitements galéniques peuvent être très efficaces. La camomille et la menthe agissent contre de simples brûlures d'estomac et la nausée, mais la menthe, parce qu'elle détend le sphincter là où l'œsophage rejoint l'estomac, peut aggraver le reflux intestinal. Le gingembre sous toutes ses formes soigne la nausée. Contre la gastrite aiguë, le reflux et l'ulcère, essayez l'extrait de réglisse déglycirrhizinée (voir note en bas de la page 309) qui stimule la muqueuse protectrice naturelle de l'estomac. L'huile essentielle de menthe en gélule entérosoluble, disponible dans les magasins diététiques, est un excellent traitement contre le mauvais transit intestinal, la diverticulite et les autres troubles intestinaux. Un bon remède naturel contre la diarrhée et l'inflammation intestinale est la poudre de caroube, disponible dans les magasins diététiques. Commencez par une cuillère à soupe, mélangée à de la compote de pommes et du miel pour neutraliser son goût peu agréable. Associez-la avec de l'acidophile (liquide ou en gélules, disponible dans les magasins diététiques) entre les repas (entre une heure et demie et trois heures après le repas). Pour la constipation, le triphala, qui est la formule ayurvédique, est excellent ; conformez-vous au dosage indiqué par le produit.

La relaxation est absolument essentielle. Les exercices respiratoires décrits pages 274-278 ont un effet particulièrement bénéfique sur le système gastro-intestinal. Le biofeedback et le yoga peuvent aussi vous aider et je n'ai pas de mots assez forts pour vous recommander l'hypnothérapie et la visualisation guidée.

Les médecines douces qui ont les meilleurs résultats sur les troubles digestifs sont la naturopathie, l'homéopathie, la médecine traditionnelle chinoise et la médecine ayurvédique. Je vous conseille d'essayer ces formes de thérapie avant d'avoir recours aux médicaments et aux interventions allopathiques.

LES INFECTIONS

J'ai mentionné plus d'une fois dans ce livre le fait que les antibiotiques perdaient rapidement de leur efficacité face à la résistance croissante des micro-organismes. Les infections graves, galopantes ou touchant des organes vitaux, sont des urgences médicales qui nécessitent un contrôle allopathique, mais, même dans ce cas, il est bon d'utiliser des méthodes complémentaires pour stimuler les réactions de guérison. Pour les infections moins sévères ou les infections chroniques qui résistent aux traitements allopathiques, la stratégie déterminante consiste à déclencher l'action du système réparateur. Dans le cas d'infections locales, cutanées, une des meilleures méthodes est de favoriser la circulation sanguine vers les zones touchées par un effet de chaleur – par exemple, en appliquant des compresses chaudes ou en faisant tremper la plaie dans de l'eau chaude. Vous pouvez aussi aider le système réparateur en vous reposant, en mangeant moins, en buvant beaucoup et en faisant des saunas ou des hammams.

Des changements alimentaires peuvent réduire la susceptibilité à certains types d'infections. Par exemple, restreindre l'apport global de sucre peut, pour les femmes, limiter les infections urinaires, et augmenter la consommation de fruits et de légumes frais renforce l'immunité.

Associez à ce régime des vitamines et des oligo-éléments antioxydants, particulièrement de la vitamine C – 2000 milligrammes, deux à trois fois par jour, en cas d'infection récurrente ou chronique.

Les traitements galéniques contre les infections abondent, des familiers (l'ail) aux exotiques (champignons orientaux). Ajoutez de l'ail cru à votre alimentation comme traitement général et essayez l'échinacéa (*Echinacea purpurea* et autres espèces voisines), une herbe originaire des États-Unis, aux propriétés antibiotiques et immunitaires. Les préparations à base d'échinacéa sont en vente dans les magasins diététiques et certaines pharmacies. Ne sont efficaces que celles qui, une minute après avoir été absorbées, produisent un net engourdissement de la langue. Conformez-vous aux instructions du produit ou prenez un plein compte-gouttes de teinture dans un peu d'eau chaude quatre fois par jour. En cas d'infection locale, appliquez de l'huile essentielle de théier, extraite d'un arbre australien (*Melaleuca alternifolia*). N'achetez que de l'huile essentielle de théier pure dans les magasins diététiques ; c'est un excellent désinfectant, qu'il est utile d'avoir toujours dans sa trousse à pharmacie. En cas d'infection virale récurrente ou chronique, essayez l'astragale (voir page 239).

Les médecines douces peuvent parfois réussir à maîtriser des maladies infectieuses que la médecine moderne se montre impuissante à traiter. J'essaierais d'abord la médecine traditionnelle chinoise qui possède tout un éventail de plantes médicinales aux propriétés antivirales, antibactériennes et immunitaires.

Les approches psychiques peuvent toujours être tentées. Au pis, elles peuvent stimuler l'efficacité des médicaments allopathiques. Au mieux, elles peuvent modifier l'équilibre entre le système immunitaire et les germes pathogènes d'une manière qui favorise la guérison de l'infection.

LES PROBLÈMES DE SANTÉ SPÉCIFIQUES AUX HOMMES

La prostate est un des points vulnérables de l'anatomie masculine, elle entraîne souvent des infections résistantes chez les jeunes gens et risque, avec l'âge, de se dilater au point de gêner la miction. Les principaux irritants de la prostate sont le café et les autres formes de caféine, le café décaféiné, l'alcool, le tabac, le poivron rouge, la déshydratation et un rythme d'éjaculation, soit trop fréquent, soit peu fréquent. Des positions assises prolongées ou des mouvements brusques répétés (dus, par exemple, au fait de faire du cheval, de la bicyclette ou de la moto) irritent aussi la glande.

Associez à votre alimentation du zinc – 30 milligrammes de zinc picolinate par jour. Augmentez aussi votre consommation de produits à base de soja ; leurs phyto-œstrogènes peuvent protéger la prostate d'un déséquilibre des hormones masculines.

Les traitements galéniques contre une dilatation de la prostate reposent sur deux plantes : le palmier nain scie (*Serenoa repens*) et le pygeum (*Pygeum africanum*). Essayez un de ces remèdes, ou les deux combinés, en suivant les instructions recommandées par les produits. Ces traitements peuvent être poursuivis indéfiniment.

En cas de déficience sexuelle, la médecine traditionnelle chinoise offre de nombreux traitements, à commencer par le ginseng (voir page 242), le tonique masculin bien connu. La médecine ayurvédique propose l'ashwaganda (*Withania somnifera*), qu'on trouve depuis peu dans les magasins diététiques. Conformez-vous aux doses recommandées sur le produit.

Les approches psychiques valent la peine d'être essayées pour tous les problèmes sexuels et génitaux ; l'hypnothérapie et la visualisation guidée sont particulièrement utiles.

LES TROUBLES MENTAUX, ÉMOTIONNELS OU NERVEUX

Contre l'anxiété, même dans ses formes les plus graves, le meilleur remède que je connaisse est l'exercice respiratoire, présenté page 277. En changeant graduellement le rythme du système neurovégétatif, il permet une profonde relaxation intérieure qui favorise la guérison émotionnelle. Si vous commencez à le pratiquer dès maintenant, vous serez prêt à l'utiliser en cas de besoin. Des exercices physiques réguliers sont également importants et, de toute évidence, l'apprentissage de techniques de relaxation peut être aussi extrêmement utile. Deux traitements galéniques que je recommande fréquemment sont la passiflore (*Passiflora incarnata*) et la valériane (*Valeriana officinalis*). La première, aux effets très doux, peut être prise en teinture : un plein compte-gouttes dans un peu d'eau chaude lorsque le besoin s'en fait sentir, quatre fois par jour au maximum. La seconde est un sédatif puissant à utiliser plutôt en cas d'insomnie, mais à petites doses – environ dix gouttes de teinture dans un peu d'eau chaude –, elle peut éventuellement agir comme tranquillisant dans la journée.

Pour la dépression, le meilleur traitement est de *faire régulièrement de l'exercice tonique,* au moins trente minutes par jour, cinq jours par semaine. Il est recommandé d'éviter l'alcool, les sédatifs et les autres médicaments dépresseurs. *Des changements alimentaires* – moins de protéines et de graisses, plus d'amidons, de fruits et de légumes – peuvent aussi faire la différence. *Essayez également une supplémentation :* le matin, au réveil, prenez 1 500 milligrammes de DL-phénylalanine (un acide aminé), 100 milligrammes de vitamine B6, 500 milligrammes de vitamine C, et un fruit ou un petit verre de jus de fruits. Attendez au moins une heure avant de prendre votre petit déjeuner. (Utilisez cette formule avec prudence si vous avez de la tension, car la DL-phénylalanine peut temporairement aggraver les problèmes de tension. Dans ce cas, commencez avec une dose plus faible d'acide aminé et vérifiez régulièrement votre tension.)

LES TROUBLES MUSCULO-SQUELETTIQUES

Une douleur aiguë et chronique musculo-squelettique amène plus de gens à consulter un médecin que toutes les autres formes de maladies réunies. Les médicaments et les interventions allopathiques ne devraient être utilisés qu'en dernier recours, une fois que toutes les formes de méthodes naturelles et parallèles ont été activement tentées.

Les changements alimentaires ont ici moins d'importance, si ce n'est qu'il peut être utile de modifier l'apport de graisse en cas d'inflammation, c'est-à-dire d'éliminer les graisses poly-insaturées et artificiellement saturées, et d'augmenter la consommation d'acides gras oméga-3.

Une supplémentation de vitamine B3 peut être utile dans le cas d'arthrose. Commencez par 500 milligrammes deux fois par jour, en augmentant de 500 milligrammes toutes les trois semaines si nécessaire jusqu'à un maximum de 2 000 milligrammes par jour.

Les traitements galéniques contre les douleurs musculo-squelettiques incluent le gingembre, particulièrement en extrait sec, et une plante ayurvédique, *Boswellia*, ou l'extrait qui en est tiré, la boswelline. On la trouve dans les magasins diététiques ; conformez-vous aux instructions du produit. Le gingembre et la boswelline peuvent apporter un soulagement de la fibro-myalgie et d'autres troubles où les malades se plaignent de douleurs « dans tout le corps ». Vous pouvez aussi envisager la curcumine, l'agent anti-inflammatoire du curcuma, décrit dans la partie « maladies auto-immunes ». En cas d'hématomes et d'ecchymoses résultant d'un traumatisme, un excellent traitement est la broméline, l'enzyme de l'ananas que vous pouvez trouver en gélules dans les magasins diététiques. Prenez-en 200 à 400 milligrammes trois fois par jour entre les repas. La broméline favorise la cicatrisation des tissus, mais certains sujets peuvent développer une réaction allergique cutanée ; arrêtez le traitement si vous ressentez des démangeaisons.

Les approches psychiques sont, là aussi, essentielles. L'hypnothérapie peut permettre aux malades de se distancier de la douleur, ce qui peut accélérer sa disparition. D'autres méthodes de relaxation, dont la méditation guidée, ont permis de résoudre des douleurs chroniques là où la médecine allopathique avait échoué.

Les traitements parallèles valent toujours la peine d'être tentés pour ces maladies, particulièrement l'ostéopathie, la chiropraxie, les massages thérapeutiques et les autres formes de travail corporel. L'acupuncture peut apporter un soulagement temporaire spectaculaire et peut favoriser la guérison de certains problèmes. Associée à un traitement galénique chinois, elle peut faire des miracles pour des patients atteints d'arthrite et d'autres maladies chroniques musculo-squelettiques.

La douleur a deux aspects : la sensation physique causée par le trouble d'une structure ou d'une fonction du corps et la perception psychique qu'en a le malade. Ce second aspect peut être modifié de diverses manières. Ma préférence va à l'hypnothérapie, la visualisation guidée, la méditation et l'acupuncture. Relisez l'histoire d'Ethan, page 159, qui raconte la guérison d'une douleur chronique du dos uniquement par *intervention psychique.*

Dans la mesure où la douleur est le résultat d'une inflammation au niveau des tissus, elle peut bénéficier des *changements alimentaires,* des *traitements galéniques* et des *médecines parallèles,* mentionnés dans « Maladies auto-immunes » et « Troubles musculo-squelettiques ».

Le contact thérapeutique et les autres formes de soins par influx d'énergie peuvent avoir des effets spectaculaires sur la douleur.

MALADIES DE LA PEAU

Parce que la peau a tellement de terminaisons nerveuses, elle est un des lieux où se manifestent les troubles psychosomatiques. De nouveau, les traitements allopathiques pour de nombreuses maladies de peau, particulièrement les crèmes aux stéroïdes, sont suppressifs et potentiellement toxiques.

Des modifications de l'hygiène de vie peuvent être extrêmement bénéfiques pour la santé de la peau, notamment utiliser une crème protectrice contre l'exposition solaire ; éviter de se laver trop souvent avec du savon qui élimine les huiles naturelles protectrices ; utiliser toujours des crèmes hydratantes après le bain ou la douche ; et éliminer les cosmétiques contenant des colorants et d'autres produits chimiques toxiques.

Des changements alimentaires sont aussi importants afin d'éliminer les aliments qui peuvent favoriser les allergies et les inflammations, et de procurer à la peau les nutriments nécessaires à la bonne santé de l'épiderme, des cheveux et des ongles. En général, suivez les recommandations données dans la partie « Maladies auto-immunes », et assurez-vous que vous consommez assez d'aliments contenant des acides gras oméga-3.

Associez à votre alimentation des vitamines et des oligo-éléments antioxydants et de l'acide gammalinolénique (un acide gras essentiel, particulièrement bénéfique pour la peau), qu'on trouve surtout dans l'huile de cassis et l'huile d'onagre, disponibles en gélules dans les magasins diététiques. La dose recommandée d'huile de cassis est de 500 milligrammes deux fois par jour. Vous constaterez des améliorations de votre peau, de vos cheveux et de vos ongles, après six à huit semaines de traitement régulier.

Les approches psychiques devraient être tentées dans tous les cas de maladies de peau pour tirer avantage du haut niveau d'innervation de la peau. J'envoie généralement mes patients chez des hypnothérapeutes et des thérapeutes pratiquant la visualisation guidée.

Les médecines parallèles peuvent être plus efficaces et moins toxiques que la médecine moderne pour soigner ces maladies. D'après mon expérience, les meilleurs résultats ont lieu avec l'homéopathie, la médecine ayurvédique et la médecine traditionnelle chinoise, même dans des cas de psoriasis et d'autres maladies graves et chroniques.

LES TROUBLES LIÉS AU STRESS

Toutes les maladies devraient être considérées comme étant liées au stress, sauf preuve du contraire. Même si le stress n'est pas l'origine de la maladie, il en est fréquemment un facteur aggravant. Dire qu'une douleur physique est liée au stress ne signifie en aucune manière qu'elle est imaginaire ou superficielle ; cela signifie seulement qu'apprendre des techniques de relaxation ou de maîtrise du stress peut être un moyen efficace de lutter contre elle. Certaines des maladies les plus courantes liées au stress sont la migraine, les douleurs musculo-squelettiques (particulièrement du dos et de la nuque), tous les troubles gastro-intestinaux, toutes les maladies de la peau, la déficience sexuelle, les problèmes menstruels, et une prédisposition aux infections, ce qui représente un nombre conséquent de symptômes, de consultations chez les médecins et de prescriptions de traitements suppressifs. Pour toutes ces maladies, quels que soient les autres types d'interventions que vous tentiez, je vous recommande de travailler votre respiration décontractante, d'utiliser les approches psychiques et toutes les techniques de relaxation qui vous conviennent afin de donner à votre système réparateur la meilleure chance possible de résoudre les problèmes à un niveau physique.

TROUBLES URINAIRES

Des changements dans l'hygiène de vie sont ici essentiels, parce que les irritants majeurs des reins sont le tabac, l'hypertension, la déshydratation, l'alcool, la caféine et les autres stimulants, et les régimes riches en protéines. Si vous avez une anomalie du rein ou avez souffert d'une maladie rénale, la meilleure stratégie préventive est d'adopter un régime faible en protéines et de ne jamais vous déshydrater.

Parce que le système urinaire filtre les toxines du sang et les concentre dans l'urine, il est susceptible d'être soumis à des attaques toxiques qui peuvent dégénérer en tumeur maligne, particulièrement au niveau de la vessie. Les conseils donnés au chapitre 10 pour lutter contre les substances toxiques devraient vous aider, ainsi qu'une supplémentation d'antioxydants.

Les femmes sont bien plus vulnérables que les hommes aux infections urinaires. Elles peuvent réduire les risques en éliminant ou en réduisant leur consommation de tabac, d'alcool et de caféine, en évitant d'avoir une sexualité violente ou excessive et en buvant beaucoup d'eau pour favoriser une élimination régulière.

Par ailleurs, les airelles contiennent une substance qui empêche les bactéries de s'accrocher aux parois de la vessie. Si vous êtes sujet à de fréquentes infections urinaires, essayez de boire souvent du jus d'airelles ou du concentré d'airelles non sucré que vous pouvez acheter dans les magasins diététiques et diluer, selon votre goût, avec de l'eau plate ou pétillante. Prendre de l'acidophile liquide ou en gélules après vos repas peut aussi renforcer votre résistance aux infections de la vessie.

Un traitement galénique qui peut aussi aider les voies urinaires est la busserole (*Arctostaphylos uva-ursi*). Des teintures et des extraits en gélules de ses feuilles sont en vente dans les magasins diététiques et peuvent être utiles pour divers problèmes urinaires. La dose recommandée est un plein compte-gouttes de teinture dans un peu d'eau, ou une ou deux gélules d'extrait trois à quatre fois par jour. Ne l'utilisez qu'en traitement court car un usage prolongé peut entraîner des irritations.

Les approches psychiques peuvent être extrêmement bénéfiques pour soigner les problèmes urinaires. Je conseille particulièrement la visualisation guidée avec un thérapeute compétent.

Les médecines parallèles peuvent être aussi utiles, particulièrement la naturopathie, l'homéopathie et la médecine traditionnelle chinoise.

PROBLÈMES DE SANTÉ SPÉCIFIQUES AUX FEMMES

Les problèmes menstruels, y compris les règles douloureuses et le syndrome prémenstruel, peuvent être modérés en éliminant le café et les graisses favorisant les inflammations (voir « Maladies auto-immunes », page 339), et en associant à votre alimentation de l'acide gamma-linolénique (voir « Maladies de la peau », page 350), de la vitamine E et de la vitamine B6 (100 milligrammes deux fois par jour). Le *dong quai* (*Angelica sinensis*) est un bon tonique pour une grande variété de problèmes féminins (voir page 243). Un autre traitement galénique utile est le poivre sauvage (*Vitex agnus-castus*), qui peut être pris en teinture ou en gélules un plein compte-gouttes dans un peu d'eau, ou une ou deux gélules deux fois par jour; cette plante aide à réguler le cycle menstruel. Faire des exercices doux régulièrement est aussi important.

Pour éviter des déséquilibres du métabolisme œstrogénique, il est essentiel d'éviter la consommation d'aliments contenant des œstrogènes ajoutés (viandes et volailles de culture industrielle), d'éviter l'exposition aux polluants qui peuvent avoir une action œstrogénique, de réduire la consommation d'alcool, de suivre un régime maigre et d'augmenter la consommation de produits à base de soja pour leur phyto-œstrogènes protecteurs.

Les symptômes de la ménopause peuvent être maîtrisés sans avoir recours à un traitement hormonal substitutif, bien que les femmes déjà atteintes d'ostéoporose ou courant des risques cardio-vasculaires peuvent choisir, pour ces raisons, d'adopter un traitement hormonal. Une formule galénique qui réduit ou élimine les bouffées de chaleur chez la plupart des femmes consiste à associer du *dong quai,* du poivre sauvage et de la damiane (*Turnera diffusa*). Prenez un plein compte-gouttes de chaque teinture ou deux gélules de chaque remède, une fois par jour au déjeuner.

Les approches psychiques sont inestimables pour tous les troubles gynécologiques. Les résultats de l'hypnothérapie et de la visualisation guidée peuvent être rapides, spectaculaires et d'une efficacité surprenante.

19

Le cancer : un cas particulier

Le cancer a toujours existé. Tous les organismes vivants peuvent être touchés, et plus ces organismes sont complexes, plus le risque est grand. Une série de pressions extrêmes pousse les cellules à une transformation maligne ; les cellules malignes sont dangereuses parce qu'elles ne meurent pas quand elles le devraient, ne restent pas à la place où elles devraient être et parce que leur croissance ne se conforme pas aux principes qui régulent les mécanismes de l'organisme.

Néanmoins, il existe une différence radicale entre une cellule mutante et une tumeur cancéreuse capable de tuer son hôte. Lorsque les cellules deviennent malignes, elles annoncent leur nouvelle identité en présentant des antigènes anormaux sur la surface de leur membrane. Une fonction essentielle du système immunitaire est de contrôler les cellules afin d'identifier et d'éliminer celles étrangères à l'organisme. Étant donné les risques de transformations malignes, des germes de cancer doivent sûrement apparaître constamment dans l'organisme, et, tout aussi sûrement, le système immunitaire doit les éliminer. La surveillance immunitaire qui permet de supprimer les cellules malignes est une fonction clé du système réparateur, une défense contre le cancer que le corps humain a développée au cours de son évolution. Pourtant, les taux de cancers sont en augmentation considérable dans notre monde actuel, parce que les défenses du corps sont débordées. Aux agents cancérigènes naturels qui ont toujours fait partie de nos vies, nous avons ajouté à notre environnement un grand nombre d'agents cancérigènes créés par l'homme. En suivant les conseils donnés dans la seconde partie de ce livre pour optimiser votre système réparateur, vous pouvez renforcer vos défenses et réduire les risques de cancer. Étant donné l'inadéquation des traitements actuels contre cette maladie, la prévention est absolument essentielle.

Une fois que le cancer s'est installé dans le corps, et particulièrement lorsqu'il s'est mis à quitter son foyer initial (en se métastasant), il est très difficile à soigner. Nous craignons le cancer parce qu'il se développe insidieusement en nous, parce qu'il résiste à nos armes technologiques les plus perfectionnées et parce qu'il a un énorme potentiel destructeur. Pour comprendre pourquoi le cancer présente un tel défi à la médecine, vous devez saisir un fait essentiel : *la présence du cancer dans l'organisme, même décelée dans ses premières phases de développement, indique déjà une défaillance considérable du système réparateur.* Afin qu'une cellule maligne donne naissance à une tumeur, elle doit avoir échappé à la surveillance du système immunitaire, subi de nombreuses transformations et produit d'innombrables générations de cellules filles, tout cela sans être arrêtée. Dans le cas de la plupart des autres maladies, même des maladies graves comme les accidents cardio-vasculaires ou la sclérose en plaques, on peut raisonnablement attendre beaucoup du système réparateur. Dans le cas du cancer, une fois que la tumeur est découverte, l'échec des mécanismes réparateurs est déjà solidement installé.

Les thérapies actuelles contre le cancer, qu'elles soient allopathiques ou parallèles, sont loin d'être satisfaisantes. La médecine moderne fait appel à trois grands traitements – l'intervention chirurgicale, la radiothérapie, la chimiothérapie – dont seul le premier se justifie. Si le cancer est localisé et accessible au scalpel du chirurgien, il peut être excisé et éliminé de manière définitive. Malheureusement, seul un infime pourcentage de cancers remplit ces conditions, principalement les cancers de la peau et de l'utérus. Bien trop souvent, le cancer a déjà développé de multiples foyers, ou se trouve dans une partie du corps que le scalpel du chirurgien ne peut pas atteindre.

La radiothérapie et la chimiothérapie sont des traitements barbares qui tomberont d'ici peu en désuétude. Ils agissent tous deux en arrêtant la division cellulaire ; les médecins qui utilisent ce traitement supposent que les cellules cancéreuses se divisent plus vite que les cellules normales. Malheureusement, ce n'est vrai que pour un petit pourcentage des cancers, principalement les cancers de l'enfant, les leucémies, les lymphomes, le cancer des testicules et quelques autres. Dans la plupart des cas, les cellules cancéreuses ont un taux de division plus bas que celui des tissus normaux les plus actifs – la peau, la muqueuse des voies gastro-intestinales et les autres structures immunes. Les effets secondaires bien connus de la radiothérapie et de la chimiothérapie – la chute des cheveux, la perte d'appétit, la nausée et les vomissements – indiquent les contrecoups que subissent la peau et l'appareil gastro-intestinal. Les coups portés au système immunitaire sont moins manifestes et encore bien plus inquiétants. Si vous êtes atteint d'un cancer et que vous deviez décider si oui ou non vous voulez utiliser ces thérapies allopathiques, la question à laquelle vous devez essayer de répondre est celle-ci : Est-ce que leur action contre le cancer justifie leur action contre le système immunitaire ?

Fondamentalement, les espoirs de traitement contre le cancer équivalent aux espoirs de réactions immunitaires parce que le système immunitaire a le potentiel de reconnaître et d'éliminer les tissus malins. L'avenir dans le traitement du cancer ne réside pas dans des armes cytotoxiques plus puissantes et plus performantes (qui ne seront jamais capables de tuer les cellules malignes sans tuer aussi les cellules normales à croissance rapide). L'avenir réside dans une immunothérapie capable de stimuler les réactions affaiblies du système immunitaire. Certaines formes d'immunothérapie sont déjà pratiquées mais la plupart en restent encore au stade de l'expérimentation.

Les rémissions spontanées du cancer – un phénomène bien trop exceptionnel – semblent résulter d'une soudaine activation immune, qui prouve le potentiel qu'a le système immunitaire de réagir contre ces tumeurs malignes, parfois avec une telle vigueur que des masses importantes de tissus cancéreux se résorbent en une question d'heures ou de jours. Voici l'histoire d'une rémission de ce type, que m'a transmise le Dr Robert Anderson, d'Edmonds dans l'État de Washington, ancien président de l'Association américaine de médecine holistique.

La patiente, Helen B., soixante-sept ans, coiffeuse, vint le consulter en 1985 pour un examen de routine. Lors du toucher vaginal, le Dr Anderson sentit la présence d'une masse ; il crut que ce pouvait être des tissus cicatriciels d'une hystérectomie antérieure, mais s'inquiéta lorsque les analyses de sang révélèrent que la patiente était anémique et avait une fonction hépatique anormale. Le Dr Anderson adressa Helen B. à un gynécologue, mais la patiente tergiversa, alléguant que son ancien médecin avait déjà signalé la présence de cette masse quelques années plus tôt, un fait qui ne pouvait être confirmé puisque, ses deux médecins précédents étant morts, on ne pouvait retrouver ses dossiers médicaux. Lorsque le Dr Anderson la réexamina six semaines plus tard, la masse était « nettement plus grosse » et les analyses nettement plus mauvaises. Il insista pour qu'elle consulte le gynécologue et fasse des analyses complémentaires, dont l'une, une exploration ultrasonique, révéla « une masse pelvienne gauche, sans doute d'origine ovarienne ».

Un mois plus tard, Helen B. subit une chirurgie exploratrice. Le chirurgien trouva une grosse masse tumorale dans le pelvis gauche et central, ayant largement atteint le petit et le gros intestin, et nota que « d'importantes lésions péritonéales de 3-9 mm étaient disséminées dans les cavités pelviennes et abdominales, dont le nombre dépassait la centaine ; une biopsie fut pratiquée sur cinq d'entre elles ». Le rapport de pathologie décrivait « une tumeur maligne avec des variations modérées dans la taille et la forme des cellules... La tumeur semble être un cancer pauvrement différencié, probablement d'origine ovarienne ». Quelques jours plus tard, Helen subit une seconde intervention, destinée à retirer la masse tumorale et les parties atteintes du petit et du gros intestin. On lui laissa une colostomie et une tumeur visible dans l'abdomen. Le diagnostic final du pathologiste était « un cancer pauvrement différencié, probablement d'origine ovarienne ».

Un cancer pauvrement différencié, quelle que soit son origine, n'est pas la meilleure forme de tumeur possible. Les cellules primitives ont tendance à être particulièrement malignes et envahissantes ; dans le cas d'Helen B., de nombreuses métastases avaient déjà atteint la cavité abdominale, rendant le pronostic défavorable. Le chirurgien écrivit au Dr Anderson : « Je recommande de consulter un cancérologue et d'entreprendre une chimiothérapie. La colostomie n'a pas besoin d'être considérée comme définitive. Après un premier traitement de chimiothérapie, probablement dans les six mois qui viennent, nous devrions refaire une exploration et, à ce moment-là, nous fermerons la colostomie. » Mais Helen ne voulait pas consulter de cancérologue ni faire de chimiothérapie. Elle retourna voir le Dr Anderson et lui demanda de l'aider à guérir. Il élabora pour elle un programme global détaillé qui comprenait un régime végétarien, limitant les graisses et les sucres, et riche en fibres ; une supplémentation avec des vitamines et des oligo-éléments antioxydants ; des exercices réguliers lorsque c'était possible ; une méditation quotidienne incluant une visualisation de la tumeur en train de se résorber, et la nécessité de « modifier son attitude envers son mari, y compris de lui pardonner », puisque les problèmes conjugaux d'Helen constituaient la principale source de stress dans sa vie. Il insista aussi pour que la patiente consulte un cancérologue, et elle obéit, à contrecœur. Le cancérologue était très inquiet du cancer résiduel, il recommanda une chimiothérapie « maintenant plutôt que dans l'avenir quand la tumeur sera plus résistante et que nos chances de résultats positifs seront moins bonnes », mais Helen refusa, affirmant qu'elle et Dieu gagneraient la bataille.

Un mois après l'opération, son anémie disparut et sa fonction hépatique redevint normale. La patiente se sentait forte et optimiste. Le Dr Anderson l'encouragea, et remarquant que « sa croyance religieuse était évangéliste ; [il] lui prodigua tous les encouragements possibles pour renforcer son attitude positive ». Helen détestait la colostomie et demanda au chirurgien de la retirer. Celui-ci ne voulait pas opérer avant qu'elle n'ait subi une chimiothérapie, mais Helen se montra si obstinée et si déterminée qu'il finit par accepter et la réopéra deux mois et demi après l'extraction de la tumeur. Dans son compte rendu de l'opération, il disait que « l'intervention avait été longue et difficile. Les adhérences rencontrées dès l'entrée de la cavité péritonéale étaient parmi les pires qu'[il ait] jamais vues... Les centaines de tumeurs péritonéales de 3-9 mm semblaient ne pas avoir évolué. Sept d'entre elles, extraites à différents endroits, furent biopsiées ». Mais cette fois le rapport de pathologie sur les biopsies était différent ; il montrait « du tissu inflammatoire avec une variation cellulaire modérée et sans caractéristique maligne ». Le commentaire du chirurgien en apprenant cette nouvelle fut : « C'est une femme extrêmement intéressante. »

Helen B. retrouva rapidement une vie et une santé normales, en continuant à suivre le programme que le Dr Anderson lui avait recommandé. Deux ans plus tard, elle divorça, ce qui sembla lui procurer un soulagement émotionnel. Le Dr Anderson écrit : « En 1987, approximativement deux ans après sa première consultation, elle développa une hernie, due à l'incision chirurgicale de l'opération précédente, qui devint problématique. Helen dut subir une quatrième opération pour la réparer. Au moment de l'opération, le chirurgien, avec mon aide, en profita pour réexplorer brièvement l'abdomen. Les adhérences avaient totalement disparu ; *il ne restait aucune tumeur résiduelle péritonéale ni aucun signe de cancer.* » Helen B. mourut à soixante-quinze ans d'une tout autre cause, presque huit ans après le premier diagnostic de son cancer.

Que s'est-il passé dans l'abdomen de cette femme qui a permis d'éliminer les multiples métastases d'un cancer et de guérir complètement ses organes ? Son système réparateur, probablement en utilisant les mécanismes immunitaires, était sûrement responsable de cette guérison, mais pourquoi n'avait-il pas agi plus tôt ? Était-ce l'extraction de la principale masse de tissu tumoral qui avait permis de stimuler la réaction réparatrice ? Et, si c'est bien le cas, pourquoi cela ne se produit-il pas plus souvent ? Chez la plupart des patients atteints d'un cancer métastasé de ce genre, les tumeurs réapparaissent, en dépit d'une thérapie cytotoxique agressive, et souvent avec des résultats fatals. Si une réaction immunitaire est le meilleur espoir d'une complète guérison du cancer, alors il faut envisager avec beaucoup de prudence l'utilisation des traitements cytotoxiques qui peuvent léser le système immunitaire.

Les traitements contre le cancer abondent dans le monde des médecines douces ; la plupart sont beaucoup moins toxiques que la radiothérapie et la chimiothérapie, mais aucun ne donne des résultats concluants pour un nombre significatif de patients. La plupart des thérapies que j'ai étudiées semblent avoir stimulé des rémissions dans certains cas ; chez la plupart, elles améliorent l'état du malade pendant un temps, pourtant le cancer subsiste et continue à évoluer. S'il existait un traitement parallèle efficace et fiable contre le cancer, la nouvelle ne tarderait pas à se savoir.

Laissez-moi résumer les informations présentées dans ce chapitre jusqu'à maintenant : constamment dans notre organisme, certaines de nos cellules deviennent malignes et, normalement, le système réparateur les élimine. Étant donné la multiplication des pressions environnementales incitant les cellules à une transformation maligne et l'inadéquation des traitements contre le cancer, il est impératif de préserver le bon fonctionnement de nos systèmes immunitaires et de savoir comment réduire les risques de cancer. La guérison spontanée du cancer existe, mais elle est beaucoup moins fréquente que la guérison spontanée d'autres maladies, parce que le système réparateur se montre déjà défaillant si une cellule maligne peut se développer en tumeur décelable. Lorsque la rémission se produit, c'est grâce à une activation immune ; donc, il faut faire preuve d'une grande prudence lorsqu'on doit prendre la décision d'utiliser ou non les traitements cytotoxiques (radiothérapie et chimiothérapie), parce que les lésions qu'ils peuvent faire subir au système immunitaire risquent de réduire la possibilité à long terme d'une réaction réparatrice.

Alors que devez-vous faire si vous, ou l'un de vos proches, êtes touchés par le cancer ? La première étape est de déterminer s'il faut utiliser des traitements allopathiques, et comment.

Voici quelques directives :

• Si l'excision chirurgicale de la tumeur est possible, faites-vous opérer. Même une ablation partielle d'une grosse masse tumorale peut aider le système réparateur à arrêter l'évolution du cancer.

• Faites une recherche sur toutes les formes d'immunothérapie existantes pour votre type particulier de cancer. Si votre cancérologue n'en connaît aucune, adressez-vous à l'Institut national contre le cancer ou aux centres de recherche.

• Si l'on insiste pour vous faire subir une radiothérapie et une chimiothérapie, demandez à consulter des statistiques sur les pourcentages de réussite pour votre type particulier de cancer, dans sa phase donnée. Vous ne pouvez pas toujours faire confiance aux cancérologues pour cela, puisqu'ils sont de parti pris dans la promotion de ces thérapies et ne connaissent généralement pas les alternatives. J'ai connu des cancérologues qui présentent un traitement de chimiothérapie comme ayant « quatre-vingts pour cent de réussite » alors que les rapports scientifiques parlaient seulement de quatre-vingts pour cent de chances de rémission dans les cinq ans suivant le traitement. Qu'est-il arrivé à ces patients après cinq ans ? Si vous voulez pouvoir prendre la meilleure décision, vous devez évaluer très précisément vos risques. Dans quelques cas de cancer, des ouvrages existent pour aider les patients à faire ces choix difficiles. Mais, le plus souvent, la seule manière d'avoir accès à ces informations est de se rendre dans une bibliothèque médicale et de consulter les articles scientifiques concernant les traitements proposés.

• Rappelez-vous que la radiothérapie et la chimiothérapie sont en elles-mêmes mutagènes et cancérigènes. On peut calculer le pourcentage de patients ayant subi ces traitements qui, s'ils survivent assez longtemps, développeront d'autres cancers en relation directe avec leur traitement.

• Des agents chimiothérapeutiques naturels comme la vincristine de la pervenche de Madagascar ou le taxol de l'if du Pacifique ne sont pas moins dangereux que les agents chimiques. Toutes les formes de chimiothérapie – naturelles ou chimiques, anciennes ou modernes, isolées ou associées – sont des agents destructeurs de cellules qui attaquent l'ADN et frappent toutes les cellules qui se divisent, y compris celles du système immunitaire.

• En général, la radiothérapie est plus sûre que la chimiothérapie parce qu'elle se limite à traiter une partie précise du corps. Pourtant, elle peut causer des cicatrices graves qui peuvent interférer avec la fonction de l'organe par la suite.

• Si l'immunothérapie n'est pas une option possible et si les pourcentages de réussite des thérapies allopathiques dans le cas de votre cancer, dans sa phase donnée, sont bons, alors entreprenez le traitement sans vous inquiéter des risques. Ces thérapies peuvent vous donner le temps d'explorer d'autres options ; et, en travaillant à optimiser votre système réparateur, vous pouvez limiter leurs effets secondaires.

• Si vous décidez d'entreprendre une radiothérapie ou une chimiothérapie, arrêtez les vitamines et les oligo-éléments antioxydants pendant le traitement puisqu'ils peuvent protéger les cellules cancéreuses autant que les cellules normales. Recommencez à prendre votre supplémentation anti-oxydante dès la fin du traitement.

• Si, après avoir étudié les données statistiques de l'utilité d'une radiothérapie et d'une chimiothérapie pour votre type de cancer, dans sa phase donnée, vous décidez de ne pas suivre ces traitements, vous devriez alors rechercher des thérapies alternatives.

Voici quelques suggestions concernant les traitements parallèles contre le cancer :

• Il est tout aussi important de s'inquiéter des données statistiques sur les résultats de ces traitements alternatifs. Demandez à consulter toutes les études publiées concernant le traitement qui vous intéresse. Celles-ci peuvent être rares, voire inexistantes, et vous devrez alors dépendre uniquement des affirmations des thérapeutes pratiquant cette méthode.

• Essayez de déterminer si ces thérapies présentent des risques toxiques.

• Demandez des noms de patients qui ont suivi ces thérapies que vous puissiez contacter. Si les thérapeutes refusent de vous donner ces informations, soyez prudent.

Que vous choisissiez un traitement allopathique ou parallèle, voici des conseils généraux qui devraient être suivis par tous ceux qui sont atteints d'un cancer :

• Parce qu'il indique une défaillance du système réparateur, le cancer, même localisé et soigné dès son apparition, est une maladie systémique. Les patients devraient travailler à améliorer leur état général et leur résistance à tous les niveaux : physique, émotionnel/ psychique et spirituel.

• Comme mesures de base, je recommande d'adopter un régime conforme aux principes présentés dans le chapitre 2 de la seconde partie ; de suivre un programme régulier d'exercices ; de prendre une supplémentation anti-oxydante ; d'utiliser des plantes tonifiantes, particulièrement celles ayant des propriétés immunitaires ; d'apprendre la visualisation ou la visualisation guidée pour aider le système réparateur à enrayer l'évolution du cancer ; de travailler à harmoniser les relations avec vos proches (vos parents, vos enfants ou votre conjoint, par exemple) ; et de faire tous les changements nécessaires dans votre vie pour favoriser la guérison.

• En outre, essayez de rencontrer des gens qui ont guéri du cancer, particulièrement ceux qui ont eu le même cas de cancer que le vôtre. Lisez des histoires de guérison et des ouvrages qui renforcent votre confiance en vos capacités réparatrices.

• Cherchez des guérisseurs. Utilisez toute l'aide que vous pouvez trouver.

Si le système réparateur n'est pas capable d'éliminer complètement le cancer, il peut être capable de faire autre chose : de ralentir ou de contenir la croissance de la tumeur maligne pour vous donner une période de relative bonne santé. Voici l'histoire d'une patiente qui a réagi remarquablement bien, même si son cancer a eu finalement raison d'elle.

Barbara S. vint me consulter au début de 1989, cinq ans et demi après que son cancer du sein avait été diagnostiqué et qu'elle avait subi un traitement classique : mammectomie et chimiothérapie. Elle croyait que si elle réussissait à passer une période de cinq ans sans récurrence du cancer, elle serait hors de danger ; mais juste au moment du cinquième anniversaire de son diagnostic, elle tomba et se blessa à la hanche droite, une blessure qui ne cicatrisa pas. Les analyses révélèrent que l'os était affaibli par la présence d'une tumeur. Le cancer n'avait pas disparu, il s'était métastasé dans tous les os du squelette – une nouvelle qui bouleversa Barbara et sa famille. Son médecin la mit sous tamoxifène, un antagoniste œstrogénique et lui dit qu'il prescrirait un autre traitement de chimiothérapie si cela ne suffisait pas à réduire les tumeurs osseuses.

Durant les mois qui suivirent, Barbara changea sa vie du tout au tout : elle prit une année sabbatique de son travail comme doyen de faculté, consulta un certain nombre de conseillers et de psychothérapeutes, commença le yoga et une thérapie de visualisation, inaugura un régime de vitamines, modifia son régime alimentaire, se mit à nager régulièrement, s'inscrivit pour des séances régulières de massage shiatsu, prit un tonique chinois contre le cancer et travailla avec des guérisseurs. Pendant trois ans, contredisant toutes les statistiques pour les cancers du sein métastasés, Barbara fut en bonne santé et elle avait l'air tellement en forme que la plupart des gens qui la rencontraient n'arrivaient pas à croire qu'elle était atteinte de cette maladie. Durant cette période, j'envoyai chez Barbara plusieurs de mes patientes qui, venant d'apprendre qu'elles avaient un cancer du sein, étaient terrifiées et ne savaient quelles décisions prendre. Elle leur fut d'un grand soutien. Je l'invitai aussi à intervenir dans mes cours pour présenter son histoire. Mes étudiants trouvaient tous que c'était une excellente oratrice qui démontrait brillamment qu'il fallait assumer la responsabilité de son corps et apprendre à allier thérapies allopathiques et parallèles. Et surtout, elle était la preuve vivante que la récurrence du cancer ne condamne pas forcément le patient à la maladie et à une mort rapide.

À l'automne 1992, le cancer de Barbara progressa, se métastasant dans le foie. Elle subit un traitement de chimiothérapie et essaya un médicament expérimental, chercha d'autres thérapies parallèles et continua à suivre en grande partie le programme qu'elle avait mis au point. Elle vécut encore un an et demi, une période pendant laquelle elle fut très proche de sa famille. Ses médecins exprimaient constamment leur étonnement devant sa longévité et sa vigueur face à une maladie en constante progression, et elle resta une source d'inspiration pour beaucoup de gens qui la rencontraient. Le système réparateur de Barbara fut incapable d'enrayer le cancer, mais il le contrôla pendant une longue période où elle put accomplir énormément de choses.

Le cancer existera toujours. La prévention reste notre meilleure stratégie pour le maîtriser, et elle dépend de l'intégrité de notre système réparateur. Comme les pressions environnementales entraînant la transformation maligne des cellules augmentent, il sera toujours plus essentiel de savoir comment optimiser notre potentiel réparateur. Des nouveaux traitements plus efficaces contre le cancer sont en perspective dans le cadre de l'immunothérapie, des méthodes qui se serviront des mécanismes réparateurs naturels pour reconnaître et détruire les cellules malignes sans toucher les cellules normales. En attendant, un effort concerté pour rechercher et étudier les cas de rémissions spontanées peut nous aider à comprendre ce phénomène et à en augmenter les chances. Pour prendre de bonnes décisions concernant l'utilisation des thérapies existantes contre le cancer, vous devez avoir des informations fiables sur leurs bénéfices et leurs risques. Quel que soit le traitement que les malades décident d'utiliser, ils doivent aussi travailler activement à améliorer leur état général de santé pour donner à leur système réparateur la meilleure chance d'enrayer l'évolution du cancer.

POSTFACE

Prescriptions pour une société

Imaginez un monde futur où la médecine serait orientée vers la guérison plutôt que vers la maladie, où les praticiens croiraient aux pouvoirs réparateurs naturels de l'homme et s'occuperaient plus de prévention que de traitement. Les unités de soins intensifs mises à part, les hôpitaux, dans un tel monde, pourraient ressembler à des centres de cure où seraient enseignés les principes d'une vie saine : les patients y apprendraient à suivre un régime diététique, à prendre soin de leur corps, à mettre leur psychisme au service de la guérison, et, au lieu d'être de plus en plus dépendants de la médecine, ils en auraient de moins en moins besoin. Même dans les unités de soins intensifs, la technologie serait utilisée pour aider le système réparateur, en stimulant, par exemple, la régénération des organes blessés. Ces centres mettraient à la disposition de tous leurs patients les meilleures méthodes de traitement, aussi bien allopathiques que parallèles. Dans un tel monde, médecins et patients travailleraient ensemble pour atteindre un même objectif, et les procès d'incurie seraient l'exception plutôt que la règle. Les compagnies d'assurances se feraient un plaisir de rembourser l'éducation préventive et les traitements naturels, sachant que ces pratiques sont tout à leur avantage.

Qu'est-ce qui empêche les services de santé de suivre cette voie ? Les obstacles majeurs sont, à mon avis, les suivants :

• L'éducation médicale est figée dans une approche centrée sur la maladie. La formation clinique des médecins reste une initiation brutale, rendant presque impossible que les étudiants puissent mener une vie saine et développer les qualités mentales et spirituelles propres aux guérisseurs.

• Une méfiance mutuelle a empoisonné la relation des médecins et des malades, si bien que tout nouveau patient est immédiatement envisagé comme un plaignant potentiel dans une affaire judiciaire. Les médecins ont plus peur que jamais de dévier des normes conventionnelles de la pratique médicale.

• Les compagnies d'assurances déterminent la médecine par leur politique de remboursement. Elles ne rembourseront pas la plupart des interventions décrites dans ce livre, alléguant qu'aucune étude ne prouve leur efficacité ni leur rentabilité par rapport aux traitements conventionnels.

• La recherche scientifique sur la guérison et les médecines douces est primitive ou inexistante parce que les autorités qui établissent les priorités et allouent les crédits de recherches ne sont pas intéressées par ces domaines.

• Le modèle biomédical à partir duquel travaillent les scientifiques empêche que la médecine s'ouvre à une perspective hygiéniste. Limités à ce point de vue matérialiste, les médecins peuvent facilement rejeter la plupart des idées présentées dans cet ouvrage comme non scientifiques et sans intérêt.

Et quels sont les remèdes possibles à cette situation ?

À mes yeux, c'est l'éducation médicale qui constitue le fond du problème. Si les futurs médecins apprenaient à découvrir d'autres modèles scientifiques, s'ils étaient encouragés à étudier le pouvoir réparateur de la nature et s'ils pouvaient apprendre à servir d'exemples positifs à leurs patients en incarnant ces principes de santé, alors tous les obstacles que je viens de citer tomberaient d'eux-mêmes. Ces nouveaux médecins auraient envie de faire des recherches qui bouleverseraient les normes de la pratique médicale et inciteraient les compagnies d'assurances à dépenser leur argent de façon plus judicieuse. Ils sauraient comment utiliser le pouvoir dont les investissent les patients pour stimuler plus de guérisons spontanées. Ils seraient capables de concevoir et de créer des instituts de soins médicaux qui ressembleraient plus à des centres de cure qu'à des hôpitaux, et ils rétabliraient le lien de confiance entre médecins et patients, rendant les procès inconcevables.

Cela dit, je dois avouer que je suis sceptique concernant les possibilités d'une réforme radicale des études de médecine, bien que je mette toute mon énergie à la voir se réaliser. Mon scepticisme s'est éveillé lors de ma première année de médecine à Harvard en 1964 et a été renforcé par mon expérience professorale au sein d'une université de médecine. Plusieurs de mes condisciples d'Harvard avaient reçu une formation secondaire littéraire plutôt que scientifique, et beaucoup n'étaient pas certains de vouloir devenir médecins. Nous formions un petit groupe rebelle et nous étions effarés par le type d'enseignement qu'on nous offrait en première année. Au lieu de nous enseigner comment concevoir la science et la santé, au lieu de nous donner les principes fondamentaux de la biologie, on nous inondait d'une masse de détails que nous étions censés recracher lors de nos fréquents examens. La plupart d'entre nous avaient connu un enseignement bien supérieur au lycée et nous fîmes part de nos récriminations. L'administration nous calma en expliquant qu'un cursus tout neuf, élaboré à grand-peine par des comités et des sous-comités, allait être mis en place au second semestre : un cursus intégré qui servirait dans l'avenir de modèle à toutes les écoles de médecine. Les méthodes actuelles d'enseignement sont déjà révolues, nous dirent-ils, alors cessez de vous plaindre et soyez patients.

Vint le premier jour du second semestre et son nouveau cursus. Au lieu d'étudier les sujets traditionnels, comme l'embryologie, l'anatomie, la physiologie et la biochimie, nous allions désormais apprendre les systèmes du corps et le premier cours était consacré au cœur. Un embryologue nous fit une conférence d'une heure, incroyablement détaillée, sur l'embryologie du cœur. Puis, un anatomiste nous donna un cours tout aussi détaillé sur l'anatomie du cœur. Et la même chose se répéta pour la physiologie et la biochimie. À la fin de ces quatre heures, nous étions hébétés, interdits et furieux. C'était cela qu'on appelait un enseignement intégré ? Une intégration par simple juxtaposition, oui, et rien de plus. Et je suis obligé de dire, à mon plus grand regret, que j'ai depuis entendu nombre de comités et de sous-comités proposer des projets de réforme du cursus médical et que nous n'avons pas progressé d'un iota. Tous consistent simplement à battre les cartes et à les distribuer différemment.

Voici ce que j'appelle, moi, une réforme radicale du cursus médical :

- Une formation de base en philosophie des sciences, présentant les nouveaux modèles fondés sur la physique quantique qui remplacent les vieux concepts de mécanisme newtonien et de dualisme cartésien. Un tel cours inclurait une étude de la théorie des probabilités, parlerait des interactions entre observant et observé et proposerait des modèles qui tiennent compte des origines non physiques des phénomènes physiques.

• Un enseignement de l'histoire de la médecine, où serait abordée l'évolution des grands systèmes médicaux, tels que la médecine traditionnelle chinoise, l'homéopathie et l'ostéopathie.

• Un enseignement qui insisterait sur le pouvoir réparateur de la nature et le système réparateur du corps.

• Un enseignement qui tiendrait compte des interactions entre le corps et l'esprit, telles que les réactions placebos, le « mauvais sort » médical et la psycho-neuro-immunologie.

• Un enseignement qui inclurait la psychologie et la spiritualité, en plus de l'étude du corps physique.

• Une réduction de la somme d'informations théoriques que les étudiants doivent aujourd'hui ingurgiter pour réussir leurs examens. Si on donnait aux étudiants des méthodes leur permettant de comprendre et d'avoir accès aux données de la science dans tous les domaines, ils seraient capables de vérifier eux-mêmes un détail lorsqu'ils en auraient besoin, particulièrement aujourd'hui où toutes ces données sont informatisées.

• Une formation pratique dans les domaines de la nutrition, du sport, de la relaxation, de la méditation et de la visualisation. Les étudiants ne devraient pas être jugés seulement sur leurs connaissances théoriques, mais aussi sur leur capacité à mettre en pratique dans leur vie personnelle les principes de santé.

• Une formation pratique dans les techniques fondamentales des médecines douces, telles que la phytothérapie, la nutrition, la manipulation, le travail corporel, les techniques respiratoires, l'acupuncture et la visualisation guidée, en plus des techniques fondamentales de la médecine allopathique.

• Une formation sur les méthodes pour déterminer et réaliser un sujet de recherche et pour évaluer les recherches publiées.

• Un apprentissage dans l'art de la communication où seraient étudiées les méthodes pour interroger les malades, constituer leurs dossiers médicaux et leur présenter les traitements de manière à stimuler le système réparateur du corps.

En plus de tous ces changements dans le cursus médical, j'insisterais pour que soit créé un Institut national de la santé et de la guérison dans le cadre des instituts médicaux nationaux. Sa mission serait d'étudier tous les phénomènes de guérison, dont les rémissions spontanées du cancer et d'autres maladies, les réactions placebos et les guérisons miraculeuses. Le Centre des médecines douces, déjà existant, s'intégrerait à cet institut, et recevrait un budget bien supérieur à celui qui est le sien aujourd'hui pour mener des recherches sur l'efficacité des traitements alternatifs et sur leur rentabilité par rapport aux traitements conventionnels. Un autre objectif de cet Institut de la santé et de la guérison serait de mettre au point un fichier national des guérisons, classées par maladies mais avec de multiples renvois. Ce fichier serait à la disposition de tous les professionnels de la santé et de tous les patients, afin que si vous développiez, par exemple, une sclérodermie, vous puissiez obtenir une liste de tous les habitants de votre région qui ont guéri de cette maladie, et que vous et votre médecin pourriez contacter pour vous informer des stratégies qu'ils ont utilisées pour guérir. Non seulement ce fichier permettrait aux chercheurs de réunir des données sur les traitements les plus prometteurs pour chaque type de maladie, mais il permettrait aussi, j'en suis intimement convaincu, d'augmenter les pourcentages de guérisons spontanées.

Tous ces changements, vous pouvez contribuer à les voir se réaliser en ajoutant votre voix au chœur qui réclame aujourd'hui une réforme de notre système de santé public. Un puissant mouvement de consommateurs est responsable du développement mondial des médecines douces et de l'ouverture d'esprit que manifeste, de plus en plus, le corps médical. Le fait qu'il existe désormais aux États-Unis un Centre des médecines douces dans le cadre des instituts médicaux nationaux est une preuve manifeste de ce nouvel état d'esprit. En outre, la médecine moderne est aujourd'hui soumise à de tels problèmes économiques que les hôpitaux, les compagnies d'assurances et les médecins sont obligés d'envisager des idées qui auraient été impensables il y a encore dix ans. Notre époque est mûre pour le changement. La voie que doit suivre aujourd'hui la médecine moderne est toute tracée.

Remerciements

La plus grande partie de ce livre a été écrite dans le désert de Sonora, de l'Arizona du Sud, pendant un été qui a battu des records de chaleur et de sécheresse, et à un moment où je déménageais avec ma famille d'un bout de la vallée de Tucson à l'autre. Tout au début de ce déménagement, je dus abandonner mon cabinet de travail, qui était aussi l'endroit où j'écrivais. Mel Zuckerman, de Canyon Ranch, vint à ma rescousse en m'ouvrant les portes d'un de ses bungalows. Sans son aide, cet ouvrage n'aurait pas vu aussi vite la lumière du jour. Toute ma reconnaissance va à Mel et Enid Zuckerman, à Gary Frost, Jerry Cohne, Jonah Liebrecht, et au reste du personnel de Canyon Ranch pour leur généreuse hospitalité.

Mon agent, Richard Pine d'Arthur Pine Associates, a joué un rôle significatif en me poussant à me mettre au travail et en trouvant le parfait éditeur pour cet ouvrage. Il m'a aussi donné des conseils et des informations précieuses. Et je remercie Marly Russof et Sara Davidson de m'avoir présenté Richard. Jonathan Segal, mon éditeur chez Alfred A. Knopf, a surveillé avec beaucoup d'attention la préparation de ce manuscrit, ce dont je lui suis très reconnaissant.

Ont contribué aux informations réunies dans ce livre les personnes suivantes : Dr James Dale et Dr Jean Wilson du Centre médical de l'université de l'Arizona ; Dr Robert Anderson, Dr William Manahan, Dr Amy Stine, Dr Michael T. Murray, Mark Blumenthal, Stephen Foster, Deborah Coryell, Kay Swetman, Paul Stamets et tous les patients qui m'ont généreusement permis d'utiliser leurs histoires de guérison dans ces pages. Pete Craig de l'école de médecine de l'université d'Arizona a été un parfait assistant de recherches et un certain nombre de lecteurs de ce manuscrit ont fait des suggestions inestimables : Melanie Anderson, Brian Becker, Sue Fleishmann, Woody Wickman et Sabine Kremp en particulier.

Kevin Barry, chef hydrothérapeute à Canyon Ranch, m'a aidé à garder mon calme et ma bonne humeur pendant que j'écrivais, et le Dr Dean Ornish m'a prodigué ses encouragements lorsque je me sentais débordé par mon entreprise.

Enfin, mes remerciements vont tout particulièrement à ma vieille amie et parfois co-auteur, Winifred Rosen, qui a consacré beaucoup de temps et d'énergie à fignoler l'écriture de ce livre jusqu'à ce que nous en soyons tous les deux satisfaits.

Andrew WEIL
Tucson, Arizona
Printemps 1995

Bien-être

Des livres qui vous font du bien

Psychologie, santé, sexualité, vie familiale, diététique... : la collection Bien-être apporte des réponses pratiques et positives à chacun.

Santé

Dr R. Aron-Brunetière
La beauté et les progrès de la médecine - n° 7006

Dr Martine Boëdec
L'homéopathie au quotidien - n° 7021

Dr Jacques Boulet
Se soigner par l'homéopathie - n° 7165

Julia Buckroyd
Anorexie et boulimie - n° 7191

Dr Jean-Pierre Cahané & Claire de Narbonne
Nourritures essentielles - n° 7168

Chantal Clergeaud
Un ventre plat pour la vie - n° 7136

Dr Julien Cohen-Solal
Comprendre et soigner son enfant – I - n° 7096
Comprendre et soigner son enfant – II - n° 7097

Bruno Comby
Tabac, libérez-vous ! - n° 7012

Dr Lionel Coudron
Stress, comment l'apprivoiser - n° 7027
Mieux vivre par le yoga - n° 7115

Dr J.G. Drevet & Dr C. Gallin-Martel
Bien vivre avec son dos - n° 7002

Dr David Elia
Comment rester jeune après 40 ans
Version hommes - n° 7110
Version femmes - n° 7111
Le bonheur à 50 ans - n° 7184

Pierre Fluchaire
Bien dormir pour mieux vivre - n° 7005
Plus jamais fatigué ! - n° 7015

Henri Loo & Henri Cuche
Je suis déprimé mais je me soigne - n° 7009

Dr E. Maury
La médecine par le vin - n° 7016

Maurice Mességué
C'est la nature qui a raison - n° 7028

Dr Sylvain Mimoun
Des maux pour le dire - n° 7135

Stewart Mitchell
Initiation au massage - n° 7119

Peter Mole
L'acupuncture - n° 7189

Pierre Pallardy
Les chemins du bien-être - n° 7001
La forme naturelle - n° 7007

Le droit au plaisir - n° 7063

Jean-Louis Pasteur
Toutes les vitamines pour vivre sans médicaments - n° 7081

Jean-Yves Pecollo
La sophrologie au quotidien - n° 7101

Dr Bernie S. Siegel
Vivre la maladie - n° 7131

Rochelle Simmons
Le stress - n° 7190

Dr Nadia Volf
Vos mains sont votre premier médecin - n° 7103

Andrew Weil
Le corps médecin - n° 7210
8 semaines pour retrouver une bonne santé - n° 7193

Diététique

Agnès Beaudemont-Dubus
La cuisine de la femme pressée - n° 7017

Marie Binet & Roseline Jadfard
Trois assiettes et un bébé - n° 7113

Dr Alain Bondil & Marion Kaplan
Votre alimentation - n° 7010
L'alimentation de la femme enceinte et de l'enfant - n° 7089
L'âge d'or de votre corps - n° 7108

Sonia Dubois
Maigrissons ensemble! - n° 7120

Annie Hubert
Pourquoi les Eskimos n'ont pas de cholestérol - n° 7125

Dr Catherine Kousmine
Sauvez votre corps ! - n° 7029

Colette Lefort
Maigrir à volonté - n° 7003

Michel Montignac
Je mange donc je maigris ! - n° 7030
Recettes et menus Montignac - n° 7079
Comment maigrir en faisant des repas d'affaires - n° 7090
La méthode Montignac Spécial Femme - n° 7104
Mettez un turbo dans votre assiette - n° 7117
Je cuisine Montignac - n° 7121

Restez jeune en mangeant mieux - n° 7137
Recettes et menus Montignac (2) - n° 7164
Boire du vin pour rester en bonne santé - n° 7188

Philippe Peltriaux et Monique Cabré
Maigrir avec la méthode Peltriaux - n° 7156

Nathalie Simon
Mangez beau, mangez forme - n° 7126

Thierry Souccar
La révolution des vitamines - n° 7138

Bien-être
7210

R.I.D. Composition – 91400 Gometz-la-Ville
Achevé d'imprimer en Europe (Allemagne)
par Elsnerdruck à Berlin
le 17 avril 2000.
Dépôt légal avril 2000. ISBN 2-290-30548-0
1er dépôt légal dans la collection : février 1998
Éditions J'ai lu
84, rue de Grenelle, 75007 Paris
Diffusion Flammarion (France et étranger)